廣瀬淡窓

井上敏幸　監修
髙橋昌彦　編著

思文閣出版

「廣瀬淡窓肖像（部分）」（柏木蜂渓画　廣瀬資料館蔵）

長福寺本堂

長福寺学寮古写真

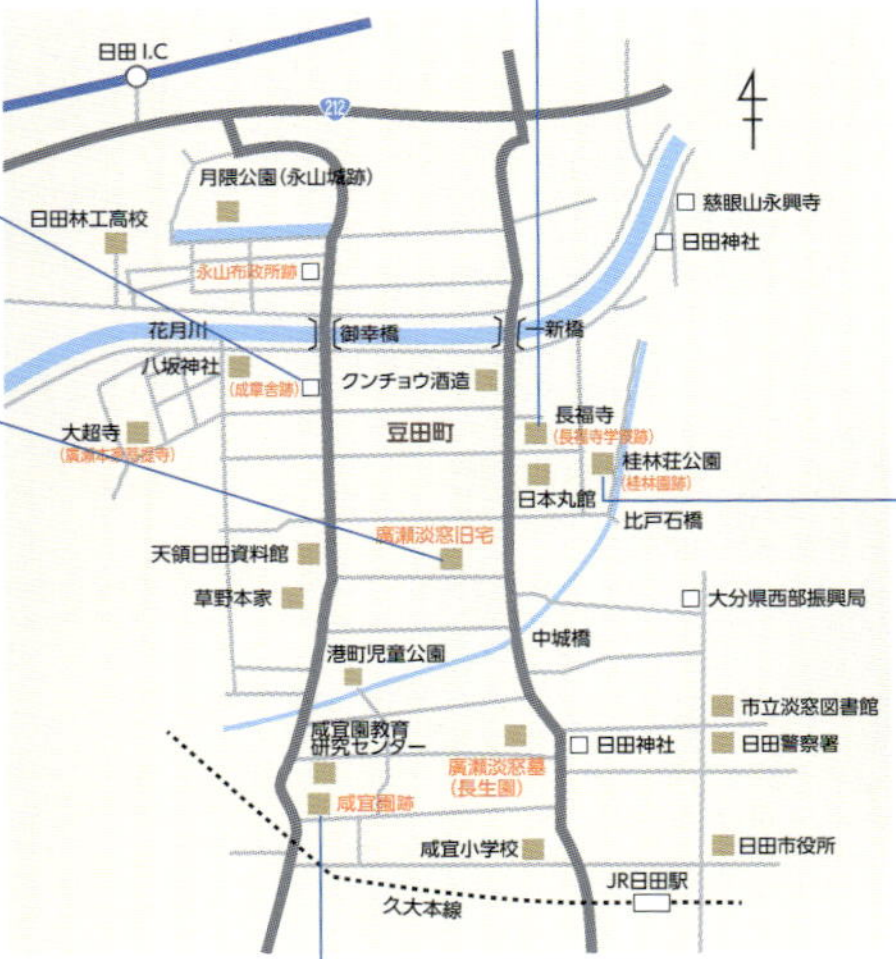

桂林荘公園

国史跡　咸宜園跡（秋風庵と遠思楼）

桂林園跡古写真

― 淡窓開塾の軌跡 ―

文化２年　長福寺学寮、南家土蔵、成章舎で開塾
文化３年　南家土蔵で講義
文化４年　桂林園を開塾
文化14年　咸宜園を開塾

成章舎跡

南家土蔵跡（廣瀬淡窓旧宅内）

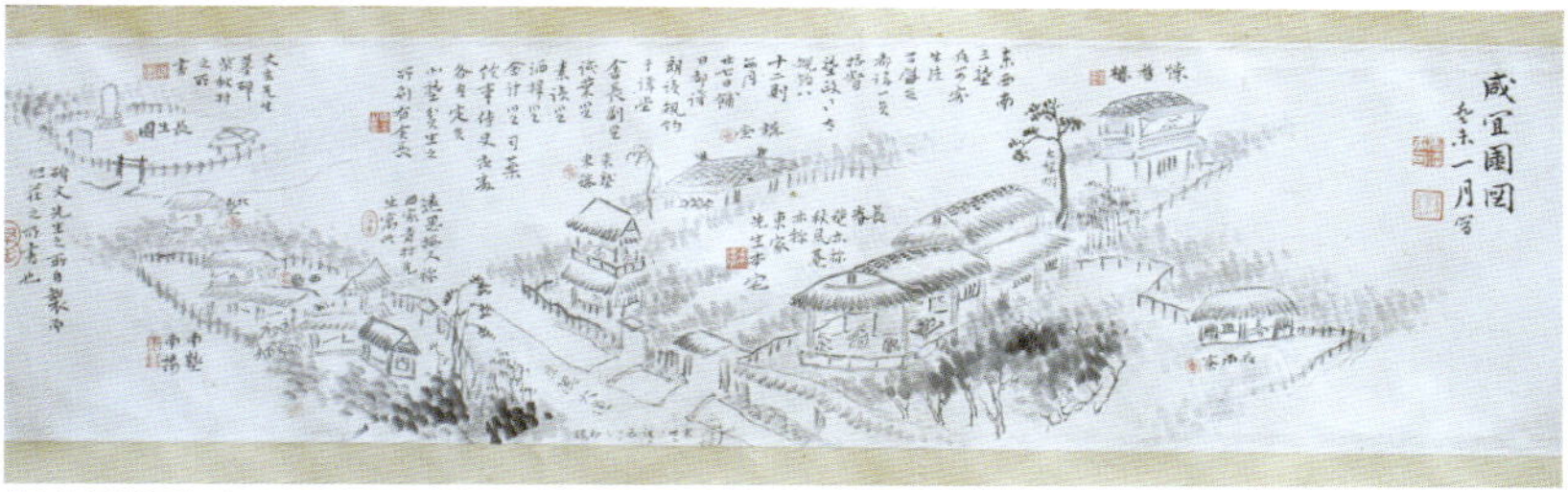

「咸宜園絵図」（小栗布岳画　明治16年　佐伯市 善教寺蔵）

「咸宜園絵図」（長岡永邨画　大正２年　廣瀬資料館蔵）

— 塾での教育 —

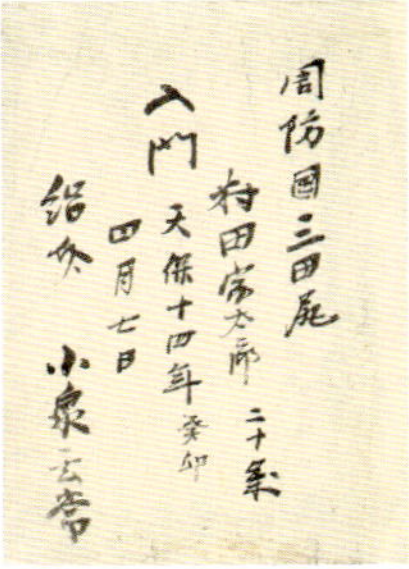

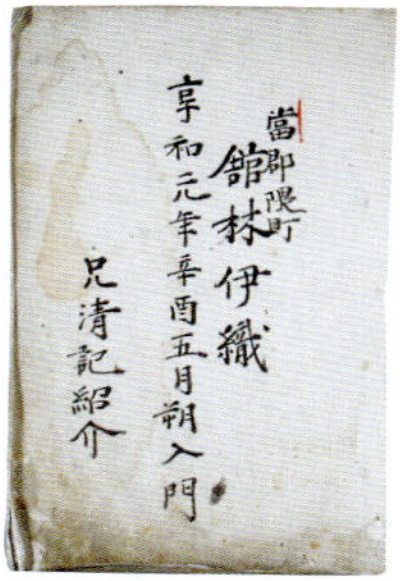

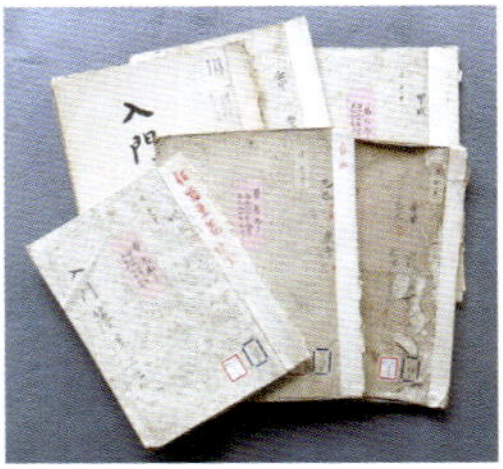

「入門簿」（廣瀬資料館蔵）

享和元年５月～明治 30 年６月の入門者名簿（84 冊）。

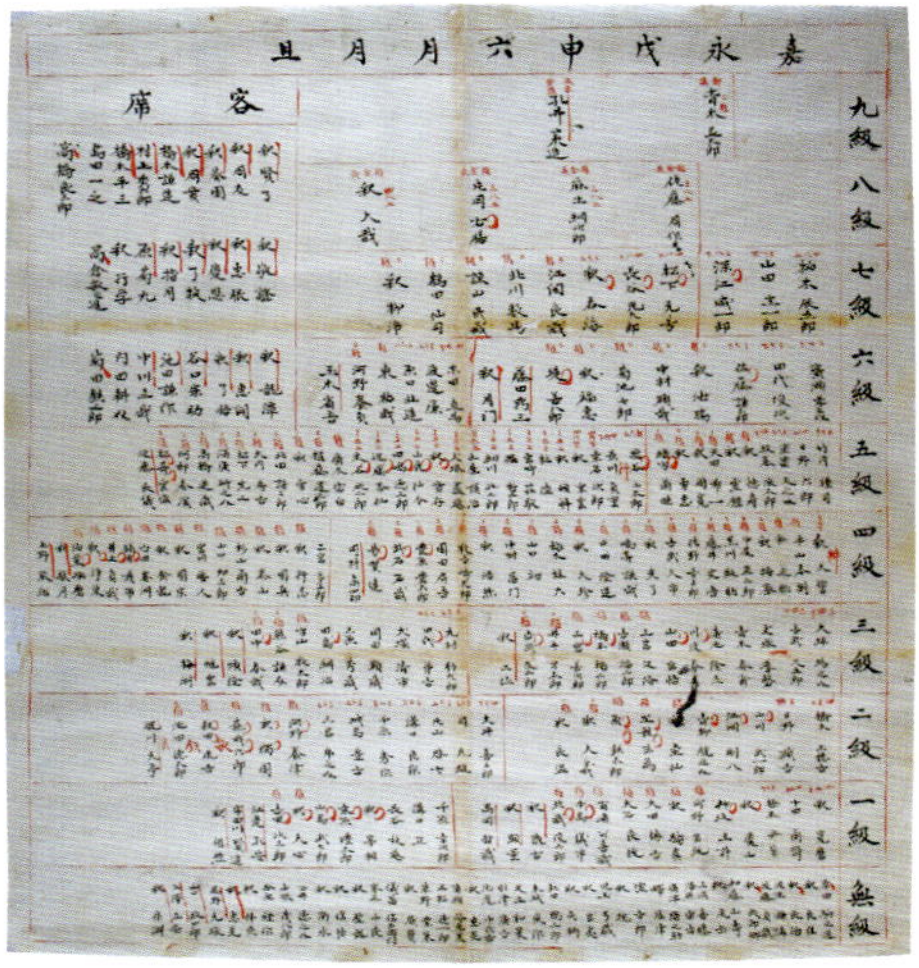

「嘉永元年六月の月旦評」（廣瀬資料館蔵）

淡窓が考案した学業成績の評価表。塾生たちの学習意欲を高めるため、文化２年の開塾以来、ほぼ毎月作成し続けた。

― 自らを省み、戒め、改善・向上につとめた生涯 ―

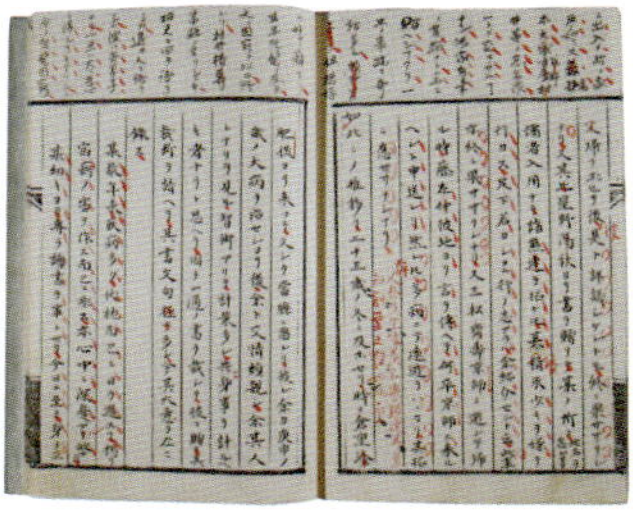

「懐旧楼筆記」（廣瀬資料館蔵）

淡窓の自叙伝・回顧録。嘉永3年に完成（56巻28冊）。64歳までの出来事が詳細に記されている。

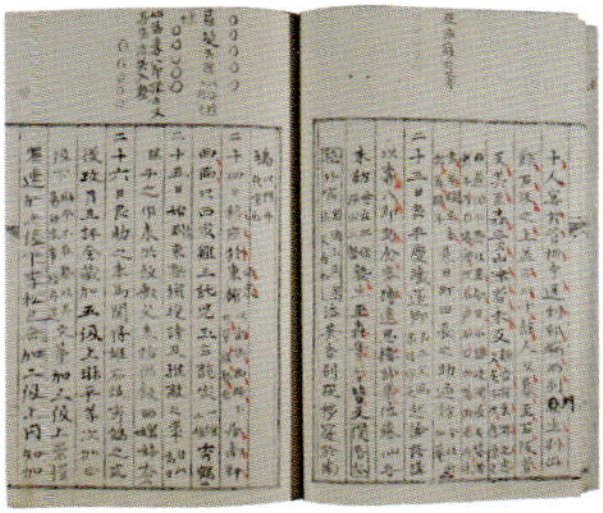

「淡窓日記」（廣瀬資料館蔵）

淡窓は、32歳から75歳（没する8ヵ月前）まで、40年以上に及ぶ日記を残した（82巻42冊）。

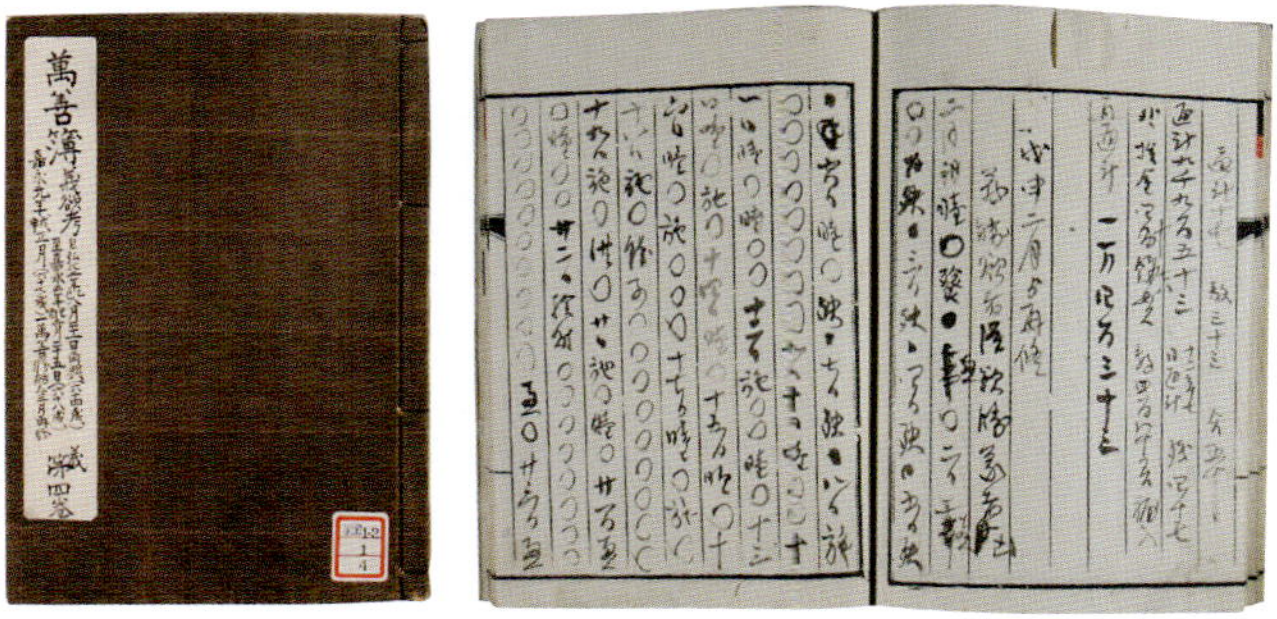

「万善簿」（廣瀬資料館蔵）

淡窓によって記された、54歳から73歳までの善行・不善行の記録。没後に子孫が発見し、10冊にまとめられた。淡窓は、嘉永元年正月29日に一万善を達成した。

― 詩作を重んじた淡窓 ―

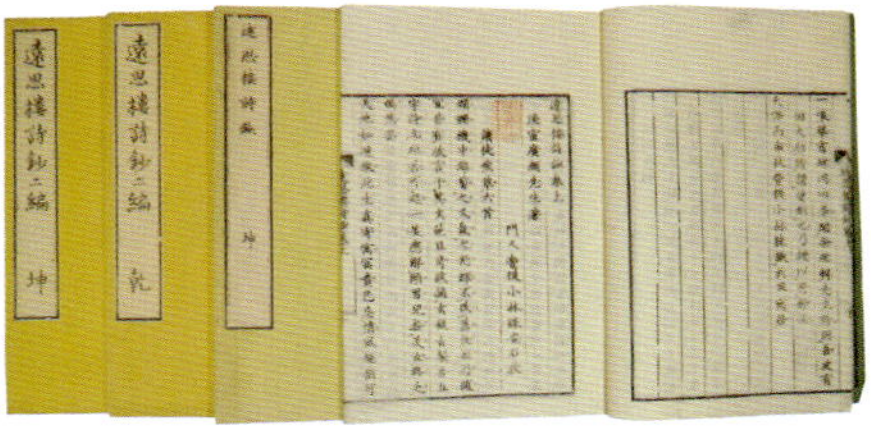

『遠思楼詩鈔』 初編・二編
（大分県立先哲史料館蔵）

淡窓の漢詩集。初編２巻は、天保８年、第二編２巻は、嘉永２年に刊行された。両編あわせて計590首の漢詩が、作成年代順に所収されている。

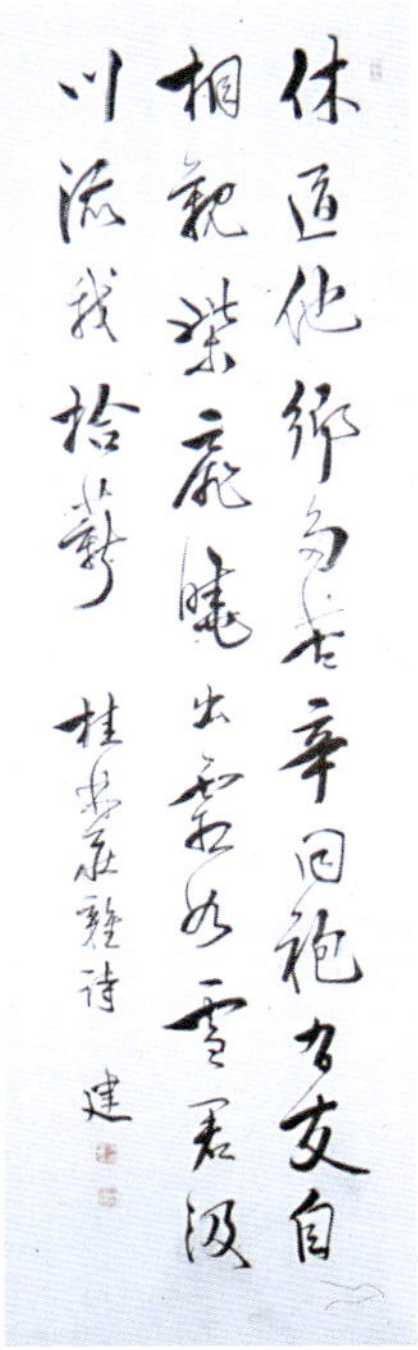

廣瀬淡窓書
「桂林荘雑咏示諸生
四首の二」
（廣瀬資料館蔵）

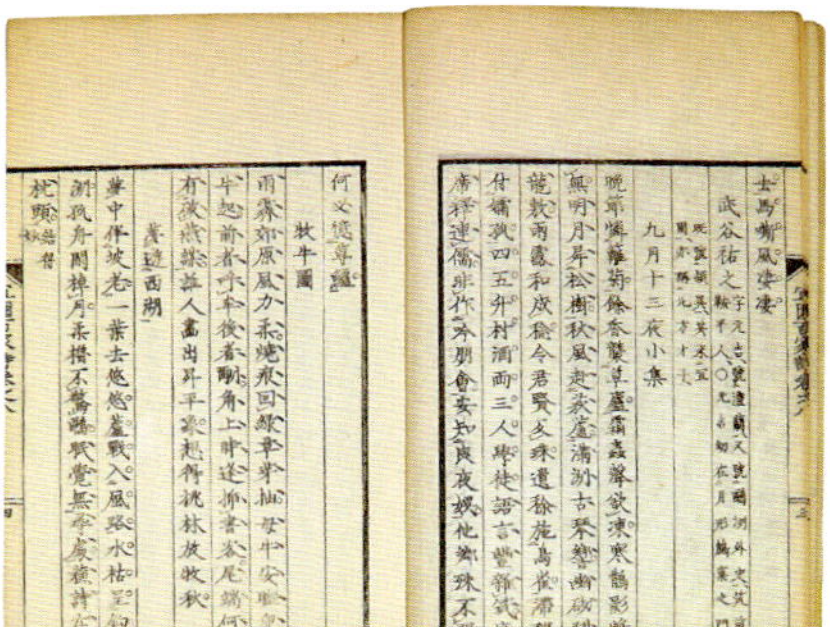

『宜園百家詩』（大分県立先哲史料館蔵）

初編 8巻 天保12年刊
第二編・第三編 各6巻 嘉永7年刊

— 淡窓の著作 —

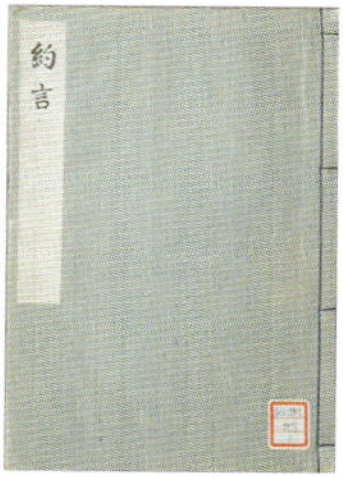

「約言」（廣瀬資料館蔵）
文政 11 年脱稿

『析玄』（大分県立先哲史料館蔵）
天保 9 年脱稿
天保 12 年刊

『迂言』（大分県立先哲史料館蔵）
天保 11 年脱稿
安政 2 年刊

『義府』（大分県立先哲史料館蔵）
天保 12 年脱稿
嘉永 5 年刊

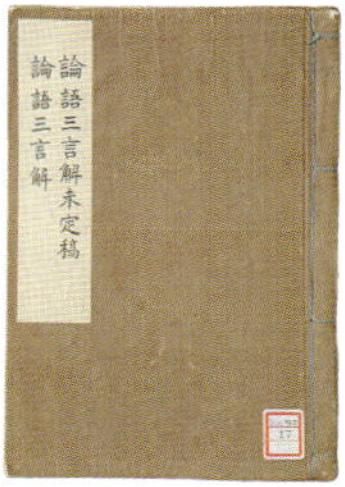

「論語三言解」（廣瀬資料館蔵）
安政元年脱稿

『淡窓小品』（大分県立先哲史料館蔵）
安政 2 年脱稿
安政 3 年刊

廣瀬淡窓旧宅（廣瀬資料館）

廣瀬淡窓と塾主の墓（長生園）

新装版発行にあたって

本書は、平成二六年三月、大分県教育委員会より大分県先哲叢書の一冊として刊行された『廣瀬淡窓』の新装版である。本書は、当該人物の資料集を先行させ、その資料集によって伝記を綴るという先哲叢書の基本方針に従ったものである。つまり、本書の出発点は、平成二四年三月に刊行された『大分県先哲叢書　廣瀬淡窓　資料集　書簡集成』であった。従来より知られていた淡窓書簡二二四通に、新出書簡三六〇通を加えた五八四通の新編書簡集、往信四三〇・来信一五四通によって、新たなる伝記を書こうと企画したのであるが、実力と時間不足のため、新しい淡窓像を描き出すまでにはいたらなかった。勿論、新出書簡群を辿ることで、淡窓と旭荘の、若い時代からの二人の関係、また生き方の違いが明瞭となったこと、また、淡窓の著作物の出版に際しての旭荘の積極的な働きが把握できたこと、さらに、中の弟第六世廣瀬宗家博多屋久兵衛南陔と、淡窓・旭荘兄弟との関係が新たに見えてきたことが挙げられるのではあるが、幕末の激動期を生き抜いた時代人としての淡窓、あるいは淡窓の全人格を支えた思想、また淡窓の哲学の根本に迫る新しい視座といった指摘は、残念ながら何もできないままであった。現在、高いレベルで進んでいる新しい淡窓研究の追跡さえも充分にはできなかったことをいま痛感している。

淡窓の全人格的評伝が求められることは、言うまでもないが、淡窓が「我ガ志ヲ知ラント欲セバ、我ガ遺書ヲ視ヨ」との遺言を残していることは、あまりにも有名でさえある。何をおいても、まずは淡窓の遺書をみなければならないということになるが、この淡窓の遺書を含む廣瀬先賢文庫の資料の全体、即ち廣瀬八賢と呼ばれる人々の自筆写本群を読み解くことから始めることが、最も要請されていることだといえよう。

ところで、廣瀬八賢とは、廣瀬宗家博多屋第四世平八貞高・俳号秋風庵月化、同第五世三郎右衛門貞恒・俳号長春庵桃秋、同第六世貞恒三男久兵衛嘉貞、貞恒長男求馬・名建号淡窓、貞恒長女安利《あり》・後名秋子《ときこ》、貞恒八男謙吉・名謙号旭荘、淡窓義子範治・名範号青邨、旭荘長男孝之助・名孝号林外の八名をいうのであるが、この八賢が生きた、延享四年（一七四七）の月化誕生から、明治七年（一八七四）林外没までの一二七年という時間の中に、豊後の国日田の廣瀬宗家博多屋を置き、代々の当主達が、代官あるいは郡代の御用商人として活躍し、時代々々を生き抜いた実態を見定め、その時代的、政治的、社会的役割と当主達の生きる思想と文化に対する意識、さらには、学問への姿勢を見ることを通して、廣瀬宗家に形成された家の学を見据えることが、淡窓の伝記記述の前になされねばならない作業であるように思う。そして、その家学を基底に置くことで、淡窓の人格を形成することになる諸々の要素、幼年時よりの育ちと学習、儒学者としての漢学・漢詩文世界における活躍、あるいは、儒学教育者であると同時に塾経営者でもなければならないことへの自覚と努力、また、一家の最年長者としての現実生活への対応、さらには、自己の宿痾との闘いとその克服、はたまた、激動する時代の要請として求められる臨機応変の政治的・社会的判断と処置等々を、それぞれに探り、それらを人間淡窓に統括することでもって始めて新しい人間淡窓像が得られることになるであろう。

ところで、廣瀬八賢を重視し、廣瀬先賢文庫を再検討されたのは廣瀬宗家第十世正雄氏と九州大学教授中村幸彦氏であった。御二人は廣瀬家学大系の構想を立ち上げられ、その第一歩として始められたのが廣瀬旭荘全集の刊行であった。続く廣瀬先賢文庫目録の作製は、言うまでもなく淡窓全集・旭荘全集に続く、月化・桃秋・久兵衛・青邨・林外、そして秋子の全集を編むための準備作業だったのであるが、家学大系実現のためには、八賢の自筆資料が収められている廣瀬先賢文庫目録の「宝物書」部全体の詳細目録が手許になければならないことになる。このための詳細目録作製を中村幸彦教授は手懸けられ、粗稿迄作られていたのであるが、完成を見るには至っていなかった。一日も早い完成が望まれるのであるが、有難いことに、現在、第十一世貞雄氏の理解を得て、近日中の刊行を目指しての作業が進められている。この詳細目録の完成を見ることで、飛躍的な廣瀬家学の研究の進展が期待され、同時に淡窓・旭荘の新たなる人間像も得られるであろうことを私は信じて疑わない。

平成二十七年九月三十日

井上敏幸

廣瀬淡窓

目　次

凡例

・本文の表記は原則として常用漢字・現代かなづかいに準拠したが、人名・地名等の固有名詞、専門用語等については常用漢字以外も使用した。
・人物名は、一般に広く用いられているものを採った。
・引用文の漢字・かなづかいは『淡窓全集』など、収載する刊行物の記述に従った。ただし、適宜句読点を補い、読者の便に供した。
・原史料に句読点のあるものはそれに従い、施されていないものは、句読点を補った。
・改元の年はすべて新旧の元号を表記した。
・資料等に関しては、刊行物等は『　』、写本や論文等は「　」で表示した。ただし、本文中に頻出する「淡窓日記」「懐旧楼筆記」については、それぞれ「日記」「筆記」と略して表記した。
・年齢は数え年で表記した。
・地名は原則として当時の呼称により、適宜現行地名を付した。
・現在では使われていない言葉や差別的と思われる言葉も、当時の時代背景をあらわすものとしてそのまま使用した。

序章

淡窓を生んだ故郷日田

一　淡窓が生まれ育った地理的・文化的環境

淡窓のふるさと・日田

文化一四年（一八一七）、三六歳の淡窓は、咸宜園《かんぎえん》の東南隅に遠思楼《えんしろう》（当初は飛鴻楼と称していた）を築き、六畳の二階に自室を移している。窓を開け遠くから吹き込む風を受けつつ、広々とした日田《ひた》の大地を望み、漢詩を詠じた。

東楼

構屋臨平野　開楼納遠風
檐端分二筑　門外控雙豊
峻嶺千重出　長流一線通
林烟晴窈窕　浦樹暁葱朧
撃鼓花橋北　吹簫薬院東
行人細於蟻　駅路曲如虹
洵美憐吾土　優遊保此躬
全家居画裏　盡日住空中

屋を構へて平野を臨み　楼を開きて遠風を納む
檐端《えんたん》二筑を分かち　門外雙豊を控ゆ
峻嶺千重出で　長流一線通づ
林烟は晴れて窈窕《ようちょう》たり　浦樹は暁に葱朧《そうろう》たり
鼓を撃つ花橋の北　簫を吹く薬院の東
行人は蟻より細く　駅路は曲りて虹の如し
洵《まこと》に美なり吾が土を憐み　優遊として此の躬を保つ
全家画裏に居し　盡日《じんじつ》空中に住む

豪是陳登異　憂非王粲同
悠然時目送　真想寄飛鴻

豪は是れ陳登に異なり　憂は王粲と同に非らず
悠然として時に目送し　真想飛鴻に寄す

淡窓のふるさと日田には、「洵に美にして」いとおしむべき自然があった。このふるさとにおいて淡窓は「優遊」とのんびりと心のままに過ごすことができている。そして、大空に羽ばたく鴻の姿に真実を求める思いを託したのであろう。

このように、淡窓を育み心を穏やかにさせたふるさと日田は、いったいどのような土地であったのだろうか。淡窓が生まれ育った日田について地理的・文化的環境からみていくことにしよう。

日田地域は、北部九州のほぼ中央、大分県の西部に位置し、福岡県と熊本県に隣接した地域で、標高一〇〇〇メートル級の山々に囲まれ、山々から流れ出る豊富な水は日田盆地で合流し、自然豊かな山紫水明の地を形成している。三隈川（筑後川）の豊かな水に恵まれ、「水郷《すいきょう》」とも呼ばれている。

このような日田地域は、北部九州交通の要路でもあった。豊前・豊後・筑前・筑後・肥前・肥後のいずれにもつながり、人や物が交叉す

図1　水郷日田

る地なのである。江戸時代より先、太閤蔵入地から宮木長次郎が代官となる。慶長元年（一五九六）には毛利高政が入り、佐伯へ転封されると、慶長六年（一六〇一）には小川光氏《みつうじ》が、元和二年（一六一六）には石川忠総《ただふさ》が入封。島原の乱後の寛永一六年（一六三九）、代官支配地となるも、寛文五年（一六六五）には熊本藩預かり地。ようやく、天和二年（一六八二）になって松平直矩《ただのり》を迎えるが、貞享三年（一六八六）に幕府領（天領）に落ち着くことになる。代官（のちに郡代）が着任し、永山《ながやま》布政所《ふせいしょ》（日田代官所）が設置されている。この地は西国大名を支配する上で重要な拠点であり、幕府が直轄領に据えたのも当然といえるだろう。幕府直轄領として武士層・商人層の往来が活発となり、豆田町・隈町を中心として商業の機会に恵まれ発展していった。

江戸時代後期に特に有力な商家であった「掛屋」は、代官所の公金を無利息で預かり、それを資金として九州一円の諸藩等を相手に金融業を営んでいた。原資には自己資金のほか助合穀銀《たすけあいこく》や年貢銀、御用金等の「公金」があったことから、返済を求める場合には代官の権威が背景となり踏み倒されることもほとんどなかった。そのため、日田掛屋にとって安全・有利な投資となり、「日田金《ひたがね》」と呼ばれ、「九州諸侯の銀行」となった。このようにして、日田は江戸時代を通じて九州の政治・経済の中心地として繁栄した。さらには、富裕商人たちの潤沢な財力を背景に、様々な文人墨客が往来するなど、文化的な土壌も培われていった。

日田における俳諧や漢詩文の素地

各地から集う物品は商売を生み育てていく。そして様々な情報が行き交うようになる。多くの確かな情報を得るために、商人たちはいろいろな機会を作って情報を分かち合い交換する。その際に利用されたのが、かつては茶の湯であり謡曲であった。そんな中、人々が集まり座を構えて行う文芸「俳諧」が、自然と広まり盛んになったのは、至極当然のことといえるだろう。加えて、文芸好きの代官が赴任してくれば、流行が加速されることになる。

日田の文芸全般については、淡窓と同時代に活躍し、淡窓に詩を学んだ森春樹『亀山鈔』（文政一三年序）に記述が残る。その分野は儒学（詩文を含む）・書画・和歌・狂歌・俳諧・蹴鞠・立花挿花・香・煎茶・点茶・碁と幅広い。中でも、俳諧についての分量は多く、次いでは儒学に紙数を割いている。特に今日に至るまで、俳諧の研究は進んでおり、早くに井上柿巷『日田俳壇の変遷』（日田市教育委員会）があり、他にも大内初夫の著述などが残る。

中村西国に始まり、坂本朱拙・長野野紅へと引き継がれていった俳壇の流れは、江戸時代中期、代官揖斐十太夫《いびじゅうだゆう》（俳号楽水）の影響もあって活況を見せていくのである。そして、今日どれほどの俳書資料が残っているのか見当がつかないほどに最盛を迎えていく。廣瀬家には、桃之・月化・桃秋・扶木・秋雄など淡窓周辺の俳諧資料が残っているが、これまで注目されてきたのは『秋風庵文集』などごく一部の作品ばかりである。例えば、「日田誹諧資料」（福岡大学図書館蔵）と名付けられた寛政から天保期を中心にした百点以上の資料群がある。月化の門人葵亭の名が多くうかがえるところから、あるいはその周辺から出たものかもしれない。

内容を見ると、享和二年（一八〇二）頃に行われた秋風庵での興行には、玉屑・月化・朝来・葵亭・其碩・如琢の顔ぶれが見え、年次不明の歌仙には、月化・朝来・青峰・松邦・葵亭・悠波・几石・虎友・如琢・呉鳥・青賀が参加している。他にも年次不明で、月化・対竹の両吟歌仙が残る。文政六年（一八二三）には、亡くなった月化の追善歌仙行として、月化の句を発句に据えた葵亭の独吟が綴られている。その末尾に「輯者　高田弗水に遺す」とあるので、月化門の金谷弗水に送り、追善句集として編まれたものの一部であることがわかる。日田における文芸の中心として、俳諧が存在したことは間違いないといえよう。そして、一時期その中心にいたのが、伯父月化であったことも紛う方なき事実といえる。

一方で俳諧と並行し、漢学・漢詩文を学ぶ人々も存在していた。それを担っていたのは僧侶たちである。寺院において仏典を理解するためには、漢文の読解力が必須となる。中世の漢籍需要者は、一部の公家を除き僧たちであったし、江戸時代に入っても唯一国交を保っていた朝鮮との文書のやりとりに携わっていたのは、京

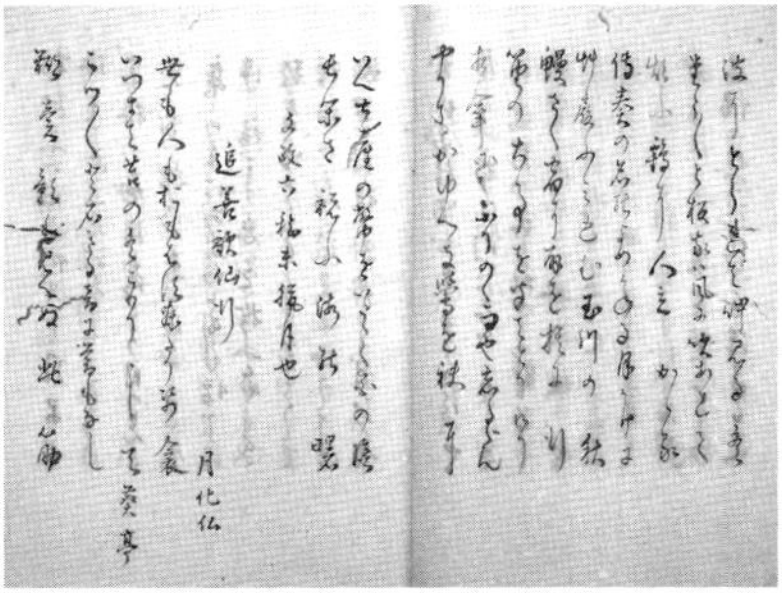

図２　「日田誹諧資料」（福岡大学図書館蔵）

都五山の高僧たちであった。江戸時代も半ば頃までは、僧侶が文化的な牽引者であったことは間違いないといえるだろう。やがて、武士や町人の中から塾を開き、僧たちに学問を教える学者が台頭してくるが、それもしばらくは江戸や京都などの限られた地域に過ぎない。地方においては、もう少しの時間が必要だった。日田もまた同様である。

そして、この地で大きな影響を与えたのは、広円寺の僧道寧であった。彼の詩文集『逍遥草』は、門人華海・霊応の校訂を経て、京都の梅村弥右衛門から延享五年（寛延元＝一七四八）に刊行された。同書には、同好の士との贈答の詩文が多い。「竹村集」「白華集」など他の詩人たちの著作に対する序文が残り、岡田代官の名も頻出する。また、七言律詩「鏡面坂《かがみざか》」など日田の地名を詠んだものや五言律詩「夏日過長福寺」など他寺との交流も散見できる。他国からの訪客にとって広円寺の学寮は宿舎となった。そのような環境の中で、詩人たちが集まり、詩壇としての成長を見せていった。

また、この時期になると僧侶とともに文芸の中心にいたのが医師たちであった。医書を読むためにはやはり漢文の知識が不可欠であり、医術と漢学を兼務する儒医と称される者たちも登場してくる。日田においては相良家がその役割を担った。相良泰庵は、医学を福岡藩医鶴原玄益に、儒学を貝原益軒らに学んだ。後には京都古義堂に親炙し、幅広い人脈を築き、相良家は学者文人たちの逗留の場となっていく。その後、泰庵の子養拙、養拙の子伯卿・文秀へと医学・文事の流れは受け継がれ、日田の名家と呼ばれるようになっていった。僧侶と医者という雅文学の担い手が詩壇を形成し、その結実として『豊城濫吹』（寛延四年刊）が公刊されたのである。同書は、相良文秀の編纂、道寧の継嗣法蘭の校訂で、京都梅村弥右衛門・江戸梅村弥市郎から上梓された。奥付には『豊城文稿』の出版予定も出ているが、実際に刊行されたかは定かでない。詩が入集された面々は、相良伯卿（名惟寅、号亀陰）・田子修（名治、号鶴汀）・島貞周（名文貢、号君山）・島子哉（名安貞、号烏程）・釈順尓（号雪渓）・釈尭善（号李渓）・椋野君玉（名公美、号華亭）・作伯章（名明保、号霞渓）・釈通玄（号蘭皐、長福寺住持）・釈智蔵（号豹関）・釈隆澌（名道寧、号蘭陵）・相良仲英（名文秀、号蘭畹）・釈法蘭（号雲門）の一三人と決して多くはないが、やがて近隣の地からも同好の士が集まってきて、次の世代は法蘭を中心にした詩壇となっていく。

彼の詩集『銭塘詩集』（寛政四年刊）は、僅かではあるがその様子を伝えている。大潮・服部南郭・入江南溟と、徂徠学派の面々が序文を撰し、江戸時代中期に日本中に広まった古文辞学の詩風が、この地にもやってきたことがわかる。法蘭の著述として、出版されなかった『銭塘文集初編』一〇巻六冊・『同二編』三巻三冊をはじめ、数多くの草稿類が現在も広円寺に所蔵されている。中には、亀井南冥や原古処の批点が入った詩文集も含まれ、筑前亀井塾とのパイプ

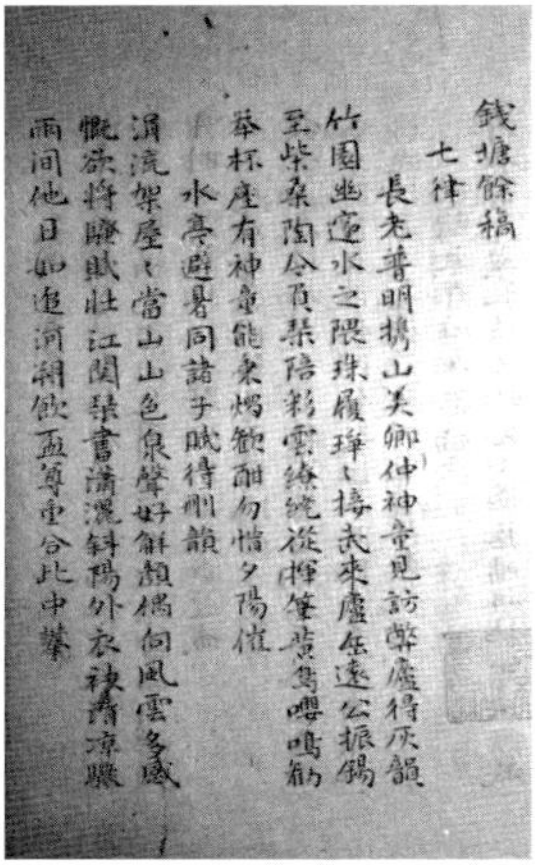
銭塘餘稿
七律

図３　『銭塘文集初編』
（日田市広円寺蔵）

が早い時期からつながっていたことが見え、また文政九年（一八二六）までの詩の唱和を集めた『唱和集』も残る。さらに、法蘭と同時期には、長福寺に宝月（名普明）がいた。道寧と宝月の義父通玄（『豊城濫吹』所載）は義兄弟の間柄である。大潮に学んだ宝月は、法蘭とともに日田の文芸を支えていった。そして、この両僧から幼い淡窓は学問の初歩を学ぶことになる。

一方の相良家の跡を見ると、文秀の子文之進のもとには月化の娘イサ（淡窓とは従姉の関係）が嫁ぐ。文之進は後に故有って館林の姓を名乗るが、幼い三人の子どもを残して亡くなる。その子たちは廣瀬家に引き取られ、長男清記・次男伊織は淡窓の門人となる。長女リョウは淡窓の弟久兵衛と結婚し、伊織は麻生家に養子に入って後、淡窓の妹ナチと連れ添う。相良家と廣瀬家は幾重にもつながっての縁戚になる。濃密な人間関係が構築される土壌ではあるが、だからといって大名らの藩領のような排他的な雰囲気はなかった。久留米藩を脱藩して困窮した松下筑陰（西洋）を受け入れたのはその一例といえるだろう。他にも後に柳川藩儒となる牧園茅山もまた、一時期日田で過ごしている。日田には、よそ者を受け入れる懐の深さがあったということだ。

日田は狭い土地である。本来ならば、雅文学（漢詩文）と俗文学（俳諧）は、棲み分けが成されて然るべきはずであるが、時として、俳壇と詩壇は交わることもあった。もとより、俳人朱拙は儒者として身を立てようとし、その漢学の教養もあって慕われた人物であった。また、寛保三年（一七四三）の松尾芭蕉五〇回忌にあたり、日田の俳人たちが塚（弥生塚）を建立した際、碑銘を委ねられたのは道寧であった。松下筑陰が日田を離れ佐伯藩儒として赴く折に、月化たちが贈ったのは餞の句であった。月化の『秋風菴発句集』刊行に際し、最初に序文の執筆を依頼した相手は筑陰であったことが「筆記」には記されている。分野間の垣根が低かったといえるだろう。やや時代は下るが、森春樹は俳諧（俳号仁里）や和学で名をなした後、晩年になって淡窓に就き、漢詩を作り始めている。

淡窓先生曰、詩は文字より求むる人は後作家となり、意より求むる人は作家には成りがたしと云〻と語られし、是尤もしかり。予初めより意をいわんが為に入れたる事にて、もとより文字なく才なく老忘るなれば、放翁集などは常に見れども一行見れば一行忘れ、一帖見ては一帖忘るゝ故、文字を先として意を後にすること能はず。いつもいつも先意が先立ちて扨文字を覔《モトム》る故、いかにしても人並の詩は作り得ず、晩学は悲しきもの也。

（『蓬生談』下巻）

上手く作れない悔しさが滲み出た文章だが、年をとった後でも新しい文芸を学ぼうとする姿勢には、それを許す環境があったことがうかがえるのだ。垣根の低さは分野だけではなく、男女間にも存在した。長野野紅の妻りんは、芭蕉の弟子野坡にその才を愛でられた女流俳人であり、法蘭の嗣子円什の妻信は、幼い頃の淡窓が詩会で同席する機会のあった女流詩人である。その遺集『姫島遺稿』には、文化一一年（一八一四）五月の淡窓序が載っている。この他にも亀井南冥・原古処の斧正の入った

『姫島詩稿』などの草稿類が広円寺には残っている。女性が男性の中に入って、文芸を嗜むことなど希有な時代である。それを認める雰囲気は、やはり豊かな土壌といわざるを得ない。淡窓がこの地で成功を得るだけの環境の礎が日田には存在していたということである。

図４　『姫島遺稿』（日田市広円寺蔵）

二　淡窓を生んだ廣瀬家

心高身低の系譜

文久四年（元治元＝一八六四）の豆田町（日田市）を描いた絵図がある。掛屋であった廣瀬家をはじめ千原家・草野家・手島家などが広大な屋敷地を構えている。廣瀬家の屋敷地は、図5の絵図に丸で囲んだあたりで、魚町の通りに面して「廣瀬源兵衛」の名前が記されている。その経済力と「日田金」に代表される日田経済の中心的役割を掛屋が担っていたことが、絵図からも読み取ることができる。

幕末期にこのような経済力をもっていた廣瀬家の歴史をみる際には、天保五年（一八三四）、淡窓・久兵衛・三右衛門・旭荘の四兄弟が編纂した「廣瀬家譜」上下二巻が基本史料となる。淡窓は、「筆記」には、父桃秋が亡くなり喪に服している間、「喪中魚町ニ来往シ、兄弟一室ニ会スルコト毎日ニシテ、数旬ニ及ヘリ」と、兄弟が集う日が長く続いたのでまとめたと記している。「廣瀬家譜」の記述に沿って、淡窓が生まれ育った廣瀬家の歴史についてみていくことにしよう。

廣瀬家の屋号は、当初「堺屋」、のち「博多屋」である。先祖は、黒田家の家臣であったらしい。「廣瀬家譜」には、黒田家中の廣瀬姓の家の系図には、武田信玄の家臣廣瀬郷左衛門の弟将監正直を始祖としているものがあると紹介している。

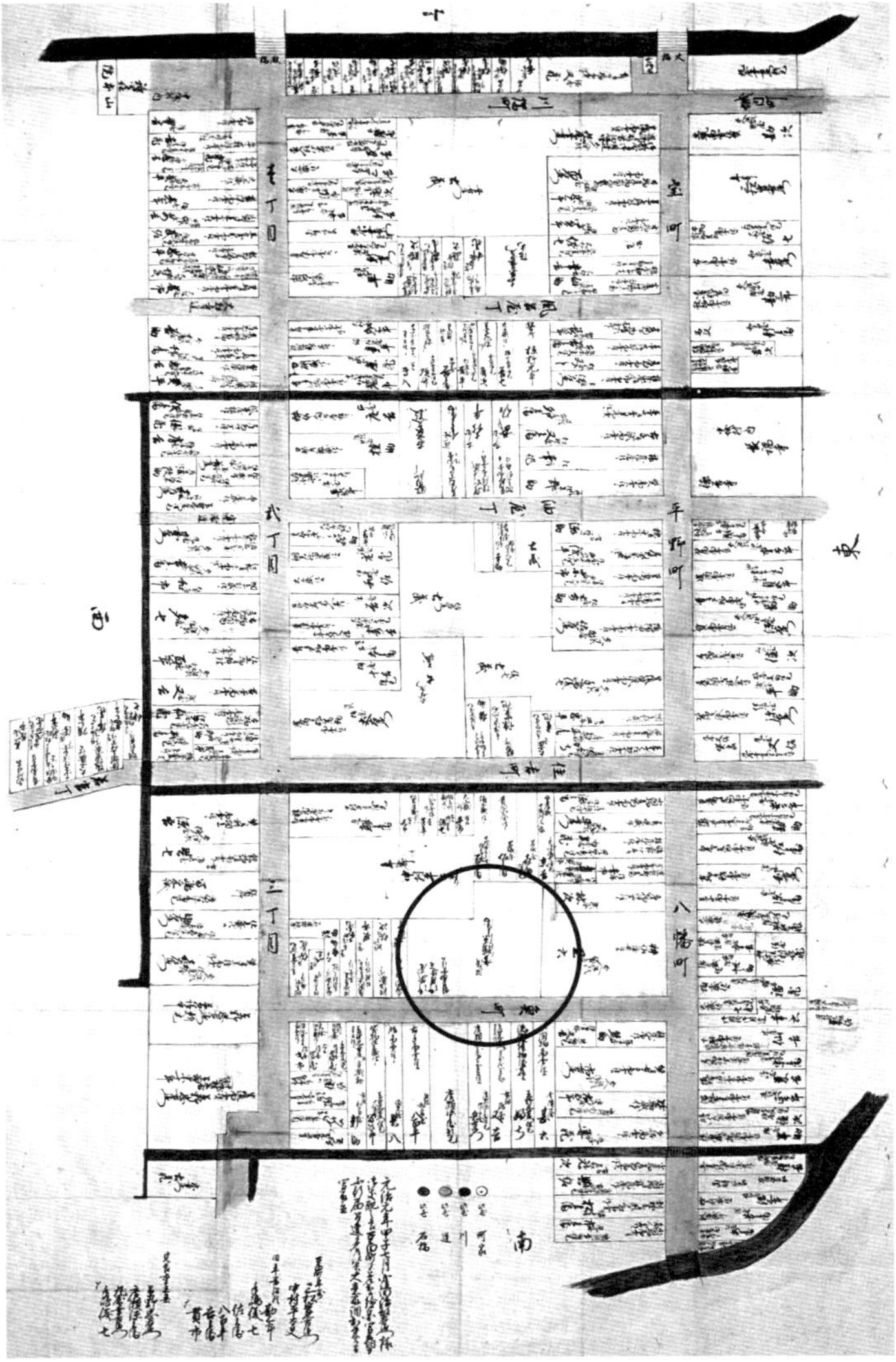

図５　「元治元年豆田町絵図」（廣瀬資料館蔵）

日田廣瀬家は、第一世当主となる五左衛門《ござえもん》が、寛文一三年（延宝元＝一六七三）、一八歳の時に博多から豆田町魚町へ移住したことに始まる。五左衛門は、「諱は貞昌。通称五左衛門」「始めは平八郎と称し、又平八郎とも見へたり。中頃に五郎左衛門と称、後に五左衛門と改玉ふ」と記されている。豆田町魚町に来た五左衛門は、「東西三間余。南北十五間五尺八寸」の家宅とともに堀田村（日田市）に「壱畝十五歩」の畑を購入している。晩年には用松村《もちまつむら》（日田市）に居住し、庄屋をつとめている。「生涯江戸に行き玉ふ事、十八度に及し」と伝えられており、農業とともに何らかの商いに従事していたものと考えられる。

第二世源兵衛《げんべえ》は、「諱は不詳。通称源兵衛」と記されており、五左衛門が用松村に住むようになって魚町の屋敷の当主となった。延享二年（一七四五）には、屋敷西隣の「東西三間、南北十五間五尺八寸」の屋敷を買い足している。源兵衛は農業とともに、蠟・油など諸産物の販売など上方との仲介商業に携わっていたようである。また、日田代官所にも出入りしはじめており、正徳六年（享保元＝一七一六）の日田代官南条金左右衛門則明の葬儀に際しては棺を担いだと伝えられている。

第三世久兵衛《きゅうべえ》は、「諱は不詳。俳号は桃之。始め十作と称し、後久兵衛と改む」と記されている。久兵衛は、幼くして隈町（日田市）に住む母方の伯父古後《こご》六右衛門に預けられ、商いについて学び、二六歳で豆田町の家に戻っている。久兵衛が当主となってから、「商売に付、大阪に上下し玉ふ事、三十度に及べり」というように家業がさらに拡張し、近隣に屋敷や田、畑、秣場、杉山等を購入し、家産を増やしている。また、「中年の時、諸方に貸し玉ふ銭財多く滞りし事あり。家産も是が為に衰るに至る」という状況になったこともあるが、「我今貧しと雖ども、飢寒に至らず。己が家を富さんとて、如何で人の家を亡すべきや」と、無理矢理に借財の取り立てを行うようなことはしなかったといわれている。久兵衛が子孫に遺した教訓「心高身低（志は高く身は低く）」は、現在も廣瀬家の家訓とされている。

第四世月化《げっか》は、「諱は貞高。通称は平八。俳号始は桃潮。中は静齋。後は月化と称す。又秋風庵と号」と記されている。宝暦一四年（明和元＝一七六四）、一八歳ではじめて代官所に出て、日田代官（のち西国筋郡代）揖斐十太夫の近侍の一人に加えられ、「仲」という姓を賜っている。明和三年（一七六六）には、揖斐代官に随行して江戸に行き、翌年帰郷している。そして、明和六年（一七六九）には、岡（竹田）・杵築・府内三藩の御用達《ごようたし》を命じられた。御用達とは、諸藩からの依頼による物品調達等や藩財政の管理等の御用を勤め、藩から扶持米等を給与された商人である。廣瀬家が諸藩の御用達となったのはこの時からである。その後、肥前蓮池藩・対馬藩田代領の御用達も命じられている。明和九年（安永元＝一七七二）、揖斐郡代が亡くなると、近侍を辞め、家業に専念している。この年には豆田町で火災が発生し、廣瀬家の屋敷も焼失するという事件も発生し

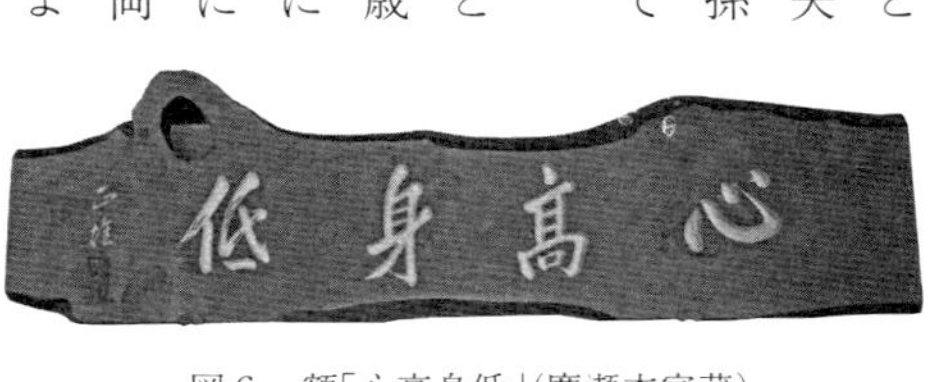

図６　額「心高身低」（廣瀬本家蔵）

ているが、三ヵ月程度で新築している。寛政五年（一七九三）、代官となった羽倉権九郎秘救《やすひら》からも、隠居後ではあったが、平八は「談話の友」として遇されている。

　安永一〇年（天明元＝一七八一）、廣瀬家の家督は、月化の弟桃秋《とうしゅう》に引き継がれる。月化は、幼少の頃から俳諧に親しみ、大坂の八二坊舎桲《はっせんぼうしゃぼつ》らが日田に来遊した際に教えを受けたりもしている。三五歳で家督を譲った後、堀田村に建てた「秋風庵」に夫婦で転居し、俳諧を楽しむ生活を送っている。「秋風庵」は庵の名称であるとともに、後には号としても使用しているが、庵を開いた記念として、雪中庵蓼太《りょうた》が贈った「蕉翁（松尾芭蕉）の像及び真筆一幅」に、「あかあかと日はつれなくも秋の風」と書されていたことに由来するという。月化は、秋風庵月化として『秋風庵発句集』『秋風庵文集』などの刊本があり、淡窓を二～六歳の間、秋風庵に預かり、養育している。商いを家業とした廣瀬家に文学の香気を導き入れ、淡窓らに大きな影響を与えた人物といえる。

図７　「廣瀬月化肖像（部分）」（廣瀬資料館蔵）

　淡窓の父である第五世桃秋は、「諱は貞恒。字君亭。俳号桃秋。又二江亭と号。又周山と号。又二

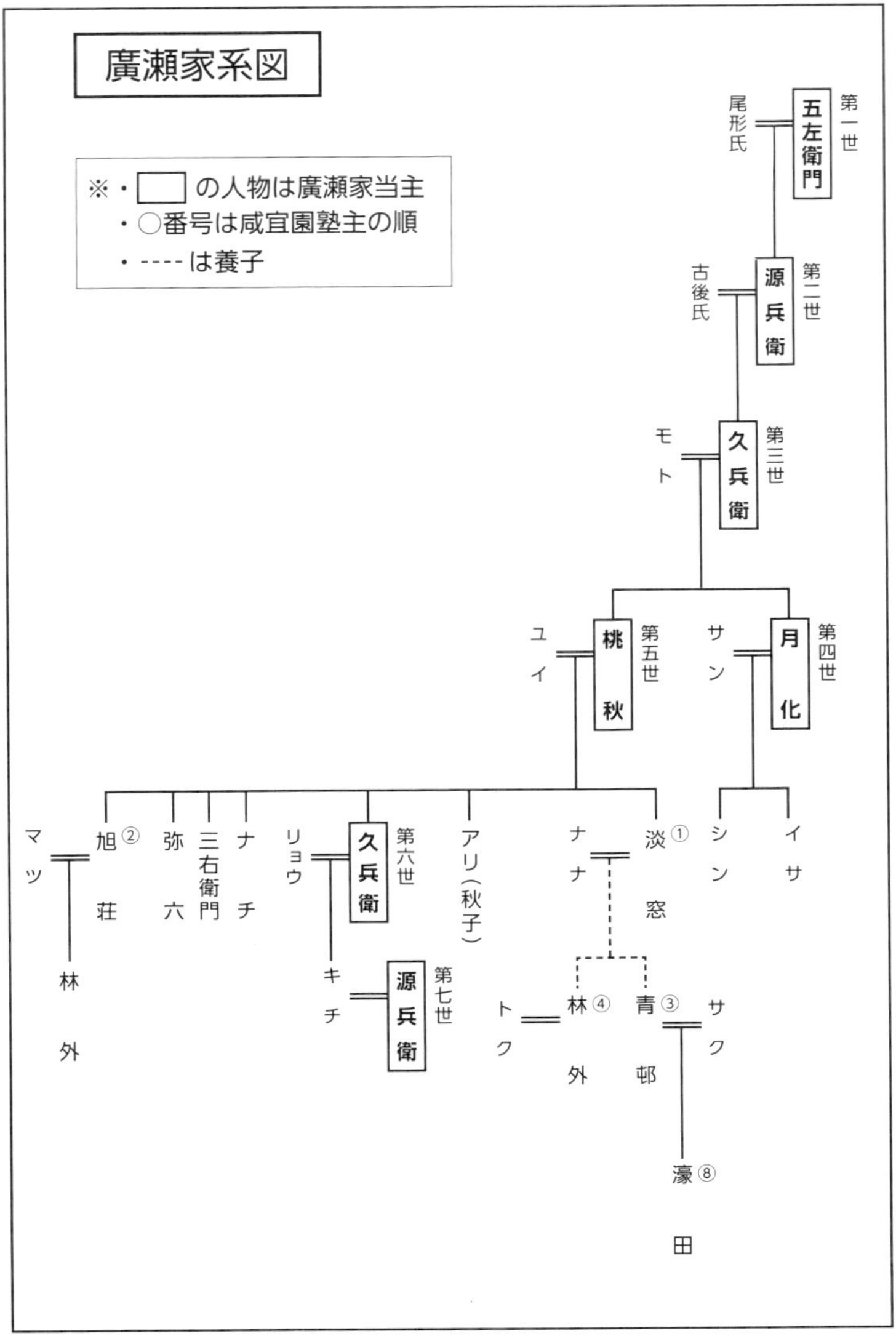
廣瀬家系図
※・□の人物は廣瀬家当主
・○番号は咸宜園塾主の順
・----は養子
第一世
五左衛門
尾形氏
第二世
源兵衛
古後氏
第三世
久兵衛
モト
第四世
月化
サン
第五世
桃秋
ユイ
イサ
シン
淡窓①
ナナ
アリ（秋子）
第六世
久兵衛
リョウ
ナチ
三右衛門
弥六
旭荘②
マツ
林外
第七世
源兵衛
キチ
青邨③
サク
林外④
トク
濠田⑧

世秋風庵と号。又長春庵と称す。通称三郎右衛門。幼名吾八」と記されている。本業の商いとともに、各藩の御用達の仕事も担った。寛政七年（一七九五）、肥前鹿島藩・大村藩の御用達も命じられている。文化三年（一八〇六）には江戸に行く羽倉代官に随行して伊勢まで行っている。桃秋は、日田代官（西国筋郡代）の信頼も厚く、文政五年（一八二二）に塩谷大四郎正義郡代が設けた「三老」の一人に加えられている。

桃秋は、少年の頃から読書を好んだようで、父久兵衛が学問に凝って世事に疎くなることを案じて読書を禁じたほどであったという。後年、数種の小説を著している。廣瀬先賢文庫（廣瀬資料館）に保存されている文化一〇年（一八一三）の序をもつ「小説箒木《ははきぎ》」もその一つである。また、桃秋の俳号で、俳諧も嗜んでいた。

淡窓の頃の廣瀬家

桃秋の後は、淡窓の弟で第六世となった久兵衛《きゅうべえ》、その後継である第七世源兵衛《げんべえ》と続き、彼らの時代

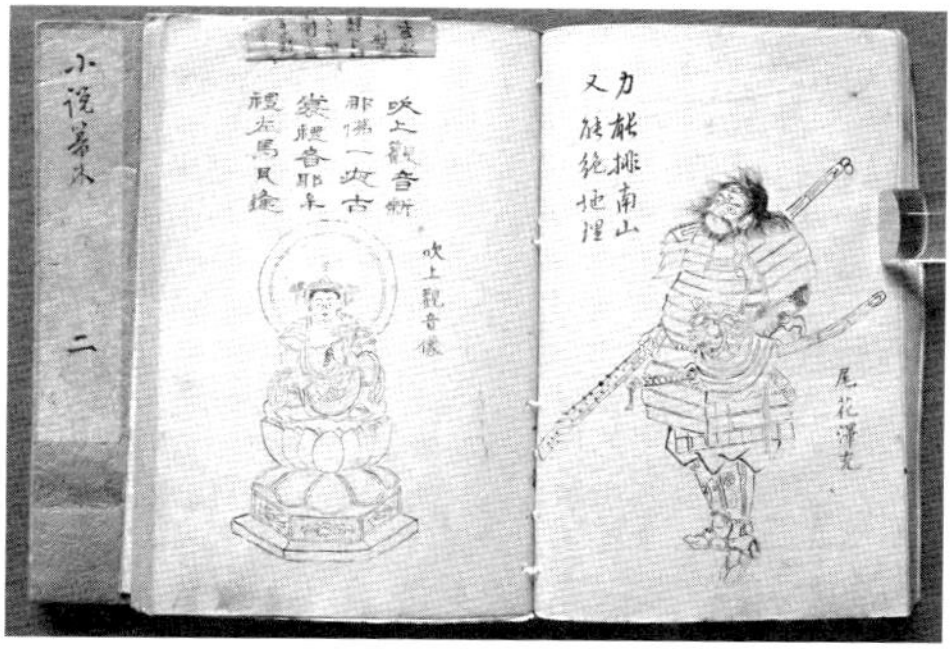

図８　「小説箒木」(廣瀬資料館蔵)

には、さらに多くの藩と関係をもっている。天保三年（一八三二）、第六世久兵衛（家督は第七世源兵衛）は、代官所の公金取扱を認められた「掛屋《かけや》」となり、幕府領の年貢米の収納を担い、翌年に幕府へ納入するまでの期間を利用して貸し付けを行うなどの運用益でさらに資本を強化している。

ここで、第五世桃秋・第六世久兵衛・第七世源兵衛の時期における廣瀬家の経営について概観してみよう。

一八世紀半ばより、農村での商品生産の発達により在郷商人がおこり農村での商品流通を担うようになると、廣瀬家をはじめ日田商人の仲介商業は衰退の一途をたどるようになり、経営は低迷し資産も底をつくようになっている。日田商人はこのような状況を打開する方策をそれぞれに模索したが、廣瀬家は代官（郡代）権力との繋がりを強化していき、自己資本に他人資本を加えて営む金融業を経営の中心としていった。廣瀬家も、第四世月化の頃から日田代官所や諸藩（府内藩・杵築藩・岡藩・対馬藩田代領・蓮池藩等）と関係を持ち、金融業として「大名貸し」も行うようになったのである。

一九世紀初頭以降の廣瀬家の経営について、毎年正月二日に廣瀬家の資産を記録した「積書」の記

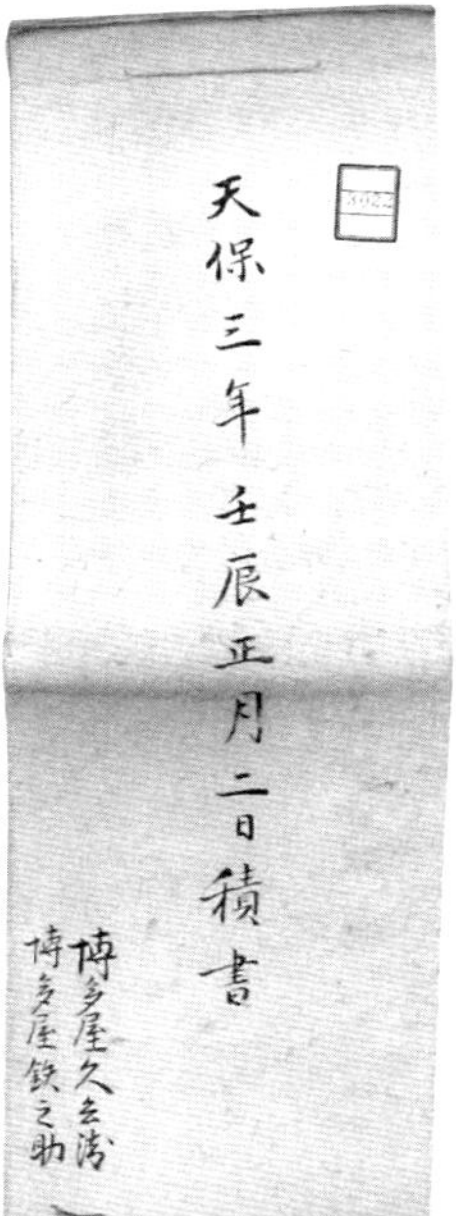

図９　「積書」（廣瀬資料館蔵）

載内容を中心に、野口喜久雄「日田商人廣瀬家の経営」によりながらみていくことにする。

表1は、廣瀬家の経営の推移を、文化一〇年（一八一三）から五年毎に区分して、それぞれの期間の「貸し付け」の平均を出し、文化一〇年からのI期を一〇〇とした指数の推移で示したものである。天保年間（一八三〇～四四）を通じて廣瀬家の経営規模が急激に拡大したことがわかる。そして、特に急激な伸びを示した時期は、廣瀬家が府内藩・対馬藩・田代領・福岡藩等と密接な関係をもった時期である。一方、ほとんど増減がなかったり（X期）減少したり（Ⅵ期）した時期は、福岡藩への四八七貫余の永納（X期）や府内藩等への貸し付けが焦げ付いたり（Ⅵ期）した時期である。これらのことから、廣瀬家の「貸し付け」状況には、「大名貸し」が大きく影響していることがわかる。「大名貸し」は、多大な利益をあげうる反面、大きな危険性をはらんでいたといえる。「大名貸し」をはじめとする武士貸し以外の「貸し付け」には、①日田商人、近在の商人・農民らへの貸し付け（在町貸し）、②廣瀬家一族への貸し付け（一族貸し）がある。

また、「貸し付け」を行った資本のほぼ七〇％以上、万延年間（一八六〇～六一）以降は八〇％以上を「預かり（他人資本）」が占めていたのである。このような「貸し付け」を支えた資本の大半を「預かり」が占めていたことが、廣瀬家の経営の特徴といえる。「預かり」は、①日田代官所（郡代役所）の公金（助合穀銀・年貢銀・御用銀等）、②大名や代官所元締等からの預かり（武士預かり）、③日田商人や近隣の商人・農民らからの預かり（在町預かり）、④廣瀬家一族からの預かり（一族預かり）に分類でき、この①が含まれていることが、廣瀬家をはじめとする「日田金」の特徴である。

一族預かりの預かり先には、久兵衛、源兵衛らとともに、淡窓や旭荘ら咸宜園関係者の名前をみることができる。久兵衛からの「預かり」は、天保二年（一八三一）の三貫目（利息は月一・二五％）が初見である。これは、隠居料を預け、その利息を「年々小遣ニ立用」にしたものである。別に天保六年（一八三五）には一〇貫目、嘉永三年（一八五〇）には六四貫などがあり、文久期（一八六一～六四）以降は二～三〇〇貫に及ぶ「預かり」が記載されている。源兵衛からの「預かり」は、少額ではあるが天保四年（一八三三）からみられ、安政年間（一八五四～六〇）から増加し、慶応三年（一八六七）以降は六四貫に及んでいる。淡窓や旭荘ら咸宜園関係者からの「預かり」には、咸宜園基金もみられる。これらの「預かり」の利息は、八～一〇％が多い。率の違いは、預かり先によるものと考えられるが、同一人物からの「預かり」であっても異なる場合がある。また、中には、咸宜園塾主であった廣瀬林外からの慶応年間（一八六五～六八）における「預

表１　廣瀬家の貸付額の推移　（Ⅰを100とする）

	時期区分	貸付額比率
Ⅰ	文化10～文化14	100
Ⅱ	文政元～文政５	78
Ⅲ	文政６～文政10	94
Ⅳ	文政11～天保３	310
Ⅴ	天保４～天保８	621
Ⅵ	天保９～天保13	366
Ⅶ	天保14～弘化４	684
Ⅷ	嘉永元～嘉永５	1,011
Ⅸ	嘉永６～安政４	1,787
Ⅹ	安政５～文久２	1,789
Ⅺ	文久３～慶応３	2,865
Ⅻ	明治元	5,345

（野口喜久雄「日田商人廣瀬家の経営」より）

かり」四八貫に対する一五%という率のように、他からの「預かり」に比べ著しく高い率もあった。

このように、廣瀬家の経営は、淡窓をはじめとする咸宜園の経営とも密接な関係を持ちつつ、代官所や九州諸藩と結びつきを強め、「日田金」とよばれる官民対象の金融業を中心に成長していったのである。

第一章

教育者としての歩み

一　生い立ち

淡窓は、天明二年（一七八二）壬寅四月一一日、日田豆田魚町の商家博多屋で、父桃秋、母ユイのもと、長男として生をうけた。第一子となる女児が二歳で亡くなり、その翌年に誕生した待望の男児であった。幼名を寅之助という。

廣瀬家は伯父月化が嗣いでいたが、病気を理由に堀田村に隠居、弟である淡窓の父に家業を譲っていた。伯父夫婦には娘が二人おり、この時に未婚で、親元を離れ魚町の家に住んでいた。反対に、淡窓は二歳から六歳まで伯父夫婦のもとで養育された。「筆記」はその理由を、伯父夫婦が暇であったから、母親の乳の出が悪かったから、一旦養子に迎えて嗣子にしようとしたからなどと諸説を並記する形で明確にしていない。折角授かった男児を成長させるために、常に目の行き届く環境である伯父夫婦に任せた方が良いという判断だったのかもしれない。また、五歳になるまで乳母が必要で、乳離れの遅い子どもであったとも記している。

図10　「廣瀬桃秋肖像(部分)」
(廣瀬資料館蔵)

ところが、「筆記」の草稿本である「夜窓閑話」には、

「予ヲ一旦己カ子トナシ、又先考ニ帰シテ、家ヲ継シメントナリト。此説果シテ然リヤ」と疑問を呈しながらも先の養子説のみを記し、「伯父ノ二女ハ、皆魚町ニアリテ未嫁、然レトモ他ニ嫁スルノ議ハ、已ニ決セシニヤ。他日ヲ待テ考ヘシ」と二人の従姉がどのような立場であったのかを推し量っている。どうやら淡窓自身は、父桃秋の思惑では姪に婿を取って跡を継がせようと思っていた可能性があり、一方の伯父は甥が生まれたことでこの子を跡継ぎにしようと考えたのではと思っていたようだ。

幼年期は、大きな病気に罹ることもなく、伯父夫婦のたっぷりの愛情を受け、商売人の家とは違った環境の中で育った。六歳で両親のもとに呼び戻され、父の指導によって読み書きの練習が始まる。当時としては手習いを始める年齢であり、いつまでも甘やかしておくわけにはいかないと考えたのだろう。だが、淡窓は何度も家を抜け出し、伯父夫婦のもとに出かけており、両親に厳しく叱られもしている。

八歳からは、長福寺の法幢《ほうどう》上人に就いて「詩経」の句読を始めた。翌年には、著名な書家松下烏石の法帖を使って本格的に唐様の書を学んでいる。その後、椋野元俊、頓宮《とんぐう》四極《しきょく》、法蘭上人、松下筑陰等に、経学・詩文についての教えを請う。特に、四極からは「論語読みの論語知らず」にならないよう、意味をしっかり知ることの重要性を学んだ。学問の基礎がこの時つくられたといえよう。

淡窓が最も熱心だったのは詩作で、筑陰の導きで大人たちに混じって詩会に参加、その才能を伸ばしていった。淡窓少年期の詩が残る。

月下釣江得蒸字
万里涼風散鬱蒸　万里の涼風　鬱蒸を散し
秋江両岸露華凝　秋江の両岸　露華凝る
東来明月垂綸処　東来明月　垂綸の処
一片軽舟似李膺　一片の軽舟　李膺《りよう》に似たり
仲寅之助草

伯父月化は、家業に就いていた頃、その働きにより、揖斐代官に「仲」姓を賜っているのだが、それを淡窓が署名に使っている一例である。夜釣りをテーマにした詩であるが、仰々しい語句を並べ、『後漢書』に伝の載る武将にして教育者でもある李膺の名まで出している。格調高い、いかにも当時流行の古文辞学派の詩風であり、子どもの作にはとても見えない。また、中国人をまねた一字姓を使うのも流行りで、案外そんな理由から気に入って使った署名なのかもしれない。もっとも、伯父の養子格になっていたのだとすれば、使用すること自体に意味があったともいえる。

寛政五年（一七九三）、日田を訪れた高山彦九郎は、一二歳の淡窓が一日一〇〇首の漢詩を詠じたことを賞し、後に和歌を贈った。そこには、

仲秀才のからうたうたひける嬉しさに読て遣はしける

大和には聞も珍らし玉をつらねひと日にも、の唐うたの声　　正之

とあり、詞書で「仲秀才」と記している。「仲」姓使用は、周知のこととされていたようである。健やかに過ごした淡窓は、一一歳の時、初めて大病を患う。六、七〇日ほど横になる日々を過ごし、天ヶ瀬温泉での湯治により完治している。ただし、幼い頃から眼病にはしばしば悩まされていたようである。同じ頃に吉井に行き、そこを起点に太宰府や田代などへも足を伸ばしている。親離れを促すための準備であったようだ。そして、一三歳を迎えて淡窓は元服をしている。病弱ではあっても商家の嫡男として無事に成長を遂げていたといえよう。この時、妹アリ・弟庄三郎・久兵衛が誕生していたが、庄三郎は夭折していた。

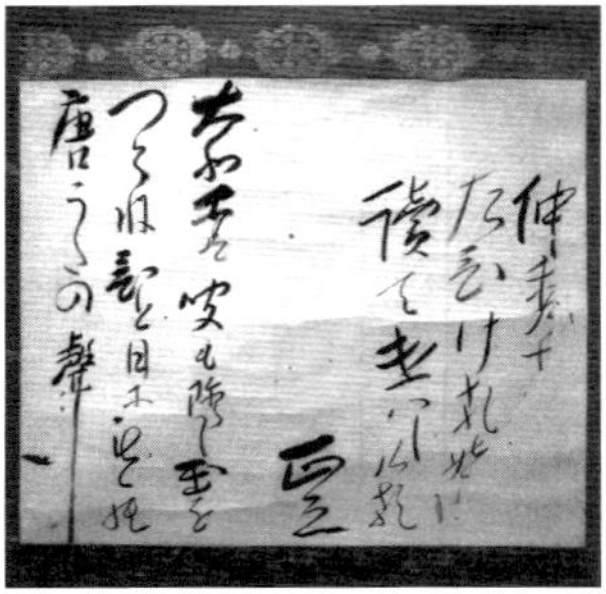

図11　高山彦九郎の書（日田市蔵）

二　遊学

寛政六年（一七九四）、淡窓一三歳の春、松下筑陰が豊後佐伯藩から招聘を受け、日田から離れた。三年余に及んだ師弟関係であった。「筆記」には「其間一日モ親炙セサルコトナシ。是ニ於テ師ヲ失ヘリ」とその衝撃を記す。次いで同年九月には法蘭上人が亡くなり、これにより詩文の師を一気に失うこととなった。一方で廣瀬家はこの時、叔父忠兵衛が事業に失敗し、その後処理に奔走、使用人たちの大量解雇などを目の当たりにして、淡窓は世過ぎ身過ぎの苦しさを知った。そんな中でも父親は、子どものことを考え、筑陰のもとでの遊学の段取りを図ってくれた。若いうちに他所の土地に行かせ経験を積ませたいという意図と、心身ともにどこまで堪えることができるかを試しておきたかったと思われる。

四月朔日に下僕一人、竹田まで同行の僧一人と共に出発。途中竹田で二泊し、八日佐伯に到着している。佐伯藩主毛利高標《たかすえ》は好学の大名として知られ、藩校四教堂《しこうどう》の充実を図っていたこともあり、同年代の者たちと共に学び、海を間近に感じながら楽しい四ヵ月を過ごしている。八月に迎えが来て、無事帰ってきたことで、最初の遊学はさらなる遠遊の足がかりとなった。それは幼い頃から、その名を耳にし、あこがれていた筑前亀井塾への入門であった。

亀井南冥は、福岡藩の藩校甘棠館の館長であるとともに、私塾をも経営する他国にも知られた儒者

図12　「亀井南冥肖像（部分）」
（亀陽文庫能古博物館蔵）

図13　「亀井昭陽肖像（部分）」
（亀陽文庫能古博物館蔵）

であった。ところが、寛政四年（一七九二）、突然に藩より蟄居謹慎を命じられ、藩校は息子昭陽が嗣いだが、私塾は塾生が離散してしまった。藩外の者の宿泊が禁止されたためである。

南冥廃黜《はいちゅつ》事件の理由としては、これまでいくつかの説がいわれてきた。何よりも後ろ盾であった家老久野外記の死去が大きいことはいうまでもないが、直接の理由として、私塾と藩校が同じ場所に存在していたことがあげられている。一方で藩士のみが学び、もう一方で藩外に開かれた自由な交流の場があったことが、藩にとっての圧力を加える理由であったというのである（八木清治「亀井南冥廃黜事件考」）。その根拠になっているのが淡窓の「筆記」である。淡窓は「旅人ヲ家ニ留ムルコトヲ禁セラレタル」と繰り返し述べている。藩は、藩内の情報が漏れることをともかく嫌った。その環境が、亀井塾にはあったというわけである。

寛政八年（一七九六）、淡窓は、四極に南冥の門人藤左仲を紹介してもらい、その案内で筑前に赴き亀井昭陽に謁する機会を得た。伯父月化の句集の序文を依頼するという目的であった。塾の様子を知ること、入塾が認められるのかどうかを見極めることが背後にあったことは勿論である。

翌年正月、昭陽への入門が認められた。杷木の医師内山玄斐の養子になったことにし、筑前の人内山玄簡となっての入塾であった。それにより南冥に謁することも可能となる。この時から髪形を総髪にした。

塾の規則は「寸栄館学規」から教育の一端を見ることができる。中でも注目されるのは「会読」で、学生が経典の解釈について論争し、これを訓導が判定、三度勝った者が上席につくという制度で、奪席の栄と呼ばれていた。他にも「三事」という教育方針を掲げ、服労（学問に関する科目）・徳班（世を輔けることの重要性）・責善（礼法の遵守）を重要なこととした。基本は、学生の自主性の尊重と個性を愛する姿勢であり、それは徂徠学の考え方に根ざしたものといえる。淡窓の塾経営に影響を与えたことはいうまでもない。

一年間にわたって在塾した後、一旦日田に帰省していた淡窓は、寛政一〇年（一七九八）二月に亀井家焼失の報を聞き、急ぎ戻る。二〇日ほど後片付けを手伝い、日田に戻った。その時の南冥送別の詩である。

送廣廉卿帰省郷里　　廣廉卿の郷里に帰省するを送る

山色春寒遊子衣　　山色春寒　遊子の衣
翩々宛似独鴻飛　　翩々《へんぺん》として　宛《あたか》も独鴻の飛ぶに似たり
苞楼攀柳辞朝雨　　苞楼の柳に攀《はん》し　朝雨に辞す
菅廟探梅賽夕霏　　菅廟の梅を探り　夕霏《せきひ》に賽す
官学方傾南郡帳　　官学方に傾く　南郡の帳
帰寧敢断北堂機　　帰寧敢へて断たん　北堂の機
湖南桃李須前記　　湖南の桃李　須《すべか》らく前記すべし
嘉会人間事易違　　嘉会　人間の事違い易しと

淡窓を一羽の鴻に例えるなど、その才能を愛したことがうかがえる。南冥の詩集にはこの時期、淡窓を詠んだ詩が大変多い。病気を心配するなど、短い期間ながらも、濃密な関係が築かれたことがわかる。

結局その後、藩校甘棠館の再建は認められなかったが、私塾の方は行われたため、半年後に引き続き従学する。ところが、翌一一年（一七九九）冬、病気になり、塾を去ることを決断。一二月に日田へ戻ることとなる。実質二年足らずの筑前での生活であった。そして、病気に苦しむ淡窓の日々が始まるため、手紙による指導が、これから後は続いていく。例えば、亀井昭陽宛淡窓書簡（福岡市総合図書館蔵）には、依頼を受けて書いた碑文の添削を乞う、塾生を紹介する、文章を学ぶ上での教訓を願うなどの内容が記されている。

（前略）然者先達而脇方より碑文一首小生江頼参申候。御存之通、一向文辞不案内之小子に而甚迷惑仕候得共、何分固辞難致次第も有之、無拠相認め申候。尤去年来之事に候を甚遅滞仕候に付、頻に促され申候間、筑前先生之御添削無之間者、石刻之儀者固断に申旨、申遣置候。（中略）何卒此節御正斧之程奉希候。（中略）

五月五日　廣瀬簡拝

空石先生

二白（中略）

一　此僧は大龍と申候而、小生塾中江参居申候者に御座候。兼而先生拝謁之儀相願居候に付、此節差上申候。何卒御対顔被下候様奉希候。相叶候はゝ老先生江も拝謁仕度所存に御座候。

一　去年は東遊賦被下置難有拝誦仕候。又御序も候はゝ御近著拝見奉希候。

一　去年拙牘中江も申上候通、文章相学候に付、心得に相成候儀候はゝ、小生相応之御教訓論相願申候　已上本文中の「東遊賦」は、文化三年（一八〇六）に秋月の朝陽公に従い、初めて江戸に上った際の文。翌年四月に戻っており、この書簡は文化四～五年（一八〇七～〇八）頃と思われる。文は昭陽に、そして詩は南冥に教えを請うた。南冥の詩文集（『亀井南冥昭陽全集』第七巻）には、文化五年（一八〇八）に淡窓に送った「廣廉卿詩稿評語」が残る。

余、廣生の正を乞ふの稿を得て、未だ敢て雌黄《しおう》せざるは、凡そ三四年。以て其れ蘐翁の成説に背き、喜んで時好に趨る故なりや、いなや。則ち生の敏にして古を好むに、豈に初盛を捨てて、中晩以降を醞釀するの為、此れ必ず改励の日有ること遠からざるなり。今此の稿を観るに、結選革響、厥の音頗る碩（大きい）、但だ未だ青蓮飄逸曠蕩の旨に熟さず、比興索漠の患、依然として故の如し。因て略刪正を加へ、愚衷を吐露す。（原漢文）

淡窓の詩稿の批評を頼まれたが、その詩風が徂徠学の説から離れたことを批判する内容になっている。淡窓は、享和三年（一八〇三）、病中に『唐宋詩醇』を読み、詩が一変したと述べる。それまでの盛唐や明詩中心から、中・晩唐そして宋詩の存在を受け入れたという。これをわかった上での南冥の評になっているのだろう。師を敬いながら、そのまま真似るのではない態度は、淡窓の一生変わらぬ姿勢で、折衷学といわれたのも頷けるであろう。このような形で、両師が亡くなるまで、いわば通信教育は続いていくことになる。

三　大病と妹秋子

病気により退塾し、筑前より戻って療養に努めていたが、寛政一二年（一八〇〇）正月二三日夜、月待の会（月の出を待って拝む行事、深夜に及ぶまで飲食・談話・娯楽が行われる）が催され、夜食を終えると突然の病が淡窓を襲った。胸が塞がり、吐き気が生じ、頭痛・目まい・悪寒、そして息も絶え絶えになった。「是レ病ヒ大ニ動クノ始リナリ」とし、その後も疲れた時に食事をすると同じような症状が起こるようになる。内臓が虚弱な淡窓ではあったが、時に大食をする癖がみえる。この時も数椀を食べている。

図14　「廣瀬秋子肖像(部分)」(廣瀬資料館蔵)

しばらくして病気は治ったかに思えたが、二月に入るとまた悪化し、結局五月まで病床に臥した。治療を施しても体力が落ちていき、食事もとれなくなるという悪循環で、どんどんやせ細っていく様子に医者も困り果てたという。この時、一縷の望みをかけ、最後に治療に当たったのが肥後の医師倉重湊で、たまたま実家のある日田に帰省中のこと、運良くこの人の施術により一命を取り留めることができた。いろいろな方法を試みたのが却って悪化させた原因であるとして灸に絞って行ったところ、徐々に食欲が出てきて体力が戻った。

大変だったのは家族も同じこと、特に伯母と妹の看護は献身的なものであった。伯母は幼い淡窓をわが子と同じように育てたことから必死の思いがそうさせたのだろう。妹アリは二つ違いで、幼い頃は同じ部屋で生活し、将来を期待された長男を助けることが自らの務めと思ったようだ。

アリが知っていたかは不明だが、淡窓の記述によると、夭折した弟庄三郎の死因となった病気を家中に運んできたのはアリだったし、淡窓一一歳の最初の大病もアリが持ち込んだものだった。もし誰か教える人がいたならば、兄弟を救おうとした思いの強さがどこから生まれたのか理解できるのだが、単なる臆測かもしれない。

この度の病気が、淡窓生涯の三大厄の一つ目となる。その後も完治には至らず、自らの身体と相談しながらの養生生活は続いていく。同じ年の冬、肥後の豪潮律師が代官の招きで日田を訪れた際、その霊験あらたかな評判を聞いた父親に加持を受けるよう命じられたが、信心の薄い淡窓は赴かず、代わりに妹アリが受けたところ、すっかり信者になってしまう。信仰心は次第に強くなっていったようだ。

それから三年後の享和三年（一八〇三）、麻疹が流行すると、淡窓はそれに罹り、半月ほど臥すことになる。先の大厄ほどではなかったが、この時に「小便閉塞」の事態に陥り、短期間で改善したもののの、余症は後に度々引き起こされることになった。妹は、病気になった兄を常に介抱し、両親の憂いを何とか晴らしたいと思うようになった。そして「終ニ大誓願ヲ発シ、予カ命ニ代ランコトヲ、仏ニ誓」うようになる。誰にもいわず、秘していたことであったが、豪潮律師の祈祷の最中、一人必死に願うのが目にとまり、律師に理由を聞かれ、賛嘆されたことで、志を決して、兄に打ち明けたのであった。

勿論、自分のために命を投げ出そうとしている妹を淡窓は押しとどめた。しかし、アリはこの身を捨てること以外に望みはなく、あとは仏門に入り、仏恩に報いるのが自分の志だと答える。結局、出家し尼になることは祖母の反対に遭い、叶えられなかったが、豪潮律師の計らいで、京都で律師に深く帰依する官女風早局に仕えることになる。アリは二〇歳であった。風早局は、同じ信仰の伴侶を得たことを喜び、秋子《とき》という名を与えた。秋子からは、その後、宮中の様子を伝える書状が届くことがあった。

文化二年（一八〇五）、突如として秋子の死を知らせる手紙が京都から届く。仕えていた風早局が、この年四月から熱病（腸チフスか）に罹り、懸命に看病したが、その甲斐もなく六月に亡くなってしまった。悲嘆にくれた秋子は即日剃髪し、慈等と名をかえる。ところが、局の病気が感染していたのだろう。一〇日ほどたった後、同じく豪潮に帰依していた菱屋源兵衛の家で息を引き取っ

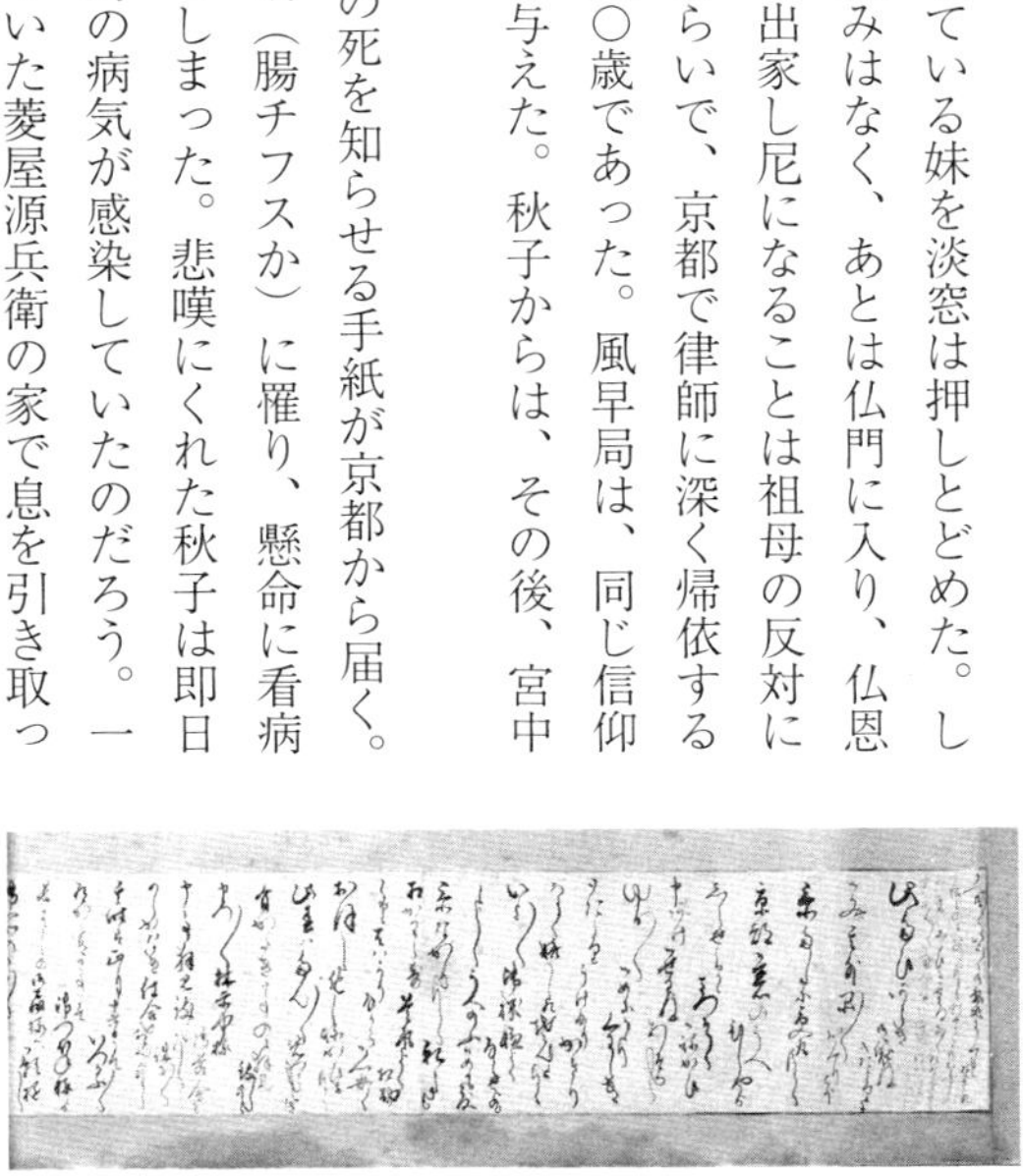

図15　廣瀬秋子の書簡（廣瀬資料館蔵）

た。七月一七日のことであった。日田を離れてわずか二年足らずの出来事であった。

訃報を聞いた家族の歎きは例えようのないものであった。中でも祖母はその場で気を失ったという。淡窓は、自分のせいで秋子が死んだように考え、断腸の思いを抱えて、この後の人生を送ることになる。一族から、誰かを上京させるべく相談をしている時、東光寺の円海上人が上京することがわかり、この人に後事を託することになる。

秋子の遺体は、疫病からすでに荼毘に付され、京都三条裏寺町にある称名寺の菱屋の墓所に葬られていたため、分骨して日田に持ち帰り、大超寺（現在の浄安園）に葬られた。「孝弟烈女」と刻まれた墓表が今も残る。この後、秋子の法事を行うのは淡窓の役目になり、三三回忌の時、新たに京都に墓を築かせたのも淡窓であった。その折の漢詩は、往事を思い綴ったものである（二章で詳述）。

四　教育の道を進む決意

長福寺学寮での開業

淡窓は北家・南家や秋風庵等で養生しながら、病弱な身で博多屋の家業を継ぐことができるのかという心配もあり、自分の将来について迷っていた。そのような中、淡窓は、倉重湊から「学問教授は天命だ。それで身が立たぬなら飢え死にするまで」という厳しい助言を得て、教育の道を歩むことを決意した。

> 多病ニシテ業ヲ遂クルコト能ハス。遠遊ノ望ミ、仕官ノ望ミ、一切思ヒ止レリ。因テ思フニ、郷里ニ在テ、徒ラニ父母親戚ノ養ヲ受ケテ、素餐ヲ以テ日ヲ送リ、世ノ一蠹物トナランコト、口惜シキコトナリ。ツラ〳〵世儒ノ人ヲ教フルヲ視ルニ、未タ善ヲ尽サヽル処アリ。若シ此処ニ心ヲ用ヒテ、後進ヲ誘引セハ、世ニ於テ小裨益ナキニ非ス。是ヲ以テ天職トシ、素餐セサルノ義ニ当テント、如此志ヲ決セリ。
>
> （「夜雨寮筆記」）

文化二年（一八〇五）、淡窓二四歳の時、長福寺《ちょうふくじ》学寮《がくりょう》を借り、本格的に教育活動を始めている。「筆記」の文化二年の記事に次のように記されている。

去冬ヨリ倉重湊カ言ニヨリテ、開業ノ存念アリ。湊言ヒケルハ、足下従来ノ病根、父母ニ依頼スルニアリ。今教授ノ業ヲ始ムルト雖モ、若シ父母ト同居セハ、旧ニヨリテ、一日之ヲ作シテハ、両日之ヲヤメ、終ニ成功ナカラン。故ニ是非トモ、一旦ハ父母ノ膝下ヲ離レ、屋宅ヲ求メテ別居シ、自ラ衣食ヲ営ムヘシトナリ。コ、ニ於テ、豆田町長福寺学寮ヲ借リ受ケ、此年三月十六日ヲ以テ、彼ノ方ニ転居ス。余ニ従ツテ同居スル者二人。諫山安民・館林伊織ナリ。学寮ニ楼アリ。楼上・楼下、合セテ席二十畳ホトアリ。三人ニテ飯ヲ炊キタリ。……講学ヲ以テ身ヲ立ツルノ業トスルコト、此時ヨリ始マレリ。

長福寺学寮は、宝暦九年（一七五九）に、長福寺第一〇世通元《つうげん》が、掛屋草野家の寄進によって、学僧の仏典や詩文を学ぶ場として創建したものであった。学寮は、「楽法楼」とも呼ばれ、第一一世普明《ふみょう》（宝《ほう》月《がつ》）、第一二世法幢に引き継がれた。淡窓も、幼い頃に法幢から句読を授かっている。長福寺学寮は二階建ての建物で、一・二階合わせて二〇畳ほどの広さであったと「筆記」に記されている。「長福寺学寮跡」の発掘調査で図16のような礎石が発見されており、梁行二間（約三・六メートル）・桁行三間（約五・四メートル）の建物であったこ

図16　長福寺学寮の礎石

とが想定されている。

淡窓は、倉重湊の「父母から独立して生活を営みつつ教授の業を始めるべき」という意見に従って、長福寺学寮を借りて、当初は諫山安民と館林伊織の二名の門弟とともに共同生活をしながら、教育活動を行ったのである。このような長福寺学寮での教育は、三月から六月までの一〇〇日程度という短期間で終了している。長福寺学寮に客僧が宿泊するようになり、長福寺に返すことになったのである。しかし、短期間だったとはいえ、淡窓にとって長福寺学寮における教育活動は、「此ノ時ヨリ従学ノ者多クナリ、開業ノ基建チタリ」(「筆記」)と、教育の道を進む決意を固めたことも含め、この後の教育活動の基礎となったといえる。

本格的な塾経営の開始

淡窓は、その後、一旦廣瀬家に戻り南家土蔵での門弟教育を行うが、八月には豆田町の大坂屋林左衛門の家の一部を借りて「成章舎《せいしょうしゃ》」と名付けて、本格的に塾経営にあたっている。八畳と六畳の二間の家であったが、諫山安民・館林伊織をはじめ六~七名の門弟と同居している。成章舎では、倉重湊や三松寛右衛門の意見を受け、呼称や食事等、師弟の別を明確にするようになっている。そして、淡窓の教育システムの大きな特徴である「月旦評《げったんひょう》」もこの八月から作成されている(五節で詳述)。

文化三年(一八〇六)、五月までは成章舎で教育活動を行っていたが、梅雨の時期になると狭い上に湿気が多く、学問に取り組むどころではなくなった。そこで、淡窓は廣瀬家の南家に移り、門弟を南家二階に住まわせ、講義等は南家の土蔵で行うことが多かった。

九月には、淡窓は弟久兵衛を含めて七名の門弟を伴い、伯父月化とともに五馬市《いつまいち》（日田市）に旅をしている（「五馬紀行」）。

淡窓は、門弟教育を充実させるために、伊予屋儀七等の支援により豆田裏町に二階建ての塾舎建築に取りかかり、文化四年（一八〇七）に完成した。「桂林園《けいりんえん》（荘《そう》）」である。一階には、六畳の淡窓の居間、八畳・一〇畳の部屋と土間があり、二階は一階とほぼ同じ間取りで四間あった。門弟は、二階の三間を使用することとしていた。そのほかに、炊事場と便所が併設されていた。

六月に、淡窓は、門弟一〇名余と移り住んでいる。淡窓の漢詩「桂林荘雑咏諸生に示す」には、桂林園における淡窓の教育の様子が詠い込まれている（二章で詳述）。そして、この頃から「入門簿」を作成している。「入門簿」は、寛政一三年（享和元＝一八〇一）五月朔日入門の館林伊織、享和二年（一八〇

図17　桂林荘公園

二）二月朔日入門の諌山安民から始まっている。

淡窓は、廣瀬家に居住し、桂林園に出かけて講義等をしていた。しかし、一一月に日田で流行っていた「疫癘《えきれい》」にかかり、翌年正月まで病床に伏すことになった。この間、桂林園を閉鎖している。桂林園が再開されたのは、三、四月になってであった。この後は、淡窓は廣瀬家の南家に居住し、桂林園に通って講義等を行っている。この後、咸宜園の開塾までの約一〇年間は、このような塾に通う形で教育活動を行っている。

門弟は徐々に増加し、文化七年（一八一〇）五月には、入塾者が三一名となっている。

桂林園入塾生、三十一人ニ及ヘリ。予開業以来、塾生三十人ニ及フコト、此時ヲ以テ始トス。時ニ月旦ニ載スルモノハ、六十人モアリシナルヘシ。（「筆記」）

二九歳であった淡窓は、九月二日、二〇歳の合原ナナと結婚し、廣瀬家の北家二階を居所としている。その後、冬には南家に居所を移している。

淡窓は、文化一〇年（一八一三）八月二三日から「淡窓日記」と題して日記を記し始めた。

世上ニハ日記ヲ作ル人多シ。我独此挙アラズ。若シ今日ヨリ是ヲハジメ、年数ヲ経バ、老年ニ至リ、往事ヲ迫思スルニタヨリアリ。老ヲ慰ムルノ一助ト為ルヘシ。又其内ニハ、子孫ノ心得ト成スヘキ事モ有ルヘシト思ヒ、遂ニ此日ヲ以テ筆ヲ取ルノ始トス。（「筆記」）

この後、題名は変わっていくが、淡窓の日記は、没年の安政三年（一八五六）二月二一日まで、その数は八二巻に及ぶ。

咸宜園の開塾

文化一四年（一八一七）二月、淡窓三六歳の時、堀田村の秋風庵の近くに「咸宜園」の塾舎（西塾）と淡窓の新宅（遠思楼）が建てられた。塾舎は、桂林園を解体復元したものであった。遠思楼が完成したのは八月二四日であり、淡窓は二階に居を移している。

咸宜園の名称の由来について、『教聖広瀬淡窓と広瀬八賢』では、「詩経」の商頌の「玄鳥篇」の「殷、命を受くること咸宜《ことごとくよろ》し、百禄是何《ひゃくろくこれなに》」が出典と説明している。淡窓は塾名に門弟教育の目標、教育精神等についての念願、理想をいいあらわそうとしたのであろう。井上義巳は、身分社会でありながら、咸宜園は、すべての人に開放された塾であること、如何なる人物も入門して自由に研究できること、入退塾中途休塾など、各自の都合でその希望が受けとめられる塾等々の咸宜園の根本特徴がいいあらわされている、と説明している（『人物叢書　広瀬淡窓』）。

文政三年（一八二〇）二月二十六日、月旦評に記載された門弟が一〇三名となり、淡窓は「筆記」に次のようにその日の感慨を記している。

月旦ニ名ヲ録スル者、一百三人ナリ。月旦百人ニ上ル事、此時ヨリ始マル。四月二十日ニ至リテ、在塾生五十四人ニ及ヘリ。初メ予廿四ニシテ、教授ノ事ヲ始メシ時、筑前亀井先生ノ門下ヲ盛ナリトス。塾生廿四、五人モアリシナルヘシ。予カ業ヲ開キシ前後ニ、筑ニテハ江上源蔵、豊ニテハ帆足里吉（萬里）、皆門戸ヲ開イテ、弟子ヲ引ケリ。両三年前ニ及ンテ、亀井・江上・帆足及予カ塾、何レモ塾生多キ時ハ、三十人ニモ及ヘリ。九州ノ学徒、此ニ於テ盛ナリトス。今年ニ至リテ、予カ塾五十人ニ及フ。其盛ナルコト、他塾ニコエタリ。

このように門弟が増加する中で、文政四年（一八二一）に講堂、文政七年（一八二四）に東塾、弘化四年（一八四七）に南塾・南楼が建てられている。大正二年（一九一三）に門弟の長岡永邨《ながおかえいそん》によって描かれた「咸宜園絵図」（図18）は、江戸時代末期の姿を再現している。

図18　「咸宜園絵図」（廣瀬資料館蔵）

咸宜園へは、束脩《そくしゅう》（入学金）を納め、入門簿に自分で氏名・出身地・入門年月日・紹介者氏名を書き、入塾となる。その際、学歴・年齢・身分を問わず（三奪法《さんだつほう》）、全員が「月旦評」では最下級からのスタートとなっている（五節で詳述）。塾名とした「咸宜《ことごとくよろし》」に示されているように、一人一人の意志や個性を尊重する教育理念に基づき、淡窓の長年にわたる教育実践の中で数々の咸宜園の教育システムが創りあげられている。

塾の拡充と相まって門弟は増加し、文化一四年（一八一七）の「咸宜園」開塾以後、淡窓が安政三年（一八五六）に没するまでに三千名近くが「入門簿」に名前を記している。

五　咸宜園における教育システム

咸宜園教育システムの特徴

淡窓は、咸宜園における教育システムについて、文政一三年（天保元＝一八三〇）、旭荘に咸宜園塾主を譲った際、「謙吉へ申聞候事」の中で、次のように旭荘に示している。

> 教授の儀は二十年来心を砕き候に付き、手覚へ候処も有之、門下も他方よりは繁盛に候、大抵我等日々相勤候講釈・会読・詩文の添削等の儀、自身の力ヲ用候分は格別多き事は無之、大方門人任セニ致候間、外人より見候得ば余程閑暇に相見え候得共、人の心付キ無之処に工夫ヲ労候、凡席序ノ法、分職ノ法、課程ノ法、試業ノ法、一切ノ規約等、何れも二十年来の工夫ヲ以て、或ハ増減シ、或は改革致置候。

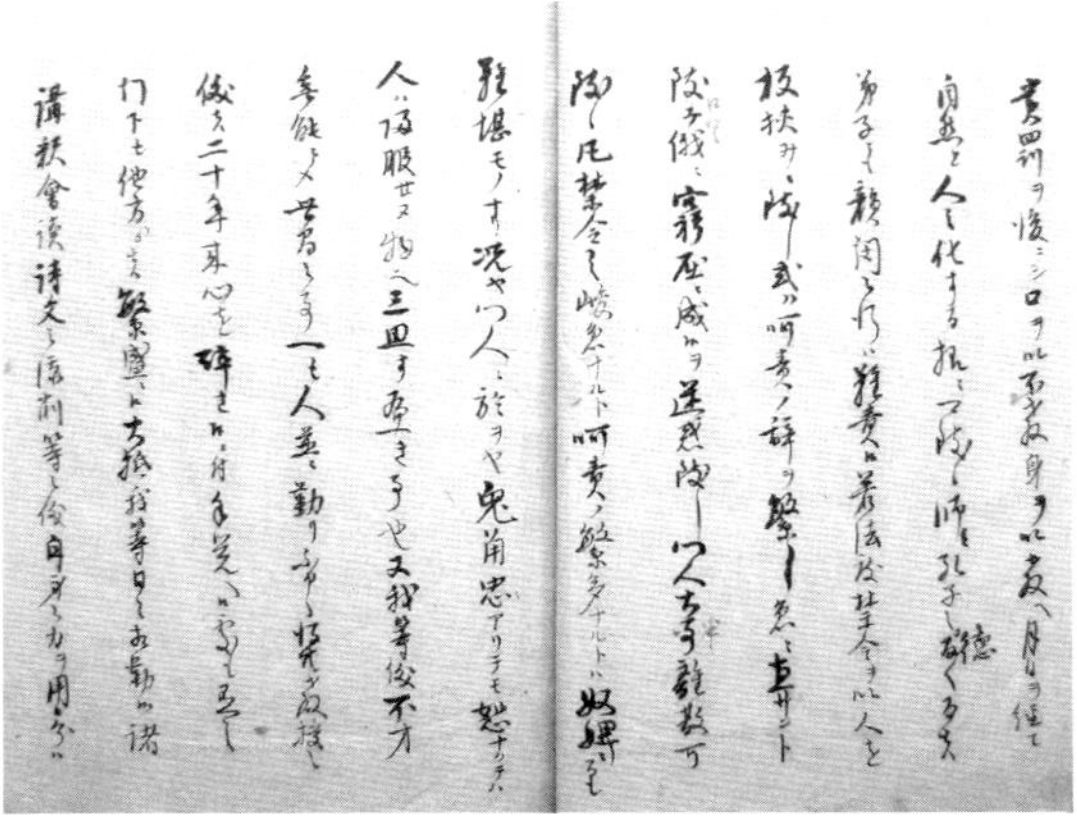

図19　「謙吉へ申聞候事」(廣瀬資料館蔵)

淡窓は、自負も込めて、長年にわたる教育実践の中で教育システム、特に「席序ノ法」「分職ノ法」「課程ノ法」「試業ノ法」「一切ノ規約」に工夫を重ねてきたと述べている。淡窓は、このような工夫・改革をこの後も積み重ね、他の私塾と一線を画す特徴的な教育システムを構築し、近世最大の私塾と称される咸宜園を創りあげたのである。

席序の法　＝三奪法と月旦評＝

淡窓が「席序ノ法」と称した教育システムは、「三奪法」と「月旦評」とにより形づくられている。まず、入門に際しての仕組みである「三奪法」についてみてみよう。

「三奪法」について淡窓は、「灯下記聞」において、次のように述べている。

入我門者。有三奪法。一曰。奪其父所付之年歯。置之於少者之下。以入門先後為長幼。二曰。奪其師所與之才学。與不肖者同伍。以課程多少為優劣。奪其君所授之階級。混之於卑賤之中。以月旦高下為尊卑。是三奪之法也。

三奪の一つ目は、「年歯（年齢）」を奪うということである。咸宜園においては、年齢の高低ではなく、入門の先か後かにより序列を決めるということである。先に入門した者が学業を積み、学力的に上位にあることを基本的な考え方とするものであった。

三奪の二つ目は、「才学」を奪うということである。咸宜園における序列には、入門する前の学歴を一切考慮しないということである。他の塾で学業を積み高い学力を所持していたとしても、咸宜園に入門した時点で最下級からのスタートとなるということである。他の塾で学び学力の高い者は、咸宜園における勉学により他よりも早く昇級していくことを基本的な考え方とするものであった。

三奪の三つ目は、「階級」を奪うということである。咸宜園においては、封建的身分秩序に関わりなく、塾生を平等に扱うということである。

淡窓は、このように入門に際して「三奪」し、それらに代わる序列として「月旦評」を考案し、活用していたのである。月旦評は、門弟各自の一ヵ月の学業の成果を評価し、序列化したものである。

淡窓は、文化二年（一八〇五）八月、成章舎の門弟一五名を月旦評四ランクに位付けしたのが最初であると「筆記」で述べている。最初の月旦評では最上ランクが第一等で、入門後四年を経過していた館林伊織をはじめ諫山（伊佐山）安民・小関亭が位置づけられていた。第三等には、入門間もな

表2　「文化二年八月　月旦評」

第一等	伊佐山安民、小関亭、館林伊織
第二等	田島蘭秀、河南大路、村上俊民
第三等	廣瀬正蔵
第四等	釈昇道、諫山登、小林安石、倉重文哉、役世龍、松本主計、井上徳次、本河要人

（「筆記」巻11より）

い廣瀬久兵衛（正蔵）が位置づけられていた。この後、淡窓は月旦評に工夫を加え続け、スタートを無級とし、数字が上がるほど上級となっていった。門弟が増加し学力差が大きくなってくると、個人個人の学業成果をきめ細かく評価するためにはランクを増やさざるを得なかったのであろう。試行錯誤を繰り返しながら、天保一〇年（一八三九）三月二六日に示された月旦評において、無級から九級上下までの完成形となっている。

二十六日。月旦ノ階級ヲ改制ス。凡十階アリ。最下ヲ無級と称ス。其上。一級ヨリ九級ニ至ツテ止ム。従来ハ無級ヲ合シテ九階ナリ。今一階ヲ新ニ加ヘタルナリ。……三十年ノ旧法。是ニ至ツテ一変。此ヨリ永制トナレリ。

（「筆記」）

淡窓は、成章舎時代に始めた月旦評を約三〇年かけて完成させ、これより「永制」とすると述べている。この月旦評の形態は、淡窓没後も咸宜園の閉塾まで続いている。

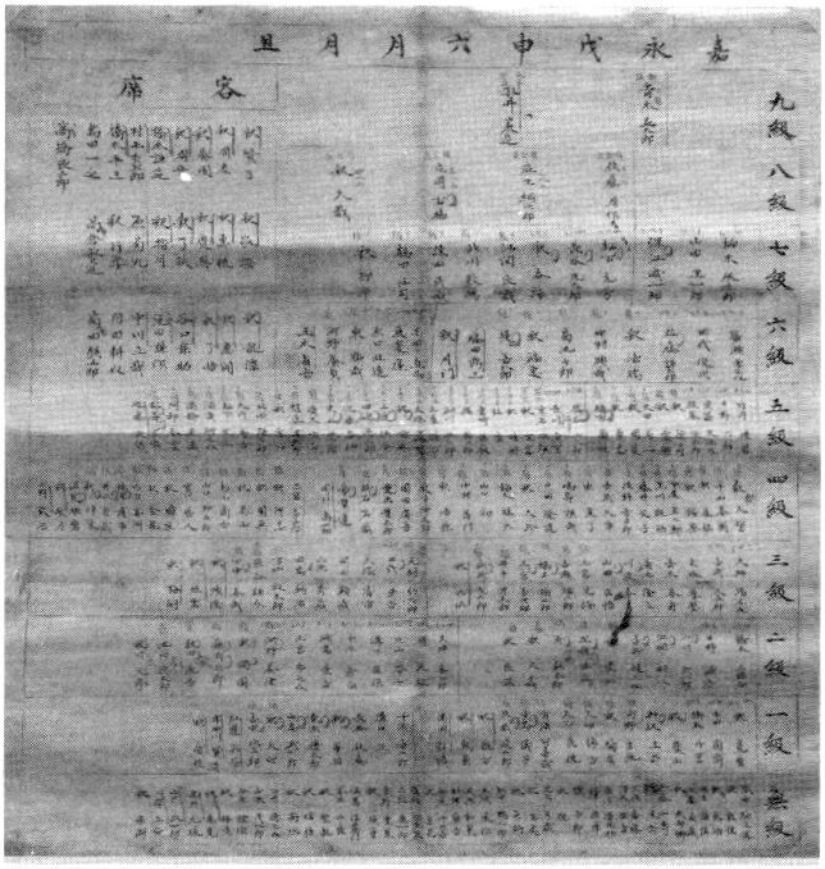

図20 「嘉永元年六月月旦評」(廣瀬資料館蔵)

図20の月旦表は現存する最古のもので、弘化五年（嘉永元＝一八四八）六月のものである。無級から九級下まで門弟二二五名（大坂で塾を開いていた旭荘の門弟四四名も含む）の氏名が記されている。また、職任（都講・権舎長）等の情報も記されている。

淡窓は、このような月旦評について、その目的とするところを次のように述べている。

月旦評ヲ設ケテ、其勤惰ヲ明ニシ、勤ムル者ハ上ニ擢ンテ、惰ル者ハ下ニ抑ヘ、栄辱ヲ分チテ、惰夫ト雖モ、一度我門ニ入レハ、勉励ノ心ヲ生セシム。（「夜雨寮筆記」巻二）

月旦評ヲ設ケ、之ニ示スニ栄辱ヲ以テシテ、之ヲ鼓舞スルナリ。（「夜雨寮筆記」巻三）

淡窓は、成績を公表することを通して門弟の努力を評価することにより、門弟の学習意欲を喚起することを目的としていたのである。この月旦評を活用した咸宜園の徹底した実力主義の教育は、門弟にとっては猛勉強が求められるものであったが、努力し評価された経験は次の努力の原動力にもなっており、淡窓のめざした教育のあり方に惹かれて多くの門弟が集まったといえる。たとえば、弘化三年（一八四六）に二五歳で咸宜園に入門した安芸国出身の末田重邨は、月旦評について「而有月旦評、以加黜陟、是以無少長、勤勉相競、廉雖惰慢、不得不勉強也」と述べている（鈴木理恵『近世近代移行期の地域文化人』）。重邨は、咸宜園で九級に到達し都講も務め、帰郷後は私塾を開き、教育システムとして月旦評を導入している。このような重郎の言葉や活動をみると、淡窓の目的が達成されている状況を読み取ることができる。

一方で、淡窓は、月旦評の弊害についても認識していた。

> 作月旦評。誘掖門人。是門下所以盛也。然亦其弊不少。諸生課程。務外而廃内。取名而捨実。今欲矯之。而卅年旧習。不可遽変。須善巧方便誘之。以離虚名之地。而入実践之域。此工夫亦非容易。
> （「再新録」）

門弟が、月旦評に示される自身の位置に関心を向けすぎて、内面の修養を怠っているというのである。名声を求め実が伴っていない状況について、淡窓は、正さなければならないが容易なことではないと述べている。

課程の法、試業の法、そして消権の法　＝学習課程・評価基準＝

このような弊害を解消するために、淡窓は、天保一一年（一八四〇）八月三〇日に課業《かぎょう》に関する「新令」を公布している。そして、これに基づく新しい課業を九月二日から始めている。また、完成形となっていた月旦評に、最後の工夫となる「消権《しょうごん》ノ法」を九月二一日作成分から適用している。ここに、咸宜園における学習課程・評価基準も完成形となったといえる。

完成形となった咸宜園における学習課程・評価基準について、天保七年（一八三六）に入門した武谷祐之の自叙伝「南柯一夢」天の巻（井上忠校訂、『九州文化史研究所紀要』第一〇号）の記述と、中島市三郎『教聖・廣瀬淡窓の研究』に沿いながらみていくことにしよう。

淡窓は、門弟の学習成果を客観的に評価することを前提とした学習課程を「課程ノ法」「試業ノ法」などと呼び、月旦評と連動して工夫を加えていった。咸宜園では、「大学」「論語」「詩経」「十八史略」「唐詩選」等の中国の古典や、「国史略」「日本外史」『遠思楼詩鈔《えんしろうししょう》』などを教科書として使用し、素読《そどく》（意味を解釈せず声を出して正しく読む学習）が学習の基礎とされていた。表3（林外時代のものと考えられる）のように、咸宜園では、素読・輪読《りんどく》（教科書を正しく朗読しあう学習）・輪講《りんこう》（教科書を決めて輪番で講義し合う学習）など八つの「課業」、文章課題（課せられた題について自分の考えを漢文で書く試験）・詩課題（課せられた題について漢詩を作る試験）・書会（二〇〇字の漢文を細書する試験）など五つの「試業《しぎょう》（試験）」が行われていた。「課業」は、無級から四級までの門弟が取り組み、一回の得点で基準に達すれば進級することになっていた。「試業」は、原則として五級以上の門弟が取り組むことになっていた。ただし、四級以下の門弟でも希望すれば受けることが認められていた。「課業」と違い「試業」は、各級の基準が上・中・下に細分され、上の得点を一定期間で定められた数を獲得しなければ昇級できないというシステムであった。中は現状維持、下はそれまで

表３　「学則」にみる課業・試業・消権

課業	輪読	書目を定め、毎日輪番を以て之を読ましむ。点額は書目に依り、五点、四点、三点を限とす。
	素読	毎日、四書五経を授く。
	聴講	聴講三回後、其書を復講せしむ。点額は書目に依り、廿一点、十五点を限とす。
	会読	
	輪講	書目を定め、毎日独見を以て輪番之を講ぜしむ。点額は六点、十点を限とす。
	書会	毎月九回、一紙に五字を大書せしむ。点額は五点を限とす。
	復文	毎月六回、仮名文を唐宋文体に復せしむ。点額は十点を限とす。
	数学（算術）	和算・洋算を隔日に教授し、毎月三回各問題を設けて之を試験す。付点なし。
試業	文章課題	毎月二回、時間を限り、漢文を作らしむ。点額は五十点を限とす。
	詩課題限韻	毎月二回、時間を限り、思構せしむ。点額は五絶二十点を限り、七絶三十点を限り、五律四十点を限り、七律古詩各五十点を限とす。
	書会	毎月二回、時間を限り、唐本に就き二百字を細書せしむ。点額は四十点を限とす。
	句読切	毎月二回、書会の写本に句読を付せしむ。点額は五十点を限とす。
	復文	毎月二回、片仮名文を漢文に復せしむ。点額は三十五点を限とす。
消権		毎月二回、日を定め書目を解説せしむ。

（中島市三郎『教聖・廣瀬淡窓の研究』より作成）

表４　「学則」にみる消権種目

1級	下	大学素読	中庸素読			
	上	孝経素読	論語素読			
2級	下	孟子素読	小学素読			
	上	春秋素読	礼記素読			
3級	下	書経素読	詩経素読	易素読		
	上	孝経素読	国史略素読			
4級	下	十八史略抜萃	大学講義			
	上	十八史略暗記	蒙求暗記	中庸講義		
5級	下	日本外史講義	論語講義			
	上	孟子講義	孔子家語講義			
6級	下	文範講	左伝前半講			
	上	左伝後半講	国語講			
7級	下	史記講	詩経講			
	上	漢書講	書経講	遠思楼詩講		
8級	下	八大家	資治通鑑前半	荘子		
	上	資治通鑑後半	世説	荀子	名臣言行録	文中子
9級	下	伝習録	近思録	管子	墨子	淡窓六種
	上	文五十篇	詩五篇			

（中島市三郎『教聖・廣瀬淡窓の研究』より作成）

に獲得した上が無効となることを意味した。こうして獲得した点数に応じて月旦評に位置づけられていったのである。このような中で、優秀な成績を獲得した門弟は、二〜三級跳んで昇級することもあり、これを「超遷《ちょうせん》」と称していた。

淡窓は、このような課業・試業に加えて、天保一一年（一八四〇）九月から新たに「消権ノ法」を始めたのである。「消権ノ法」について武谷祐之は次のように記している。

上等ノ生ハ其級区ニ何書何々ト配布シ、諳記又ハ抜萃書ニテ精粗ヲ検ス。賞点合額昇進ヲ得ルモ配布ノ書籍検査未タ終ラサルハ名氏ノ肩権ノ字ヲ署（シ）二区昇進ハ権々ト署ス、三権ニ及フハ縦令賞点合額スルモ昇進スルヲ許サス。専ラ消権ニ従事シ一権ヲ消却シ得テ后始テ一区ヲ昇進ス。

（「南柯一夢」天の巻）

課業・試業での得点により昇級できても、表4に示されたような各級で身につけておくべき種目（表の種目は林外時代のものと考えられる）が不十分な場合、仮昇級となり、月旦表の氏名の肩に「権」と書されるのである。月二回、定められた日に該当級の種目について評価され、この「権」が消されて初めて正式に昇級したことになるというシステムであった。

このようなシステムについて、海原徹は、「各人の学力の如何を可能なかぎり詳細かつ正確に把握し、それぞれの学力に見合った、より一層懇切丁寧な指導を行うための工夫であり改良であった」と説明している（『広瀬淡窓と咸宜園』）。

分職の法　＝職任制＝

このような実力主義の教育方針の一方で、淡窓は、「鋭きも　鈍きもともに　すてがたし　錐《きり》と槌《つち》とに　使いわけなば」という伊呂波《いろは》歌にみられるように、個性を尊重した教育を重視し、知情意の全人教育をめざしていた。そのための仕組みとして、咸宜園においては、全ての門弟が塾や寮の運営のための何らかの役割を担い（分職、職任制）、共同生活を送ることになっていた。淡窓は、天保一四年（一八四三）に発した「癸卯改正規約」においても、「上は九級、下は無級に至迄、一人たりとも、無職のもの不可有事」と定めている。門弟のすべてに、その月旦評の位置等によって都講・舎長等の分職があり、毎月の月旦評での位置づけによって変更されることもあった。前出の弘化五年（嘉永元＝一八四八）六月の月旦評にも、都講と権舎長の職掌名が氏名の上部に記されている。

表5は林外時代のものと考えられる職掌であるが、武谷祐之の「南柯一夢」天の巻にもほぼ同じような職掌について記述がある。たとえば、蔵書監については、次のように記述されている。

蔵書監ハ亦舎長次席ヨリ任ス、蔵書ノ出納ヲ司ル、一人一部ヲ仮貸シ読了リテ他書ヲ仮貸シ、一

表5　「塾則」にみる職掌

	職　名	役　割	備　考
1	都講	塾中一切ノ事ヲ総裁ス	
2	講師（上席舎長兼務）	都講ヲ佐ケ、又其不在・病気等ノ節、其職務ヲ代理ス	
3	舎長	舎中一切ノ事ヲ処弁ス	
4	司計	米穀薪炭及ヒ金銭ノ出入ヲ処理ス	毎月三十日、各舎長ト会計室ニ会シ、一月間ノ総計ヲ為スヘシ
5	大司計	学資ノ内納ヲ掌リ諸生ノ倹奢ヲ監視ス	
6	新来監（舎長兼務）	新来生ヲ教導シ、学則及ヒ塾則ニ習熟セシム	
7	外来監	外来生ノ勤惰ヲ監視ス	
8	威儀監（舎長兼務）	諸生ノ威儀品行ヲ監視ス	
9	試業監	試業生ノ勤惰及ヒ其犯則ヲ検察ス	
10	素読監	素読生及ヒ授読師ノ勤惰ヲ監視ス	
11	書会監	五字書会生ノ勤惰ヲ監視ス	
12	蔵書監	蔵書ノ出入ヲ監視シ、又其保存ヲ計画ス	毎月三十日、自席ニ於テ、諸生ニ貸渡シタル書籍ノ検閲ヲ為スヘシ
13	経営監（大司計兼務）	塾舎門牆等ノ破損ヲ検察ス	毎月五・十ノ日、塾中ヲ巡視シ、畳・障子・戸・壁・門牆等ノ破損ヲ検閲スヘシ
14	洒掃監	庭砌ノ洒掃ヲ指揮シ、又狼藉ヲ検察ス	
15	通計監（舎長兼務）	課業・試業ノ点数ヲ調査ス	毎月二十九日、通計人ト共ニ師家ニ会シ、課業・試業ノ点数ヲ通計シ、翌月ノ月旦評ヲ製スヘシ
16	拾紙監（外来監兼務）	外来生ヲ指揮シ、庭砌ノ廃紙ヲ拾取セシム	毎月五・十ノ日、外来生ヲ引率シ、廃紙ヲ拾取セシムヘシ、此条、洒掃部ニ属スヘシ
17	講堂長	課業・試業ノ順序ヲ整理ス	
18	会頭	輪読・輪講及ヒ会読生ノ弁論ヲ監視ス	
19	司履	塾生ノ乱履ヲ検察ス	毎月六回、各舎ニ就キ諸生ノ履ヲ検閲スヘシ
20	常侍史	師家ノ塾用ヲ勤ム	
21	書記	月旦評の浄書ヲ勤ム	

（中島市三郎『教聖・廣瀬淡窓の研究』より作成）

時ニ数部ヲ仮サス。大部ノ書ハ五六冊宛仮貸ス。中・下等生之ヲ仮ル、月ニ六十文ヲ納ル。上等ノ生ハ仮ルモ否モ亦之ヲ納ル、貯蓄シ匱乏ノ書ヲ購求ス。四書五経・蒙求・十八史略・文章軌範・国史略・日本外史等ノ書ハ数十部宛ヲ備へ、廿一史・十三経其他子類詩文集及雑書等モ備へ仮貸ス。遠隔ヨリ来遊ノモノニハ大ニ便利ヲ与ヘリ。

（「南柯一夢」天の巻）

蔵書監は、月旦表の都講・舎長に次ぐ位置にいる門弟から選ばれ、咸宜園蔵書の管理とともに、門弟への貸し出し等の取扱いもしていたのである。

淡窓は、このような「分職ノ法」を通して、知識的な学習だけでなく、実務経験を通しての人間性や社会性の育成も図っていたのである。

咸宜園の規約

淡窓は、「分職ノ法」とともに、厳しく細かい規則を定めて、学問とともに塾生活全般にわたって統制していた。その背景となる考えについて、淡窓は次のように述べている。

凡人ヲ率キルノ道二ツアリ。一ハ治、二ハ教ナリ。世儒ノ人ヲ率キル、教アリテ治ナシ。是儒者ハ教官ナルカ故ナリ。……然ルニ、数百桀驁ノ少年ヲ一室ニ聚メ、唯経義ノミヲ伝へ、規約賞罰ヲ施サズバ、是レ之ヲ驅ッテ放逸ニ赴カシムルナリ。故ニ余カ人ヲ教フルハ、先ツ治メテ、而後之ヲ教フルナリ。余カ長所、此外ニアルコトナシ。

（「夜雨寮筆記」）

淡窓は、亀井塾での経験や他塾等の様々な情報から、門弟に対しては、まず「治め」、その後に「教える」という方向性を咸宜園での教育方針としているのである。「教える」だけで、生活面を自由放任にしていれば、学問の質は向上しない。淡窓は、実力主義の教育を推し進める上でも、また人間性や社会性の育成を図る上でも、「治める」ことが必要だと考えたのである。

淡窓は、様々な規則類を定め、改正を重ねている。『淡窓全集』や中島市三郎『教聖・廣瀬淡窓の

表６　咸宜園の規約等

公布年月			名称	収録書
文政13年	1830	８月	謙吉へ申聞候事	全集
天保５年	1834	５月	都講・勤学・都検心得方　二十一則	
			倹約を勤むる説	
天保７年	1836	10月	告諭	中島
天保12年	1841		辛丑改正規約	
		３月	告諭	
		５月	分職規約	
天保14年	1843	11月	癸卯改正規約　八十二則	全集
			告諭　五則	
			職任告諭　二則	
			新諭　二則	
天保15年	1844	４月	塾約　二十二則	
弘化３年	1846	閏５月８日	告諭	中島
嘉永５年	1852		嘉永改正塾約　二十七則	全集
安政４年	1857	10月	丁巳改正規約　四十四則	
			諸生帰郷後心得　十一則	
			学則	中島
			塾則	

（全集＝『増補改訂　淡窓全集』
中島＝中島市三郎『教聖・廣瀬淡窓の研究』）

研究』から規則類を拾い出すと、表6の如くである。淡窓が、天保一二年（一八四一）三月五日の「日記」に「頒新令於塾」と記している「辛丑改正規約」をみると、「職任」四則、「飲食」一五則、「出入（外出に関する規定）」一一則、「用財（金銭管理に関する規定）」八則、「雑」一五則となっている（『教聖・廣瀬淡窓の研究』）。「飲食」をみると、「一日之飯米四合五勺ト定メ候事」や「酺日（塾内での飲食が許される日）ハ飲酒・自菜・菓子類差許候事」などと規定され、細かく塾生活について定めていることがわかる。

咸宜園の一日

咸宜園の一日を、林外時代に定めた「学則」に示された一日の時間表（中島市三郎『教聖・廣瀬淡窓の研究』）と武谷祐之「南柯一夢」天の巻の記述にしたがってみてみよう。

咸宜園の一日は、午前五時の起床から始まる。咸宜園での授業時間は、「撃柝（拍子木を打ち鳴らすこと）」により知らされていた。

清掃後、六時から早朝学習として「輪読」が行われた。「輪読」は、定められた教科書を門弟が順番に読んでいくのであるが、朗読中に誤読を指摘した者が代わって朗読し、間違いなく五行を読むと賞点一を獲得し、「音義清詳」で三葉以上朗読すれば賞点二〇を獲得することになっていた。参加している門弟が三周したら終了となる。一一時からの「輪読」も同様である。

七時からの清掃・朝食後、「課業」が始まる。八時からは「聴講」あるいは「会読」である。「聴講」は、講義を三回受講した後、その書を復講する時間である。武谷祐之はこの時間に淡窓の講義を受けており、「朝飯后、翁（淡窓）ノ講義アリ。経史子詩文集、生徒ノ請ニ応シ二書ヲ講ス」と記している。淡窓は、門弟の要望に応じて二種類の書について講義したのであろう。「会読」は、参加者が一〇～一二名程度のグループに分かれ、淡窓が三日間講義した書に関して、質問と回答を繰り返すことにより賞点の獲得を競うというものである。回答できなければ、席を譲らなければならないことから、「奪席会」とも呼ばれた。参加している門弟が三周したら終了となる。一〇時からも「聴講」あるいは「会読」となっている。

九時からは「素読」、「質問」である。「素読」は、五・六級の門弟から選ばれた「素読師」が、四級以下の門弟に「四書五経」の読みを指導する時間である。「質問」は、武谷祐之が「質問・詩文推敲ヲ請

表7　「学則」にみる時間表

時間		内容		
午前	5時	晨起	洒掃	
	6時	輪読		
	7時	洒掃	契食	
	8時	聴講	会読	
	9時	素読	質問	
	10時	聴講	会読	
	11時	輪読	復文	五字書会
	12時	契食	散歩	
午後	1時	輪講	質問	
	2時	試業		
	3時			
	4時			
	5時			
	6時	契食	散歩	
	7時	夜学		
	8時			
	9時			
	10時	就寝		

（中島市三郎『教聖・廣瀬淡窓の研究』より作成）

フナリ」と記している質問や添削等の時間であろう。

一一時からは「輪読」、「復文」あるいは「五字書会」である。「復文」は、毎月六回行われ、教科書等から選ばれた漢文を仮名文としたものを、もとの漢文に直す授業である。「五字書会」は、毎月九回行われ、一枚の用紙に五文字を大書する授業である。

一二時からの昼食・散歩後、午後一時からは「輪講」あるいは「質問」である。「輪講」は、定められた教科書を自学して輪番で説明するという授業である。二〇字間違いなく説明できれば賞点一を獲得し、説明できなければ次の門弟に代わることになっていた。賞点三を獲得すると、次の門弟に席を譲り、参加している門弟が三周したら終了となる。

午後二時から六時までは「試業」の時間である。六時からの夕食・散歩後、七時から一〇時の就寝までの間が「夜学」の時間となっている。淡窓は、天保一二年（一八四一）一一月一九日の「日記」に、「夜招門生上等者、輪講義府。毎夕為常」と記している。五級以上の門弟を集め「義府」の輪講を行ったというのであるが、このように、夕食後の時間には「課業」に含まれない学習の時間とされていたのであろう。

このような一日の時間の流れの中で、門弟たちは努力を積み重ねていったのである。

咸宜園の一年

咸宜園における一年間の動きを、教育システムが完成形に調えられていった天保一一年（一八四〇）の翌年を例にみてみよう。表8は、「日記」から咸宜園教育に関係する記事を抜き出したものである。

天保一二年（一八四一）は、正月二日から講義を開始し、四日には輪読・輪講・会読を始めている。前年は一二月二九日に講義を終了しているので、年末年始の休みは数日ということになる。

表8により一年を眺めると、まず気づくことは、毎月二六日頃に月旦評を改めていることである。八月は赤間関に旅行しているので、八月分の月旦評は例外として九月一四日に改められている。月旦評発表の様子について、武谷祐之は「南柯一夢」天の巻で次のように述べている。

> 毎月廿七日席序改正昇進ヲ命セラル。生徒講堂ニ列座シ先生出座アリ。合額ノ生ヲ膝下（ニ）召シ昇級ヲ命シ勉励学力進歩ノ賞詞ヲ述（ブ）。人々ニ応シ差等アリ。特別勉励ノモノ、又学力優長昇進超遷ノモノハ特別ノ褒詞アリ。爾后続テ孳々タランコトヲ告ク。又本月昇進スルハ勉強ニ由ルトイへ数月ヲ費スハ怠慢ト謂フヘシ、爾后須ラク努力スヘシトノ諭シアリ、了リテ改正席序ニヨリ礼謁ノ式アリ、了リテ翁退去アリ、都講上座ニ上リ改正塾規及（ビ）告諭ノ二書ヲ朗読ス、了リテ退散ス。

表8　天保12年「日記」にみる咸宜園の一年

月	日	事　項	備　考
正　月	2日	開講。講孝経首章。	
	3日	起春左伝講。	
	4日	起諸論読・輪講・会読。	
	5日	起荘子講。	
	9日	放学。	
		会門生於講堂。	凡五十二人
	11日	起素読。	
	26日	改月旦評。	
閏正月	4日	招諸生後至者饗之。	凡十五人
	7日	使範治代講荘子。	
	19日	起左伝講。	
	23日	起詩会。	一月三回
	26日	改月旦評。	
2　月	3日	設詩会。	
	15日	休素読。	遏密のため
	26日	改月旦評。	
3　月	4日	廃左伝講。	
		託伊織為門生講医書。	瘟疫論
	5日	頒新令於塾。	職掌規約、職掌告諭、改正規約
		起左伝講。	
	13日	詩会如例。	
	23日	詩会如例。	
	26日	改月旦評。	
4　月	2日	是日塾生遊山。放学。	山行
	26日	改月旦評。	
5　月	8日	起遠思楼詩抄講。	
	26日	改月旦評。	
6　月	4日	命範治講遠思楼詩抄	
	12日	起左伝講。	
		諸業皆起。但素読未起	
	23日	起素読。	解遏密令
	25日	改月旦評。	
7　月	13日	遠思楼詩抄講卒業。	
	14日	放学。	
	15日	放学。	
	21日	以疾廃左伝講。	
	22日	起左伝講。	
	27日	改月旦評。	
8　月			
9　月	10日	起左伝講。	
	14日	改月旦評。	8月分
	15日	是日塾生遊山。放学。	山行
	17日	起宜園百家詩講。	
	26日	改月旦評。	
10　月	26日	改月旦評。	
	晦日	以疾廃講。	
11　月	4日	起左伝。百家詩講。	
	7日	義府脱稿。	
	10日	放学。	冬至
	15日	左伝講卒業。	
	17日	義府開講。	
	19日	夜招門生上等者。輪講義府。	毎夕為常
	26日	改月旦評。	
12　月	朔	義府卒業。	
	4日	起荘子講。	
	13日	放学。	掃煤
	19日	改月旦評。	
	27日	放学。	搗餅

淡窓は、昇級した成績優秀な門弟を褒め、昇級ならなかった門弟へは努力を督促する式を毎月行い、努力し続けることを意識させていたのである。

一方で、緊張を一時的に解かせる仕組みも用意していた。「放学」である。「放学」とは、課業や試業を休みとする日である（「都講・勧学・都検心得方二十一則」には、「休日は毎月廿七日、五節句、六月十五日、八月十五日、盆二日、春秋山行、井戸浚、皆一日宛、冬至一日、臘月廿九日也」と記されている）。

表8の「放学」の中で、休日という意味で使用されているのは、七月一四日・一五日の盂蘭盆、一一月一〇日の冬至である。咸宜園の行事等で課業等を休みとするというものが、正月九日の「会門生於講堂觴之」（淡窓が門弟に酒を振る舞ったというもの）、一二月一三日の煤はき、一二月二七日の餅搗きである。

そして、四月二日と九月一五日の「放学」は「是日塾生遊山」と記されており、「都講・勧学・都検心得方二十一則」で休日とされている「春秋山行」のことである。武谷祐之は「南柯一夢」天の巻で、「春秋両回山行ト称シ山或ハ社寺等ニ遊行ス。都講・副監・舎長・威儀監之ヲ監シ行饗ハ鍛冶屋五郎兵（衛）・桝屋茂七之ヲ調理シ運搬ス」と説明している。課業等を休みとして、門弟が付近の山や社寺等に出かけるというものであった。淡窓が同行することもあったが、同行できない場合は門弟が酒肴を淡窓に献ずることになっていた。また、鍛冶屋五郎兵衛・桝屋茂七は、咸宜園の会計に関わっていた商人で、「山行」の時には弁当を準備していた。このような「山行」の中で、門弟たちは自然や歴史を感じながら、緩やかな気持ちで漢詩を作ったりしていた。淡窓は、日頃の課業や試業等では育成できないものを「山行」を通して身につけさせようとしたのであろう。淡窓の詩作教育の一環ともいえる。

六　詩作を重んじた教育

詩作教育

儒者の中で、詩文を好み、漢詩文集を残している者は多い。江戸時代においても林羅山・山崎闇斎・貝原益軒・新井白石など数えればきりがない。しかし、彼らにとって主たるものは経学であり、詩文はあくまで従であり付録であった。当然ながら、授業でわざわざ漢詩を教えることなどなかったのである。そのような中、詩文を経学と同等の地位に上げ、門人の個性を尊重するという教育を始めたのが荻生徂徠であった。彼のもとからは、漢詩文を生業とする服部南郭や高野蘭亭らの専門詩人が輩出した。その反面、個性を重要視するあまり、道徳を軽んじる風があるとの批判も受けたが、徂徠学のスタイルは一世を風靡していった。

淡窓の師亀井南冥もその薫陶を受けた一人であった。南冥が教授を勤めた筑前黒田藩の藩校甘棠館の規則「甘棠館学規」（南冥撰、ほぼ同じ内容は亀井の私塾「蜚英館学規」にも残る）には、講説・会読など一二の科目が載っているが、その五・六番目には「作文附会」「作詩附会」と漢詩文の授業が含まれている。その内容は、以下の通りである。

作文は、自ら文辞を述ぶるなり。其の文、記・序・賛・銘及び簡牘・訳文、惟だ訓導の命ずる所に従ひて之れを述ぶ。成れば則ち、録して訓導に呈し、其の是正を請ふ。訓導の善しと称すれば則ち、諸れを教授先生に質す。文会は、日期を限りて学生を会し、探題して作文するなり。成りて後の質正は初めの如し。作詩の式、一に作文と同たり。（原漢文）

詩文ともに、訓導（教員）の指示によって与えられた題で作る。出来た作品は訓導に提出して批正を乞い、合格点に達したものを教授に呈す。文（詩）会の場合は、いくつかの出題の中から、各人の詠題をくじなどで選ぶという手順になるが、他は同じであるという。寛政九年（一七九七）、この授業を受けた淡窓は、その時の様子を「筆記」に書き残している。

月ニ文会三度、詩会三度ナリ。コレハ出席ノ徒、十人ニ不過。余始テ至リシトキハ、彼ノ風ニナラハス、摧折セラル、コト多シ。半年ノ後ニ至ツテ、発達シタリ。明春帰省ノ時、先生余ニ語リテ、子ガ始テキタリシト

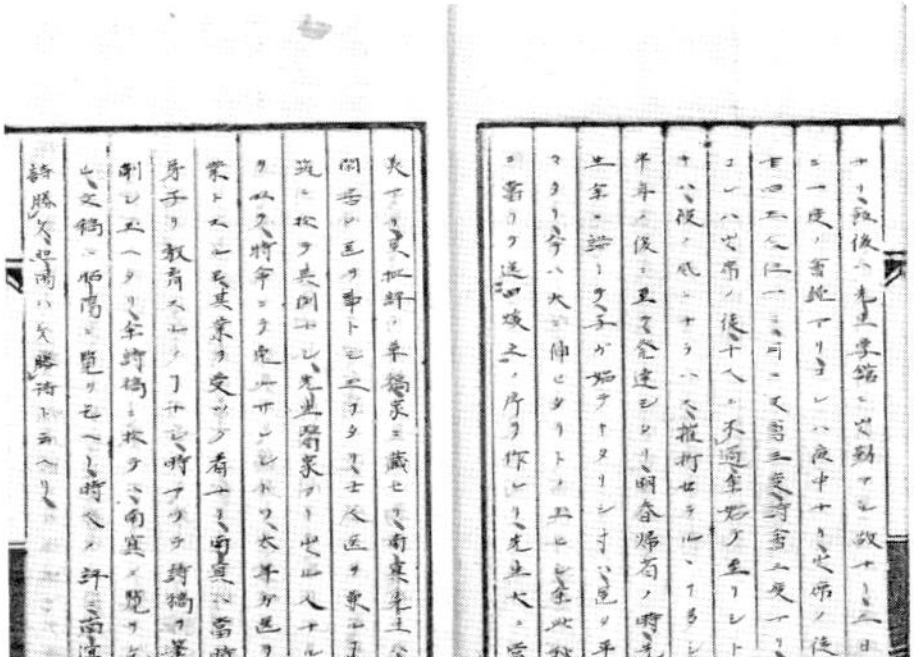

図21　「筆記」（廣瀬資料館蔵）

キハ、甚タ平々タリ。今ハ大ニ伸ヒタリトノ玉ヒシ。余此秋ニ当リテ送田煖之ノ序ヲ作レリ。先生大ニ賞賛アリ。

毎月三度ずつ開かれる少人数の文会と詩会、その場で出される題にすぐ対応するためには、押韻や語彙など詩文に関するかなりの知識が要求されるはずである。日田にいた頃から松下筑陰の許で詩作に励んでいたものの、一般には兼題（あらかじめ題を与えるやり方）で作る場合が多かったと考えられ、慣れないやり方にうまく作ることができなかったのも、一六歳の淡窓にとって無理からぬことであったと思われる。それでも、半年を経て次第に上達し、翌年には誉められるほどになったというから、努力は勿論のことながら、その才能や詩作に対する愛好のほどがうかがえるというものである。ともあれ、亀井塾での経験が、後の淡窓の塾経営に大きな影響を与えたことはいうまでもない。武谷祐之「南柯一夢」天の巻には、天保七年（一八三六）入塾当時の淡窓の塾運営が細やかに記されている。

翁ノ学敬天ヲ主トシ、処義制数ヲ用トス。経ヲ解ク新古ニ拘泥セス、唯本文ニ折衷シ、書ヲ読ム内外古今ヲ問ワス、唯其適用ヲ採ル。生徒ヲ教育スル偏固狭隘ニ陥ラス、務テ其材ヲ達スルヲ主トス。教科、素読・輪読・輪講・会講・独見・質問・詩文推敲ナリ。…朝飯后、翁ノ講義アリ。経史子詩文集、生徒ノ請ニ応シ二書ヲ講ス。講前礼謁アルコトアリ…了テ講義アリ。而テ質問詩文推敲ヲ請フナリ。

そこには、個性を重要視する教育法が語られ、生徒の要望に応じて講義が行われたとある。「日記」を見ると、詩文の分野では「唐詩選」や『遠思楼詩鈔』などが門人らの希望で実施されたことが見て取れる。合わせて講義の際には質問を受け、推敲をも行っていたことがわかる。さらに試業（試験）では、

詩文ノ題、都講師ニ就テ是ヲ請、場ニ来リ之ヲ示ス、各二回、詩文書各月二回、句読ヲ点ス、三回、合シテ九回タリ。……詩文ノ賞点五十ヲ上トス。優長ノモノハ賞点ヲ与フ六十七十ニモ至ルアリ。

と、詩・文・書跡は月二回ずつ開かれ、都講から題がその場で示されることが述べられている。亀井塾での体験を踏まえたやり方であるが、更には、それを点数化して昇級に使用するところに咸宜園の独自性がみられるのである。このように詩作教育にこだわった淡窓であるが、詩文を学ぶことにどんな利点があるのかという門人の問いに対しては『淡窓詩話』上巻（同様の文章は「夜雨寮筆記」巻三にも載る）で、

詩ヲ作ル人ハ温潤ナリ。詩ヲ好マザル人ハ刻薄ナリ。詩ヲ作ル者ハ通達ナリ。詩ヲ作ラザル者ハ偏僻ナリ。詩ヲ作ル者ハ文雅ナリ。詩ヲ作ラザル者ハ野鄙ナリ。其故何ゾヤ。詩ハ情ヨリ出ヅルモノナリ。詩ヲ好マザルハ、其人ノ天性ニ情少ナキガ故ナリ。若シ之ヲシテ詩ヲ学バシメバ、自然ト情ヲ生ズベケレドモ、己レガ性ノ偏ナル所ヨリシテ、勉強シテ学ブコト能ハズ。愈々無情ノ窟ニ堕ツルモノナリ。……孔子曰ハク、温柔敦厚ハ詩ノ教ナリト。温柔敦厚ノ四字、唯ダ一ノ情ノ字ヲ形容スルノミ。是レ予ガ弟子ヲシテ詩ヲ学バシムル所以ナリ。

と答えている。人の情こそが詩作によって育まれていくものという強い信念があっての教育だったわけである。その詩作は決して座学だけで行われたわけではなく、時に宴の中、あるいは近隣を散策する中でも詠じられていた。遊吟・即吟で詩を楽しむことにも力がそそがれたのである。成果はやがて『宜園百家詩』の刊行という形で結実していき、篠崎小竹はその序において「君の善く詩を以て人材を

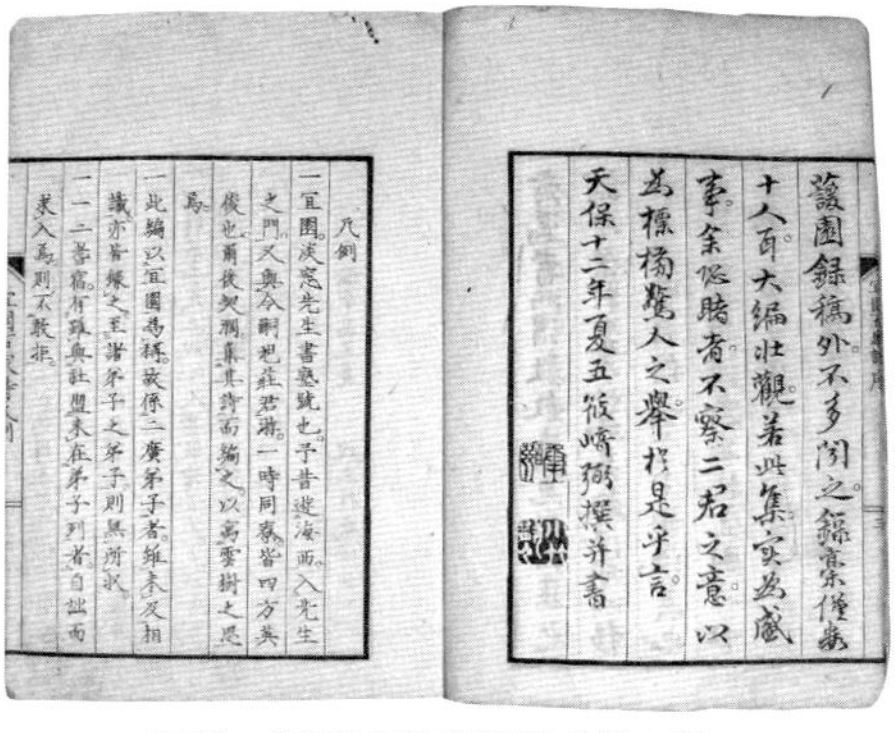

図22　『宜園百家詩』篠崎小竹の序
（大分県立先哲史料館蔵）

教育する（原漢文）」ことを称揚している。

「南柯一夢」人の巻には、明治二一年（一八八八）の東京で、咸宜園出身者たちが詩会を行っている様が記されている。

九段阪下俎橋玉川堂筆墨ノ商家ニ於テ、連月十六日宜園ノ旧門生ヲ会シ詩会ヲナス。青村（邨）之ヲ発企ス。門外人ト雖共、入社ヲ許セリ。予十年前在京ノ日、又今回入京連月往テ会セリ。

淡窓の思いは、その没後も脈々と受け継がれていったのである。

詩会

塾内での詩作教育の他に、淡窓は市中での詩会へも積極的に参加している。以前より詩会そのものは行われていたであろうが、「日記」には、文化一四年（一八一七）六月二四日の隈町水明亭での記事以降、文政三年（一八二〇）まで定期的に開かれた詩会の文字が頻出している（文政三年九月一四日、以後自分が不参加の場合は書き留めないとして、それ以降は減っていく）。文政元～二年（一八一八～一八一九）には、それぞれ二〇回を超えている。日時は、各月の九日・二四日前後に入ることが多く、会場は参加者持ち回りで、出席人数も一〇人前後でまちまちである。当初は酒食が饗されたが、後には廃止されている。

「日記」中、二度目の詩会記事が出る前日の文化一四年（一八一七）七月八日には、自身の「作詩課程」を定めたことが記されている。淡窓は詩会に臨み自らにノルマを課したようで、その意気込みがみて取れる。

一月十五首を以て課と為す。過ぐること有りても之れに及ばざることなし。其の体、古詩一首なれば則ち律は之れに二ばいし、絶は之れに三ばいす。古・律の二つは、科を過ぐること則ち可なれども、多く絶句を作り、以て古・律を侵すことを得ず。又曰く、我が詩の未だ至らざる所、三あり。是を以て先務と為すべし。一に曰く、篇什未だ富まず。二に曰く、諸体未だ具はらず。三に曰く、境界未だ広からず。一歳の通計、古詩三十・律六十・絶九十を得るべし。（原漢文）

古詩・律詩・絶句それぞれの作るべき数を決めるとともに、自作に不足している箇所を克服しようと考えているのがわかる。詩会は日田の商人や僧侶、咸宜園出身者などで構成されていたが、時に詩客を迎えて賑わいをみせることもあった。同年九月一〇日の「筆記」は、

三松斉寿カ晩晴楼ニ会ス。益多従行セリ。座客原震平・吉田紀四郎・館林清記・熊谷升・僧法

珍・小関亨・児玉茂・合谷儀作・原瑾次郎・僧玄海・僧恵禅・蒲池久市ナリ。此比震平モ男瑾次郎ヲ携ヘテ来遊シ、隈町ニ留レリ。詩会アリシヨリ、此日尤モ盛ナリ。

と秋月の原古処親子を交え盛会になったことを記している。文化一四年（一八一七）は、秋風庵の隣に咸宜園を移築し、書斎遠思楼が完成した年である。腰を据えたこの頃から、積極的に詩会に出席していったと思われるが、やはり地元との共生を考えての行動ではなかったろうか。

やがて病気により欠席することが多くなり、文政五年（一八二二）から同一〇年（一八二七）にかけては参会の記事を拾うことはない。天保年間（一八三〇〜四四）には散見できるようになり、天保一二年（一八四一）閏正月二三日には「起詩会。一月三回」と自ら詩会を興したことが語られ、翌月三日には「設詩会」と実際に始まっている。その後、三の付く日に開くことを定例化しようとしたようだが、三月二三日を最後に「日記」から「詩会如例」の文字を見出すことはできない。定着したための省筆か、不定期化していったのか、それとも体力的な理由で退き後進に譲っていったのかは、今後の調査に委ねたい。

七　廣瀬家による咸宜園支援

久兵衛・源兵衛時代の廣瀬家

淡窓が咸宜園において教育に専念していた時期の廣瀬家は、第六世久兵衛・第七世源兵衛が当主であった。「廣瀬家譜」に、淡窓や久兵衛ら兄弟の関係・役割を記した箇所がある。

先考（桃秋）……建（淡窓）が七八歳の時より、専ら読書の事をなさしめ玉ひしに、……先考も又業余には建か学べる傍に於て、和漢の籍を見て楽とし玉ふ。尤稗官学に長し、戯に撰玉へる書数部に及べり。今は其稿も多紛失せし内に、箒木と云もの十五巻、全く家に存せり。又俳諧を学びしに、中年には家事にほだされて、廃し玉ひしかとも、秋風菴を嗣玉ふに至て、其名又四祖に亜けり。建か歳長ずる頃ひに、家事をば不勤して、書生の振舞のみをするを、人皆怪みて笑ひ罵りしを、親族より其由を先考に告しに、先考聞て、我は次男な

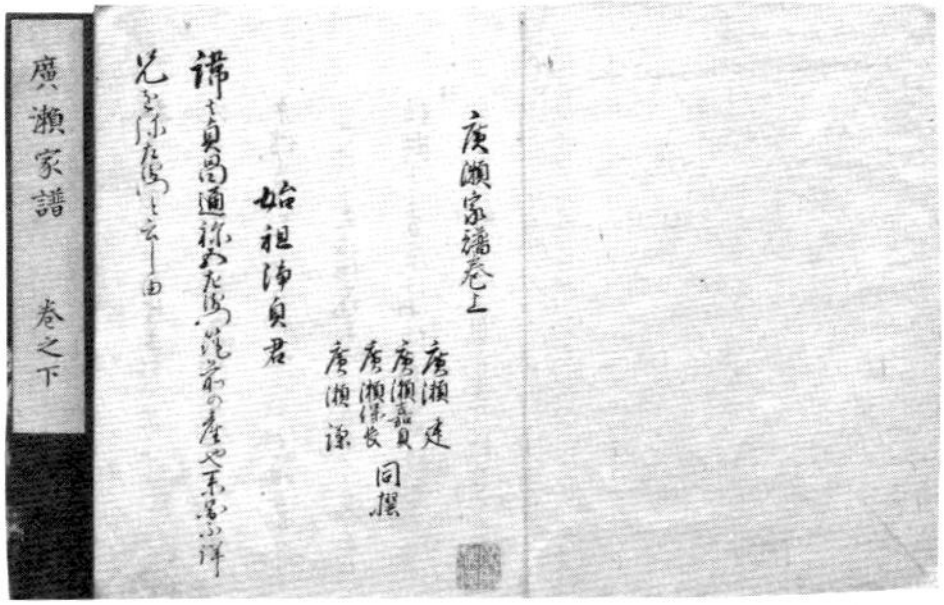

図23　「廣瀬家譜」(廣瀬資料館蔵)

り、家を継へきものにあらず、されば此家必しも我子に伝へんとは思はず、宗族繁ければ其器を撰で家を伝へ、兄の託に背かさるを詮とすべし、彼は既に学に志あり、其所為にまかせて、我少年の宿志を嗣しむるにしかじとの玉ひき。其後嘉貞（久兵衛）には、専ら家事を学ばせて、四祖の外孫女を妻として、家を伝へ、保長（三右衛門）を以其保佐とし、謙（旭荘）には又儒を学ばせて、建が後とし玉ひしに、初め笑い罵りしものも言葉なくて、其義を守るの厚さと、人を知るの明なるとを嘆賞せり。

淡窓には学問の道を進ませ、旭荘を後継者とする。久兵衛には家業を継がせ、三右衛門に補佐させる。四兄弟の父である桃秋は、このように考えて兄弟を育てたと記されている。これは、「廣瀬家譜」を編纂した四兄弟の当時の状況を反映させ記述したものであろうが、廣瀬家における役割分担を示しているとも考えられる。

ここで、廣瀬家における役割分担を踏まえ、淡窓の咸宜園経営との関わりを中心に廣瀬家の経営状況を概観することにしよう。

久兵衛は、文化七年（一八一〇）に淡窓に替わり家督を相続し、代官（郡代）権力との繋がりを背景にした「大名貸し」を中心とする金融業を行うとともに、仲介商業の拡大を模索していた。文化一四年（一八一七）に日田代官（のち西国筋郡代）塩谷大四郎正義の着任後は、小ヶ瀬井手の開発事業への積極的な協力などにより、代官（郡代）の信任を得ていった。小ヶ瀬井手が完成した文政八年（一八二五）、久兵衛は、仲介商業の拡大をめざして、日田川（三隈川）通船によって筑後方面との商品取引を拡大しようとして「中城河岸」を設け、通船二六隻の内一五隻を所持した。しかし、同時期に設けられた隈町の「竹田河岸」に日田・玖珠郡の荷物は集まり、「中城河岸」は年貢米の積み出しを担うのみとなってしまった。これにより、久兵衛は「大名貸し」を中心とする金融業に専念せざるを得なくなったのである。

久兵衛が父桃秋から家を引き継いだ際、弟の三右衛門が久兵衛を補佐することになった。久兵衛は日田代官所や諸藩の業務に取り組み「官府の事繁く」家を空けることが多かったが、三右衛門の補佐により廣瀬家の経営を維持することができていた。しかし、「中城河岸」事業の不振以降、久兵衛は塩谷郡代との関係をさらに強化していき、文政九年（一八二六）、塩谷郡代が久兵衛に周防灘沿岸の新田開発事業への協力を求めた際には、廣瀬家内部で経営方針をめぐって対立することになった。淡窓や三右衛門は口実を設けてこの事業に関わらないように提言したが、久兵衛は次のように述べて押し切ったのである。

当県ノ官府ニ出入スル者多シ。皆時勢ヲハカリテ、利アレハ進ミ、不利ナレハ退ク。是家ニ外ノ産業アル故ナリ。我家ハシカラス。他ノ産ナシ。只官府ニ事フルノミヲ以テ業トセリ。……一時ノ利害ヲ以テ、進退ヲナスヘカラス。

（「筆記」）

久兵衛は、「他ノ産」がなく資本力の弱い廣瀬家は「官府ニ事フルノミヲ以テ業ト」する以外に道はないという強い経営方針をもっており、周防灘沿岸の新田開発事業に積極的に関わっていった。

文政一三年（天保元＝一八三〇）、久兵衛は、養子源兵衛（当時は鉄之助）に家督を譲っている。しかし、諸藩の御用達や堀田村・中城村等の庄屋は久兵衛がそのまま勤めることとしている。また、それまで久兵衛を補佐してきた三右衛門は分家して南家に移り住んでいる。

此年（天保元年）嘉貞（久兵衛）退隠して家を貞信（源兵衛）に伝ふ。諸方用達と、堀田・中城両村の庄官たる事は元の如し。保長（三右衛門）別居して南家に住す。

初嘉貞家を先考（桃秋）に伝りしより、官府の事繁くして、家事は多は保長が労によれり。嘉貞男子なきを以、家を保長に伝へんとす。保長堅く辞して受ず。終に相謀りて貞信を嗣とし、

表9　廣瀬家「積書」の名義

期　　間	名　　義
文化11年	㊇
文化12年～文化13年	博多屋正蔵
文化14年～天保２年	博多屋久兵衛
天保３年～弘化５年	博多屋久兵衛・博多屋鉄之助
嘉永２年～文久３年	博多屋久兵衛・博多屋源兵衛
文久４年～慶応３年	博多屋源兵衛
慶応４年～明治８年	博多屋源兵衛・博多屋久右衛門・博多屋七三郎
明治８年～	博多屋七三郎

其身は別居せり。

（五月）二十二日。初メ久兵衛豆田町ニ在ツテ、濠田ノ村長ヲ攝ス。是ニイタリテ、家ヲ鉄之助（源兵衛）ニ傳ヘ、其身夫婦豆田町ノ籍ヲ除イテ、濠田ニ轉シ、村長ノ事ヲ専ニス。……但シ久兵衛魚町ニ住居スルコトハ、本ノ如シ。只名籍ヲ分チシノミナリ。（「筆記」）（「廣瀬家譜」）

この久兵衛から源兵衛への家督相続は、久兵衛による代官所や諸藩の業務への積極的な関与と、廣瀬家の経営維持とを分離するために行われたことが推察される。源兵衛を廣瀬家の当主とすることで、久兵衛は代官所や諸藩の業務に専念できる体制を作ろうとしたといえる。表9のごとく、廣瀬家の資産を記録した「積書」が、天保二年（一八三一）までは久兵衛（正蔵）の単独名義であったものが、天保三年（一八三二）以降は久兵衛・源兵衛（鉄之助）の連名となっていることや、隠居後の天保三年に久兵衛が掛屋を命じられていることからも、家督相続は久兵衛が経営から手を引いたというわけではなく、久兵衛・源兵衛の経営における役割分担を明確にしたものだといえるであろう。

では、源兵衛が廣瀬家の実質的な当主となるのは、いつ頃であろうか。弘化五年（嘉永元＝一八四八）、源兵衛はそれまでの鉄之助から改名している。改名に際しては、淡窓をはじめ廣瀬家の人々に意見を求めている。

先日御噂之改名之事、（中略）源兵衛ニ御決候由承候。左候へは、何の差支も無之儀と存候。（中略）

十四日　　　　　　　　　　　　　　　　　　求馬

鉄之助

（嘉永元年一二月一四日付源兵衛宛淡窓書簡）

弘化五年（嘉永元＝一八四八）は、久兵衛が取り組んでいた府内藩の藩政改革が一定の成果をあげた年でもある。また、嘉永二年（一八四九）六月二七日には、久兵衛が隠宅を上棟している（「日記」）。そして、源兵衛が「廣瀬本家日記」を記し始めるのが嘉永三年（一八五〇）である。これらのことから、源兵衛が廣瀬家の実質的な当主となるのは、嘉永二年（一八四九）頃だと考えられる。久兵衛は、この後、府内藩の藩政改革へさらに深く関わるようになり、安政七年（万延元＝一八六〇）以降は府内に常駐するようになる。「積書」が源兵衛の単独名義となるのは、文久四年（元治元＝一八六四）である。

天保年間（一八三〇～四四）を通じて拡大していた廣瀬家の経営規模が、嘉永年間（一八四八～五四）以降、さらに拡大している。ここに、久兵衛・源兵衛の役割分担が成果をあげた姿をみることができる。

咸宜園の財政的経営

咸宜園の財政面からの経営状況について、井上義巳『人物叢書　広瀬淡窓』を踏まえつつ、安政三年（一八五六）一一月、淡窓没時に遺された一五〇〇余両の「文玄公御遺金」からみることとする。「文玄公御遺金」は、咸宜園塾主となった廣瀬青邨が、淡窓没後に塾主の基本財産として継承したものである。安政四年（一八五七）には、一一六両一歩の「巳年之利息」が入金として計上されている。これには、「元金（久）（玉）（京）行徳（千）預け利息、幷ニ城内村持地余米三石代金共ニ」と注釈が付けられている。（久）は博多屋廣瀬家、（玉）及び（京）は京屋山田家、「行徳」は関村の医者、（千）は丸屋千原家を指している。咸宜園における安政四年（一八五七）の収入合計は二〇一両余であり、廣瀬家をはじめとする日田の豪商らへの預け利息が収入全体の五七・七％を占めていたことになる。「文玄公御遺金」を有利な貸し付けで運用していた様子がうかがえる。

　しかし、このような貸し付けの運用は、咸宜園塾主が直接していたわけではない。淡窓は、

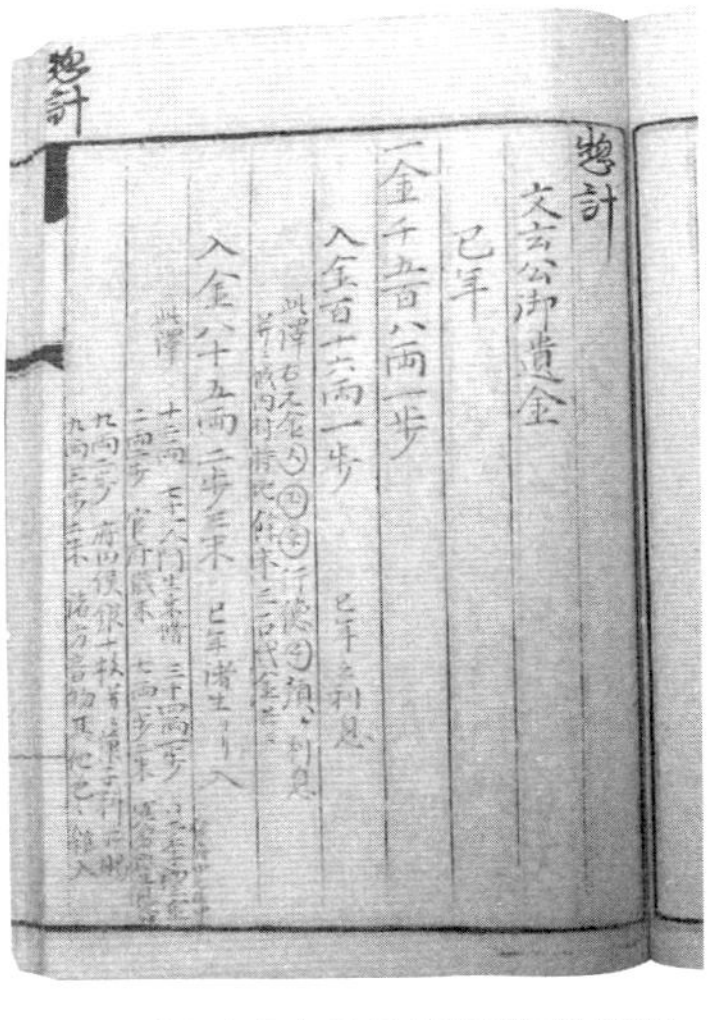

図24　「和粛堂会計録」（廣瀬資料館蔵）

文政一三年（天保元＝一八三〇）、旭荘に塾主を譲るに際して示した「謙吉へ申聞候事」において、自ら貸し付けを行い利息を稼ぐような行為を誡め、「家持の儀は我等不案内に而可申聞儀無之間、久兵衛・伸平（三右衛門）ニ兄江相談可然候」、「余銀出来候はゝ二兄江致相談、慥なる処に預け置可然候」と、廣瀬家の久兵衛や三右衛門に相談するように述べている。淡窓が咸宜園の経営に関して久兵衛ら廣瀬家を頼っていたことがわかる。

文政一三年（天保元＝一八三〇）、淡窓が旭荘に咸宜園塾主を譲った際、久兵衛と三右衛門は淡窓に次のような書簡を送っている。

此節尊公様御隠居、謙吉江被付属ニ付、諸事愚案申述候様被仰、夫ニ付申述候。末々左之通。

一　束脩銭、毎年拾四五貫目候間、有之候分は、謙吉家督ニ被仰付度候。尤来正月より同人方江相納り候様仕度候。

一　御所持金之内、拾九文銭拾五貫目、謙吉江御分ケ可被下。左候ハヽ、婚礼其外家持当分之入用、私共引受

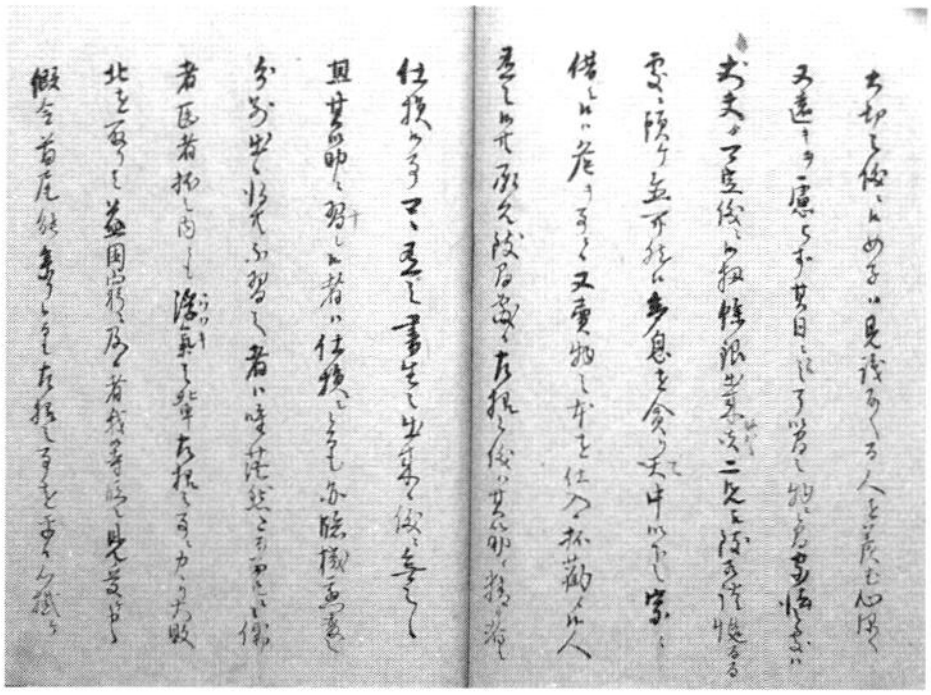

図25　「謙吉へ申聞候事」（廣瀬資料館蔵）

致世話、尊公様御心配無之様可致候。

一　右拾五貫目之外、御所持之銀銭、並ニ田地迄ニ拾九文銭八拾貫目程之分は、尊公様御隠居料ニ被成可然候。

（中略）

一　謙吉方夫婦両口之間は、物入も無数候間、束脩金之内余分ニ残り可申。其分ハ私共致世話、相応ニ利足出来いたし、後年之手当ニいたし可申間、御心遣被下間敷事。

右之通御取計可被下候ハヽ、謙吉は勿論、私共ニおゐても一同難有仕合奉存候。已上

寅十二月　　伸平

久兵衛

求馬様

（天保元年一二月付淡窓宛久兵衛・三右衛門書簡）

久兵衛らは、塾生からの「束脩銭」及び淡窓所持金のうちの一五貫目は咸宜園塾主となる旭荘に渡るようにし、所持金の残りは淡窓の隠居料にすることがいいだろうと述べている。その上で、「束脩銭」等から必要経費を除いた残りを久兵衛らに預ければ利息を「後年之手当」とすることができ、「謙吉は勿論、私共ニおゐても一同難有仕合奉存候」と旭荘のためばかりでなく、廣瀬家にとっても

有益なことと述べている。このように、「一族預かり」として久兵衛らが運用し廣瀬家として利息を稼ぐとともに、旭荘へも「預かり」に対する利息として渡すことを考えていたのである。「文玄公御遺金」も日田の豪商らに貸し付けて運用していたように、久兵衛に限らず廣瀬家は咸宜園への経済的支援という意味も込めて有利な条件での運用を図っていたのである。序章でみたように、慶応年間(一八六五〜六八)の咸宜園塾主の廣瀬林外からの「預かり」四八貫の利息が一五%と著しく高かったことも、廣瀬家による咸宜園への経済的支援の一形態だと考えられる。

しかし、咸宜園から毎年、廣瀬家に預けることができていたかというと、必ずしもそうとはいえない。年代不詳ではあるが淡窓から源兵衛に宛てた次のような書簡がある。

此冬ハ少々算用違ニ而、銭足不申ニ付、貴家江銭預ケ候儀、出来不申候。貴家トノ勘定も、正月ニ払入候様仕度、此段御聞キ置被下候様相願候。且又、銭少々入用之節、御取替被下候様、是又宜敷御頼申候。委細ハ面上可申述候。已上

廿六日　　求馬

鉄之助殿

(一二月二六日付源兵衛宛淡窓書簡)

預けられないだけではなく、借り入れの返済を翌月にしてほしいという依頼と、さらに借用させてほしいという依頼をしている。このような依頼にも、廣瀬家は応じていたと考えられる。

廣瀬家による咸宜園への経済的支援は、細々とした事項にも及んでいた。淡窓から久兵衛や源兵衛へ宛てた書簡からも支援の実態をうかがうことができる。ここでは、二通の書簡を紹介する。

雪隠之内、大ニ損シ申シ候桶ヲ、新ニシカへ不申候而は、不宜趣ニ候。長作カ、又ハ別人ニ而も被申付、何卒急々御世話頼入候。

一　竈ノ側ノタナ、並ニ襖ノフチ、田町ノ大工江先年より申置候得共、出来不致、至而不自由ニ候。是も宜御世話御頼申候。已上

廿六日　　求馬

久兵衛殿　　要用

（文政四年一〇月二六日付久兵衛宛淡窓書簡）

（前略）

一　府内御客ニ餞別之品進上致度候。乍御面倒、御取計御頼申候。（中略）

六月四日　　　　　　　　求馬

源兵衛殿

（嘉永三年六月四日付源兵衛宛淡窓書簡）

咸宜園の経営は、廣瀬家が見守り、有利な貸し付けを行い利息を蓄えており、廣瀬家の家業の一環として全面的に支援していたといえる。

蔵書に係る廣瀬淡窓と廣瀬家の相互支援

廣瀬家による淡窓や咸宜園への支援は、経済面ばかりではなかった。淡窓が文政一一年（一八二八）一〇月五日付けで日田隈町の森春樹に宛てた書簡を見ると、淡窓が手に入れたかった「日本史（大日本史）」を豊前で所持している者がいることがわかり、宇佐にいた久兵衛に「借用写取」を依頼して写本を手に入れることができたと記されている。

（前略）豊前へ書物有之由、聞及候に付、借用写取候事出来申間敷哉と、久兵衛旅行先きへ申し越候処、相談出来、右の本此節到来致候に付、二三冊入御覧申候。（中略）

十月五日　　　　　　　　　　　　　　　　　　　　　廣瀬求馬

森伊左衛門様

日本史四冊添

（文政一一年一〇月五日付森春樹宛淡窓書簡）

また、文政三年（一八二〇）一二月一八日付けの久兵衛から淡窓への書簡をみると、「出石弘道館絵図」を久兵衛が借りて、淡窓が写して返却するということが話題になっている。

出石弘道館絵図、尊公（淡窓）様江差上候様ニとて、御渡ニ相成候間、差上申候。御写取御絵図は早々御返上之方、可然哉と奉存候。（中略）

久兵衛

求馬様

（文政三年一二月一八日付淡窓宛久兵衛書簡）

これらの書簡から、久兵衛が、作成した写本や原本を淡窓に送り届けるようなことは、淡窓や久兵衛にとって特別なことではなかったことが推察される。

一方、淡窓から久兵衛に書物が届けられることもあった。例えば、年代は不詳であるが、次のような淡窓から久兵衛への書簡がある。

注文ノ書物下り候間、遣申候。
円機活法　七十目
是ハ、流行之物ニ而、直段日々上り候由。
四声字林　十七匁五分
是ハ、ウスヤウ故ニ、高値ニ候。書中ノ直段より倍ノ上ト存候。
右ノ外、運賃少々取替置候。外ニ糸留方之利加り候。是は未タ相分不申、少々ノ事ト存候。已上
閏月廿九日　求馬
久兵衛殿
（閏月二九日付久兵衛宛淡窓書簡）

久兵衛が淡窓に依頼して「円機活法」と「四声字林」という書物を取り寄せている。これらは、故事成語等を分類整理した詩学作法書で、当時需要が多かったようである。
時には、淡窓がまとめた書物を久兵衛に贈ることもあった。これも年代は不詳であるが、次のよう

な淡窓から久兵衛への書簡の一節がある。

（前略）

一　老子国字解一章、此節作り申候。是ハ貴殿江進上致申候為メ而已ニ作り申候。得ト御熟覧被下度候。（後略）

（八日付久兵衛宛淡窓書簡）

淡窓が久兵衛のために「老子国字解」（後の「老子摘解」の一部か）を作ったというのである。また、旭荘は、弘化五年（嘉永元＝一八四八）二月二八日付けの淡窓への書簡において、旭荘所蔵の「全唐詩十二帙」と「龍威秘書十帙」を咸宜園の蔵書として購入してほしいという依頼をしている。

このように、咸宜園や廣瀬家の蔵書は、淡窓や久兵衛をはじめ、廣瀬家の人々が相互に支え合って集められたものといえる。

図26　廣瀬先賢文庫

廣瀬家を中心とする情報集積のネットワーク

淡窓や久兵衛ら廣瀬家の人々の間を行き交ったものは、書物だけではなかった。淡窓から久兵衛に宛てられた文政一二年（一八二九）の書簡には、廣瀬家の経営に大きく影響するであろう情報の遣り取りをみることができる。

内書之旨、得貴意申候。御心付キ之程、御尤ニ致承知候。（中略）

一　田代表、当時人気甚折合不申様子ニ候。先ノ奥役、種々之新政ヲ存立、皿山大一抔之類不可枚挙。因而莫大ノ入用ニ而、諸方ニ借財抔余程出来候由ニ候。（中略）方之様子ニ候間、金銀事抔ハ取引キ致さぬ方可宜ト存候。御内々申入候。已上

六月廿五日

（文政一二年六月二五日付久兵衛宛淡窓書簡）

淡窓は、文政一二年（一八二九）に対馬藩肥前田代役所から招かれ、東明館において講義を行った。この時に、対馬藩肥前田代領の状況をみた淡窓が、対馬藩への「大名貸し」（融資）について久兵衛に、「金銀事抔ハ取引キ致さぬ方可宜ト存候」と融資すべきではないと示唆した書簡である。

また、淡窓が、「海防策」（後の「論語三言解」の一部）について意見を求められ、うまくまとまらなかった際に、久兵衛に意見を求めたりしている。

（前略）○海防策、我等愚案も無之、思召付き之事も申上候。御申遣し有之度候。（後略）
（一二月三日付久兵衛宛淡窓書簡）

また、久兵衛が府内藩の藩政改革に深く関わった際にも、廣瀬家の情報の共有が成果につながっている。府内藩の多額な借財をいかに整理するかが藩政改革の成否の鍵となっており、久兵衛は大坂・江戸の銀主らに五年間の返済猶予の了承を取り付けなければならなかった。久兵衛が、大坂・江戸に銀主らを説得するために出張した際、銀主らを案内したのが、当時大坂に塾を開いていた旭荘であった。旭荘は、大坂町人らと親交が深く、久兵衛に有益な情報をもたらしたのである。また、久兵衛が江戸で交渉にあたった際には、旭荘とともに三右衛門も同行し、久兵衛を補佐している。久兵衛による府内藩の藩政改革は、一丸となった廣瀬家によって支えられていたといえる。

このように、淡窓も含め久兵衛ら廣瀬家の人々は、咸宜園教育や商業活動をそれぞれの家業として行っているが、それぞれの立場で集まってくる情報を共有して、廣瀬家全体として種々の情報を活用していた。言い換えると、淡窓の咸宜園教育は、廣瀬家の巨大な政治・経済・文化的なネットワークの一翼を担うとともに、物心両面にわたり廣瀬家の支えがあったといえるのである。

八　咸宜園の継承問題

実子に恵まれなかった淡窓

淡窓が開いた私塾咸宜園は明治三〇年（一八九七）まで続いた。途中閉塾した時期があったとはいえ、一世紀近く塾は存続し、淡窓を始め一〇名の塾主たちが咸宜園の屋台骨を支え続けたのである。塾の規模ばかりが称揚される咸宜園であるが、幕末から明治維新という激動の時代を乗り越え、これだけ長く存続したという点においても、他塾の追随を許さないであろう。

また、淡窓没後の入門者数は二〇〇〇名を超えていることから、教育の質も維持できていることがわかる。どんなに人気を博した私塾でも、カリスマ性のある創設者が亡くなると、衰退の一途をたどるケースが多いことを考えれば、これは特筆に値する。

今日淡窓は、教聖などと称され、教育の神様のように崇められている。前述のような、門人の教育や後継者の育成に努めた淡窓の功績は、至極当然のこととして受け止められている。ところが実際は違った。まさに苦労の連続であった。

とりわけ二代目塾主の選定については難航を極めた。淡窓に実子がいれば、後継者の問題もそこまで憂慮せずにすんだのかもしれない。

淡窓が合原ナナと結婚したのは文化七年（一八一〇）。当時淡窓は二九歳、ナナは二〇歳であった。

当時の平均的な結婚年齢を考えると、晩婚の二人ではあったが、夫婦仲はすこぶる良かった。
子どもが好きな淡窓は、我が子の誕生を誰よりも望んだに違いない。淡窓の母ユイが末子の旭荘を産んだのが四三歳のときであることを考えれば、子宝に恵まれるチャンスは十分あった。ところがついに子どもはできず、淡窓が生来病弱なこともあり、二人は養子をとることを決心する。それは文政六年（一八二三）のことである。

末弟旭荘

淡窓夫婦が養子の最有力候補として考えたのが旭荘であった。旭荘は淡窓の末弟。文化四年（一八〇七）生まれの旭荘は、淡窓より二五歳年下で、兄弟というよりは親子ほどの年齢差があった。

旭荘は名を謙、通称を謙吉、字を吉甫と称した。号は初め秋邨、次いで旭荘や梅墩などを用いた。謙吉の名付け親は、日田代官の息子で、当時一八歳の羽倉簡堂であった。当初は「献吉」を名乗っていたが、明の李夢陽の名前と同じで甚だ不遜であるという父の意向により、

図27　「廣瀬旭荘肖像（部分）」（廣瀬資料館蔵）

途中で「謙吉」と改名した。

「筆記」によると、父桃秋は旭荘が生まれる前から、「此子必ス文辞ヲ以テ名有ラン」という豪潮律師の弁を拠り所に、その将来に期待を寄せていた。そして、その期待に応えるかのごとく、旭荘の才知は廣瀬家の中で一頭地を抜いていた。

旭荘が咸宜園に入門

旭荘が生まれたとき、新塾舎桂林園の竣工が目前であった。桂林園ができてしばらくの間、淡窓夫婦はそこに居住したが、同年の秋以降は廣瀬家から塾に通うようになった。したがって旭荘は、淡窓夫婦が堀田町の咸宜園に移居するまでの一〇年近くの間、ほぼ一緒に暮らしていたことになる。

文化一一年(一八一四)八月、淡窓は、父桃秋、門人の劉石秋とともに、大原八幡宮と若八幡社を参詣した。このとき、八歳の旭荘を連れて出かけている。

やがて旭荘は咸宜園に入門するのであるが、「入門簿」には名前が記されていない。文化一二年(一八一五)一一月二八日の月旦評に「入席」者として初めて名前が出てくる。同じ日に入席した古後直太郎が同月一二日に入門しているので、入門と入席にはそれほど時間の隔たりはなかったようである。よって旭荘の入門もこの頃、すなわち九歳のときであったと思われる。

旭荘の咸宜園での学習ぶりはどうであったのか。月旦評の成績の推移をまとめたのが表10である。

塾主の弟というプレッシャーをもろともせず、着実に学習を重ね、昇級していることがわかる。旭荘が入席しておよそ三ヵ月後に、咸宜園第一の秀才とうたわれた中島子玉が入門する。年齢は六つほど上であったが、彼の存在は大きかったようで、触発されて勉学の志をいっそう高揚させたと思われる。

淡窓は早くから成績上位の塾生に代講を行わせていた。旭荘が初めて淡窓から講義を受け持つことを許されたのは文化一五年（文政元＝一八一八）三月二一日。当時、一二歳で講義を任されるというのは異例であった。淡窓の弟で、しかも相当の実力を有していたため、揶揄、あるいは嫉妬するような者はいなかったのであろう。

その後、旭荘は他の塾生らとともに種々の講義を分担しながら、病弱であった淡窓を支えていく。ただ月旦評の上では子玉の次に位置しながら、実際の塾政は子玉を含む先輩の塾生に委ねられたのは、年齢的な理由からである。

都講をつとめた子玉が大帰するのが、文政四年（一八二一）の一一月。後任の都講には、重富卯次

表10「日記」にみる旭荘の昇級

年　月　日		月旦表
文化12年	11月28日	入　席
13年	8月30日	1級下
	12月22日	1級上
14年	3月 1日	2級下
	6月27日	2級上
	9月25日	3級下
文政元年	2月25日	3級上
	10月26日	4級下
文政 2年	閏4月25日	4級上
3年	5月25日	5級下
4年	5月26日	5級上
5年	3月26日	6級下
6年	1月27日	6級上
7年	1月27日	7級下
8年	2月26日	7級上
11年	1月26日	8級下
	5月26日	8級上
	12月21日	除　名

郎と岡研介の二人が指名された。この時点で卯次郎と研介はともに四級上であるのに対し、旭荘は五級上。二人を上回る席序でありながら、塾政を担うには至っていない。まさに早熟の俊才であった。

旭荘を養子に

旭荘が塾政に関わるようになるのは、文政五年（一八二二）からである。この年の正月二〇日、入門するよう淡窓に命じられ、翌日から恒遠醒窓とともに塾政全般を任されている。

その理由は、月化の容態が悪化し、その看病に淡窓が追われ、塾を顧みる暇がなくなったためである。このとき旭荘は淡窓の代講をつとめると同時に、淡窓の命を受けて月旦評の作成も行っている。これまで病気などの理由から月旦評の作成が遅れることはあっても、他者の手に委ねるようなことを淡窓は決してしなかった。いわば塾政の根幹を成すともいえるこの月旦評の作成を敢えて旭荘に任せたことから、彼に対する信頼がどれほど厚いものであったかがわかる。

この年の年末には、初めて塾に留まり塾生らと一緒に新年を迎えている。指導者としての経験を重ねていくことで、旭荘の意識や行動は次第に変わっていった。

こうして次期塾主候補としての気運が高まっていくなか、文政六年（一八二三）の二月に淡窓夫婦の養子となることが決まるのである。

「筆記」によると、この頃塩谷郡代から、旭荘の将来についての問いかけがあったという。桃秋は

「彼レ幼ヨリ儒術ニ従事シ、餘念ナシ。求馬子ナシ。愚意彼ヲシテ兄ノ業ヲ嗣ガシメンコトヲ願フ所ナリ」と答え、郡代もそれに同意し、養子伺いを出すように命じたことがきっかけであったと、淡窓は回顧している。

このとき、旭荘の思いはどうであったのだろうか。彼の自叙伝「九桂草堂随筆」をみると、当初は同じく家督を譲るべき男子のいなかった次兄久兵衛の養子になる予定であったことがわかる。そのため、旭荘は一三歳のときから廣瀬家で「産業ノ手伝ヲ努メ、傍ラ書ヲ読」む生活を送ったと記している。文政六年（一八二三）に入ると、久兵衛や三右衛門に従いながら「質ヲ取ルコト」を始め、自分専用の帳面をつくるなどしている。

しかし、「読書ヲ自由ニスルコト」ができる生活を望んでいたことから、郡代の勧めもあって、淡窓の「準養子」になったと、ふり返っている。

同年六月、旭荘の加冠（元服）式が行われた。旭荘はこのとき一七歳。淡窓が一三歳で元服したのに比べると遅かった。旭荘の身の処し方に目処がついたことで、やっと彼の元服を皆で祝える機が熟したものと推察できる。このとき、烏帽子親となるような耆徳者（徳望のある老人）が近くにいなかったため、宇佐八幡宮神官の益永飛驒守（斎宮）に頼んでいる。彼はこの四ヵ月前に咸宜園に入門し、在塾中であった。まだ若かったが、善良な人柄が買われたようである。

淡窓の代役として

旭荘は養子になった年の九月から一二月まで、筑前の亀井昭陽のもとで学んだ。麻生伊織や中島子玉なども咸宜園で学んだ後、亀井塾に入門している。淡窓は自塾と亀井塾の関係を「筆記」で次のように述べている。

初メ予教授ノ事ヲ初メシコト、自ラ人ノ師トナルニ足レリトスルニハ非ス。童幼無知ノ輩ヲ導キテ、少シク文義ニ通セシメ、小成ノ後ハ、筑ニ至リテ、先生ノ門ニ入ラシムルコト、コレ素願ナリ。師家ニモ、兼テヨリソノ旨ヲ通達セリ。

咸宜園で修学した秀逸な人物を亀井塾に送って、さらに勉学に努めさせるのが淡窓の初志であったことがわかる。

三ヵ月にも満たない遊学ではあったが、師の昭陽は旭荘の才能に惚れ込んだようである。昭陽が自著『傷逝録』について詠ませた旭荘の詩を大いに賞嘆したことから、旭荘の名が世上で知られるようになったと、淡窓は述懐している。

同じく亀井塾や咸宜園で学んだ岡研介も、昭陽が旭荘のことを「活字典（生き字引）」と呼んで、その驚くべき記憶力を絶賛したと述べている。

この頃の淡窓は体調不良に悩まされることが多かった。文政五年（一八二二）冬より淡窓の病状は悪化し、同七年（一八二四）正月には一旦小康を得るが、同八年（一八二五）秋には再び悪化し、翌九年（一八二六）春まで塾務を離れている。四月から復帰はしたものの、この年から丸二年分の日記が断絶していることからわかるように、塾主としてのつとめが十分果たせない状況であった。

この間旭荘は、病気がちであった淡窓の股肱となって塾務を補佐した。年上の都講に、自ら作成した月旦評を示すような立場であった。しかし文政一一年（一八二八）一二月までは自分も月旦評に名を連ねる塾生の一人でもあった。

文政一〇年（一八二七）、淡窓は「十八才子」という漢詩をつくっている。これは塾生の中から優れた人物を一八人ほど選び、褒称の意を込めて、彼らの事績を紹介した漢詩である。ところがそこに旭荘の名前はない。

また、文政一一年（一八二八）以降の月旦評では、在塾しながら塾生数から除外されている。さらに、同年の月旦評からは職分を併記するようになるが、旭荘は都講の上に名前があるものの、肩書はなく、ただ「会頭」として担当（代講）する書物の名前だけが記されている。

したがって旭荘はもはや一塾生ではなく、淡窓に代わる正式な塾主でもない、微妙な立場にあったことがわかる。

塾の継承を渋る旭荘

旭荘が咸宜園の二代塾主になることに同意したのは、文政一三年（天保元＝一八三〇）閏三月五日のことである。この日の「日記」をみると、「初め予、家を以て謙吉に伝えんと欲するも、将に豊前に之き開業するを以て辞す。此に至り議を改む（原漢文）」と書かれている。

文政一一年（一八二八）九月、旭荘は豊前浮殿《うきでん》で塾を開いたが、その前に淡窓は咸宜園の引き継ぎを旭荘に投げかけ、断られていたことがわかる。

なぜ旭荘はこのとき豊前浮殿で開塾したのであろうか。直接のきっかけは、塩谷郡代の命で豊前の新田開発を手がけていた久兵衛から勧められたことによる。久兵衛は当時、浮殿に仮寓を構えていた。久兵衛からみて同地は「清幽ニシテ書ヲ読ミ業ヲ講スルニ宜シキ」場所であったことから、開塾の運びになったようである。

この頃淡窓も病が癒え、ふつうに塾務をこなせるぐらいまで健康を取り戻していた。それどころか、閑暇を得て意気を失いつつある旭荘を気遣うほどであった。

旭荘は文政一〇（一八二七）年に、淡窓の病癒礼参のため讃岐の金毘羅宮を参拝した。その帰路、備後の菅茶山や頼杏坪らを訪ね、見識を深めている。旭荘はこの東遊を経験したことで、他国への遊学を強く望むようになる。そこで淡窓は人に頼んで吉凶を占わせたところ、文政一一年（一八二八）秋以降に凶の運気が出ていることを知り、旭荘に遠遊を見送らせている。

こうした不満を抱えていたうえに、もともと自立心や自尊心が人一倍強かった旭荘にとって、自前の塾がもてるかもしれないという久兵衛の誘いは、まさに渡りに船であった。

ところが、浮殿の塾は長く続かず、翌年冬には塾を畳んで帰郷することになる。途中、対馬藩領の肥前田代に招聘された淡窓の代行（出講）を命じられ、塾をしばらく留守にしたのも原因の一つであった。この頃、旭荘が体調を崩したのは、肉体的な疲労もさることながら、精神的なものがかなり大きかったように思われる。

そのような旭荘の虚脱状態は、塾主の引き継ぎに同意した後も続いていたふしがある。それは次の二つの例からもうかがえる。

一つは、文政一三年（天保元＝一八三〇）四月二七日の門下生の行動である。「筆記」には次のように記されている。

門人皆列名ヲ以テ、謙吉ニ事フルニ、予ニ事フルノ礼ヲ以テセンコトヲ請フ。乃其請ヲ許ス。因ツテ門人ヲ会シテ、宴ヲ設ケ、謙吉ヲシテ主タラシム。列席ノ者、凡八十七人ナリ。此後塾生皆謙吉ヲ称シテ若先生ト云ヘリ。

このとき、旭荘が塾継承に同意してから、すでに五〇日余りが経過している。旭荘を次期塾主として歓迎する意味での宴としては、少し遅すぎるように思える。それも門人の方から話をもちかけたというのも不自然な感じがする。おそらく、淡窓や門人らが、元気のない旭荘を励ますために、いろいろと策をめぐらせていた中での出来事であったように思われる。

もう一つの例は、「謙吉へ申聞候事」（以下「申聞書」）の存在である。「申聞書」とは、「文政十三年、先生四十九歳にして退隠し、儒業を弟旭荘先生（二十四歳）に譲られし時の自筆戒告書」（『淡窓全集』中巻の例言）のことである。題は「謙吉へ申聞候事」で、一二箇条からなる。末尾に旭荘の「御請書」がついている。これに証人として桃秋、久兵衛、三右衛門が名を連ねている。

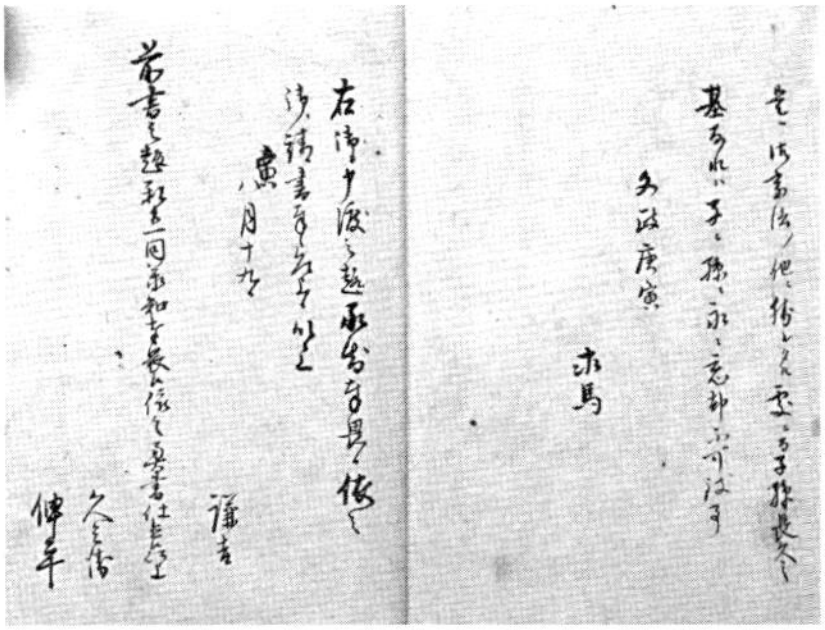
図28　「謙吉へ申聞候事」（廣瀬資料館蔵）

淡窓がこれを作成した「文政庚寅八月」、旭荘がこれを請けた「寅八月十九日」、桃秋らがこれを了承した「文政庚寅八月」の、各年月日の文字がみえる。したがって同文書が文政一三年（天保元＝一八三〇）の八月中に取り交わされたことがわかる。

難航する塾継承の問題について、この時期の淡窓は、「日記」にその経過を克明に綴っている。ところが奇怪なことに、「日記」や「筆記」は、これについて何も触れていない。旭荘が初めてこれを了承した閏三月五日のことは特別な思いで詳細に記している。

そのような淡窓にとって、この「申聞書」が取り交わされた日は、頗る重要な日であったに違いない。それなのにこのことを日記に書き留めていないのはなぜであろうか。その辺の詳しい事情は知る由もないが、塾の引き継ぎが思うように進展しなかったことの例証の一つになるのではなかろうか。「申聞書」の本文中にも、そのことを暗示するような文言が随所にみられる。例えば第七条は次のような内容である。

其方儀、後年に至り候はゞ、上方江引越候存念の由致承知候。但我等膝下に人無之而は如何に付養子に而も可致哉の存念の由一寸承及候。是は先づ無用に致可申候。其方儀、三四年の内にも当方引払候儀ならば、我等身分の処は我等分別致可申候間、格別心遣に及不申候。又十年の後、我等老衰に及候上ならば如何にも一工面可有之儀に候得共、夫は緩々と評議可然候。此節より定候には及不申候。当時其方新家持に相成候に付而は、妻子を養候分も大分の心配に候。其上に養子致し厄介加り候而は不宜に付、先つ見合せ可申候。

旭荘は塾政を継ぐ意を表明したものの、依然「後年に至り候はゞ、上方江引越候存念」を胸中に秘めていた。この「申聞書」は文政一三年（天保元＝一八三〇）八月に作成されたとして、閏三月五日の合意からすでに五ヵ月以上経過しながら、なお淡窓にこう認めさせるほど旭荘の東遊意志が未だ堅固であったことがわかる。

さらに「其方儀、三四年の内にも当方引払候儀ならば」「又十年の後、我等老衰に及候上ならば」と旭荘の意を忖度し、共感の体を装いながらも何とか引き留めようと懸命に腐心する淡窓の文章から、暫定的な引き継ぎという形の合意しか得られていない事情が察せられる。

「申聞書」の第一条で、「家業相続」する理由を淡窓は二つあげている。一つは「我等修学の為」、もう一つは「其方（旭荘）身分形付の為」である。最初の理由では冒頭、「学問未熟」ではあったが、二四歳のときから生活のために門人教授につとめてきたこと、そのため世事にかかり自己の修学が思うようにできなかったことを述べている。旭荘がもうすぐ二四歳となり、自分が教授を始めたときと同じ年齢になること、当時の自分よりは学問も上達しているので、ちょうどよい時期であること、今後自分は修学に専念したいので「世事の儀」はなるべく自分の耳に入れずに処理してほしいこと、父桃秋が壮健のうちに相続を落着させ安心させたいことなどが、一方的にまくしたてるような感じで綴られている。

結婚した年齢は父と同じであったと記すなど、何かにつけて人と比較することの多かった淡窓であるが、ここではとにかく一日も早く旭荘に塾を譲りたい一心であったことがひしひしと伝わってくる。また、塾経営は想像以上に大変な責任と労力を要するものであったこともわかる。

しかし、その思いは旭荘も同じであった。むしろ淡窓以上に束縛を嫌う、自由人的な気質の強い旭荘にとって、この「申聞書」の内容は決して快諾できるものではなかったはずである。それなりに意思表示もしたであろうが、桃秋や淡窓の命に従わなければならない状況もあり、旭荘の精神状態は非常に複雑であったことは想像に難くない。

二代塾主の挫折

文政一三年（天保元年＝一八三〇）一二月二六日、旭荘は筑後生葉郡朝田村（福岡県うきは市）の足立俊平の娘アサと結婚する。「筆記」をみると、淡窓は、旭荘が塾継承に同意した直後から、結婚相手をみつけるため、筑前・筑後に人を遣わしていることがわかる。夏の頃には、数ヵ所から結婚の申し込みがあり、決めかねていたらしい。

そこで龍馬森稲荷祠（日田市）の橋本出雲に相談したところ、橋本が神前で籤をさぐると「吉木」の文字を得たことから、筑後山本郡吉木（福岡県久留米市）の若宮八幡宮大宮司の娘合原アサに縁談をもちかけた。ところがアサがまだ幼いということで先方から断られたため、結局、足立氏の娘をもらうことになったようである。

結婚式を間近に控えた一二月五日。この日が吉日であることから、淡窓夫婦はそれまで住んでいた西家を旭荘に譲り、東家に移る。同月七日には、「伝家録」二巻を旭荘に与え、この日から塾中の政令は旭荘が下すようになる。「伝家録」とは書籍の持ち分から塾経営にいたるまで、淡窓が詳細にまとめた引き継ぎ文書のこと。この段階で、旭荘は実質的に塾主であったが、正式の継承は翌年の元旦からとした。

結婚式が終わると、その二日後（一二月二八日）、淡窓は代官所に行き、旭荘の結婚を報告した。すると郡代から旭荘に紋付きの裃が下賜された。同月三十日、旭荘はそのお礼を述べるため、代官所に赴いている。

このような過程を経て、天保二年（一八三一）正月から旭荘は第二代塾主として咸宜園の塾政を執ることになる。ところが、旭荘の塾経営は最初から困難に直面する。それは塩谷郡代が塾政に干渉するようになったからである。執拗な干渉は同年四月二八日から始まり、天保六年（一八三五）に郡代を解任されるまで断続的に続いた。淡窓はこれを「官府の難」と呼んでいる。

この間、郡代は月旦評や分職（職務分担）表に難癖をつけ、学んでいた代官所の子弟を塾から引き上げるなどして塾を攪乱した。そのたびに淡窓と旭荘は閉門して謹慎し、謝罪する、あるいは郡代の意に沿うかたちに改めることで解決を図った。

郡代が本格的に塾政に干渉するようになったのはなぜか。それは淡窓の隠居に不満を感じていたからである。淡窓はこのときの郡代のようすを次のように述懐している。

今謙吉若年ナルニ、塾生ヲ託シテ、己レハ閑居スルコト、一身ノ安逸ヲ謀ツテ、子孫ノ為ニスルノ慮ナキニ似タリ。サモアラバアレ。我謙吉ヲ導イテ、塾ヲ治メシメ、彼ヲシテ父ニ越ユル称アラシメントテ、乃チ僚属及市中ノ官ニ出入スル者ニ命アリ。以後謙吉ヲ視ルコト、求馬同様ニスベシ。若シ之ヲ軽スル者アラハ、曲事タルヘシト。

（「筆記」）

咸宜園を準官学とみなし、その隆盛ぶりをわが事のように喜んでいた郡代にとって、突然の塾主交替は、淡窓に裏切られたような気がしたのであろう。そして淡窓も郡代の胸の内をよく理解していたことがわかる。

こうして郡代は淡窓を見返すような行動に出たのであるが、新塾主の旭荘はおいそれと従うようなタイプの人間ではなかった。そのため、「官府の難」は予想以上にエスカレートしていった。

その一方で旭荘も相当のダメージを受けたようだ。それは真っ先に家庭生活にあらわれた。妻アサとの不仲である。

淡窓の「日記」をみると、結婚後、アサの里帰りは三度に及んでいる。最初の里帰り（天保二年四月五日～四月一二日）の理由は、親を見舞うためとあるが、後の二つは理由が記されていない。

最初の里帰り後の天保二年（一八三一）五月二五日、旭荘は淡窓夫妻を西家に招いて朝食をふるまっている。淡窓は日記に、「旭荘から頼まれて」とわざわざ記している。そこで旭荘の誕生日（五月一七日）を追祝したことも記している。アサとの気まずさが旭荘自身にあったのであろうか。

二度目の里帰り（同年六月一七日〜六月二六日）後のアサに関する記載は、同年八月一八日、アサが旭荘や塾生らと共に、病床の淡窓を看病したことぐらいである。三度目の里帰り（同年九月一七日〜）は、旭荘の留守中であった。旭荘は当時、父の命で太宰府を参詣し、亀井昭陽を訪ねていた。旭荘の述懐では、太宰府からの帰りに、彼女と一緒に日田にもどる約束であったという。

結局、この里帰り以来、アサは二度と日田にもどることなく、翌天保三年（一八三二）の五月に離婚が成立する。旭荘とアサの結婚生活は、わずか一年余りであった。

塾継承に苦慮する淡窓

この頃の淡窓の心境がうかがえる史料がある。「淡窓先生手書克己篇」（国文学研究資料館蔵）という史料で、塾主就任一年目の旭荘に対する懸念を、淡窓が久兵衛に吐露したものである。久兵衛に宛てた書簡の控えと思われ、日付は一一月六日となっている。旭荘夫婦の不仲や旭荘の塾政への不満が述べられているので、天保二年（一八三一）のものと考えてよいであろう。そうすると、

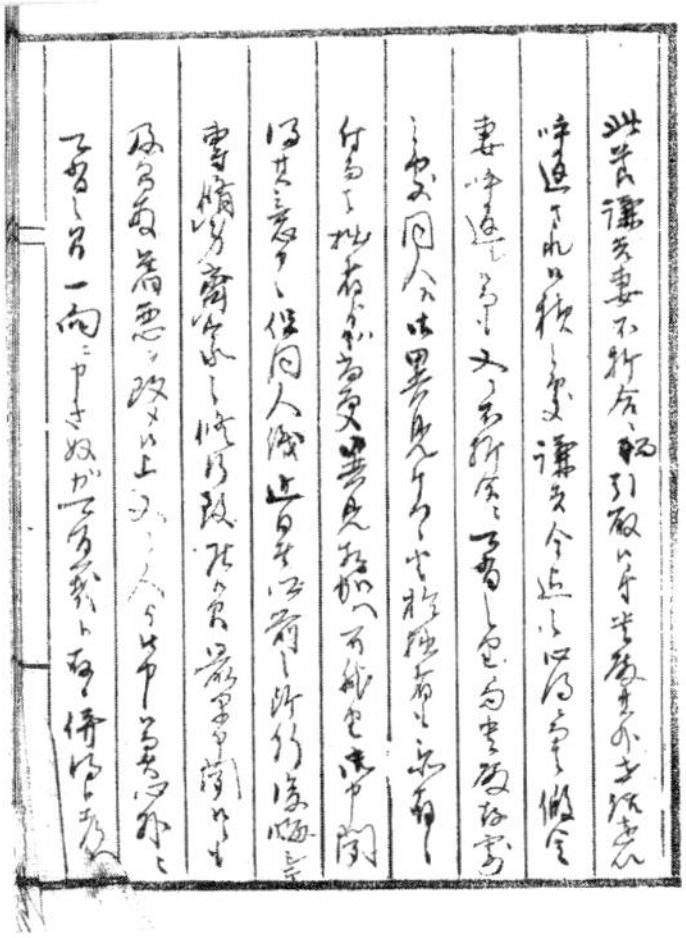

図29 「淡窓先生手書克己篇」（国文学研究資料館蔵）

アサが三度目の里帰りのため日田を出発してから二ヵ月ほど経った頃である。淡窓はその前の一〇月二九日に、媒酌人の丸屋七兵衛父子と久三郎を訪ね、アサの件を相談するなど、この件を憂慮していた。

宛名はないが、本文中に何度も出てくる「貴殿」という人物は久兵衛に間違いない。それは、淡窓が旭荘を支える周囲の存在について述べているくだりで、「財用ノ事は貴殿方アリ」と記しているからである。他の「貴殿」の箇所についても、廣瀬家の当主を想起させる内容となっている。当時の淡窓が久兵衛にいろいろと相談をもちかけていたことは、別の書簡でも多数確認できる。

淡窓の本音があからさまに述べられている、とても興味深い史料であるので、少し紙面を割いて紹介してみたい。

まず冒頭部分からみてみよう。

此節謙吉妻不折合ニ而引取候ニ付、貴殿其外世話を以、呼返され候積之処、謙吉今迄之心得ニ而は、仮令妻呼返シ候而も、又々不折合ニ可有之由ニ而、貴殿存寄之処、同人江御異見被下候由、於拙者も忝存候。付而は、拙者よりハ尚更異見相加へ可然由御申聞、得其意申候。（中略）但父子不責善と申事候間、貴殿迄以書付申述候。御一覧之上理ニ不当儀も候ハヽ、御除キ其余を同人江御申聞被下度候。

淡窓は、里帰りしてもどってこない旭荘の妻に同情的である。「不折合」は旭荘に原因があり、そのことを言い聞かせようとしている久兵衛に感謝しているのがわかる。久兵衛は、淡窓も直接旭荘へ苦言を呈すべきであると考えていた。しかし淡窓は、「孟子」にある「父子不責善」という言葉を出して、親はわが子を教えない方がよいと主張し、久兵衛に説教を任せようとしている。

淡窓がこうも遠慮して、旭荘とあえて距離を置こうとしたのはなぜか。それは次のような理由があったからである。

謙吉儀、我等ハ父子不責善ノ語ニよりて何も申サヌ存念ニ候ヲ、貴殿其外ハ兼而怪シミ思ワレ而、余り古言ニ拘り過キタル様ニ毎々噂さ致され候得共、我等ニ於而は、成丈は申さぬ心得ニ而候。其所以ハ、同人気質、此方より聊之儀申聞ケ候而も、申訳ヲ致候儀、甚敷一言ニハ百千言ヲ以て酬ひ候風ニ而候。ソレ故ニ、強而申候得は、終ハ如何様之劇論ニ及候も難計候間、兎角古訓ニよりて差控へ申候。(中略)父カ子ニ面折せラレ而は、他人之手前も面目ナキ故ニ、兎角何も申サヌニ不若ト了簡致申候。

旭荘は、淡窓の忠告を聞き入れないどころか、ひとこと言えば、その百倍、千倍分言い返してくるような性分であったことがわかる。それも門人がいる目の前でやられるので、威厳も何もあったものではないと、淡窓は半ば諦めている。

これ以外にも、旭荘が「直情径行」な性格ゆえ、「自己之存念而已ヲ専ニシテ」他人の話を聞こうとせず、妻や門人など周囲の者への思いやりが足りない点を、淡窓は深く心配している。

これは淡窓の一方的な思い込みではなく、旭荘自身が自叙伝などで認めていることであった。とはいえ、このようにありとあらゆる不満を淡窓がぶちまけるのも、旭荘の才能を認めている証拠であり、期待の裏返しともいえよう。旭荘の長所について淡窓は次のように述べている。

我等懶情之気質ニして、礼儀ニ簡略ナリ。故ニ子弟ニ礼ヲ不知者多し。謙吉ハ其弊ニ懲りて、礼ヲ以て人ヲ導んとする事、至極宜キ心付なり。私等カ不及処ヲ補ひ、孝行之一端ニも当り可申候。

旭荘が責任をもって塾生の生活指導に取り組んでいることがわかる。淡窓も若い頃は「先ツ治メテ而後之ヲ教フルナリ」(「夜雨寮筆記」巻二)をモットーに厳しい指導を実践していたが、年を重ねるにつれ、寛容になってきたことへの反省もあったのではないか。

淡窓が偉いのは、旭荘を一方的に責めるのではなく、このような事態にいたった原因を、次のように冷静に分析しているところである。

謙吉幼少之節より我等致世話候得共、唯読書詩文ノ事而已ヲ教ヘテ、礼儀之節ヲ教へす。故ニ同人詩文ノ業ハ古人ニも不愧共、行事ニ至り而は、人心ニ不満事之多キハ、我等カ教様ノ行届さるより起レリ。是性ニハ非ス習也。

咸宜園の創設者が、自らの教育をこれだけ謙虚に反省していることに改めて驚かされる。この素直さが淡窓の魅力であり、人がついてくる要因であろう。それは史料の末尾の文章からもうかがえる。

此節ハ貴殿ニ託シテ、如此ニ申す也。此後、我等ニ過失あらハ、謙吉より又々各々託シテ存寄申出へし。成丈ハ受用可致候。我等極々衰憊ニ及タレトモ、自暴自棄ハ古人ノ所戒ナレハ、気息ノアル間は、勉強致度存候。

しかし、こうした努力もむなしく、旭荘夫婦は離婚する。郡代は旭荘のなすことが気に入らず、しばしば怒って譴責・干渉した。それは月旦評や塾規則から、都講の選任や塾生の追放にまで及んだ。郡代が気に入った役人の子の級を上げさせるなど、私意に満ちた不公平な処置であった。そのため塾風は乱れ、塾生同士の争いも生じるようになり、淡窓はひどく心を痛めた。

そこで天保四年（一八三三）五月、淡窓が再び咸宜園の塾政を執ることになった。同年一二月には旭荘へ再び塾政を譲ったが、翌五年（一八三四）五月、郡代は「塾式」一巻をつくって旭荘に与え、塾の運営を変えさせようとした。さらに同年六月には、郡代を激怒させる事件が起きる。旭荘は塾から退去するよう命じられるほどであった。廣瀬家の縁戚でもある塾生の禅僧真道が、還俗や改宗といった郡代の命令を無視し、旭荘がこれを放置したことが理由であった。結局、旭荘は真道を塾から去らせて閉門し、町年寄を介して謝罪することで何とか事は収まった。

このような度重なる干渉に嫌気がさした旭荘は、その後西遊や病気などの理由から、二回ほど淡窓に塾政をもどしている。

天保六年（一八三五）八月二〇日、塩谷郡代は幕府の召喚をうけて東上した。理由は、郡代が手掛けた新田開発などの大事業で、負担を強いられた農民の一部が、大坂や江戸で訴えを起こしたためである。

淡窓は「筆記」の中で、塩谷郡代との関係を次のように述懐している。

此公ノ恩遇、我家ニ於テハ長ク忘却ス可カラサルモノナリ。恨ムラクハ、予カ退隠ノ後、塾政此カ為ニ攪乱セラレ、遂ニ家業衰微ニ及ヒシコト、歎スヘシ。（中略）先考ト久兵衛トハ、寵ヲ得ルコトアツテ、辱ヲ得ルコトナシ。予ト謙吉トハ寵アリ辱アリ。予ハ寵ヲ得ルコト、辱ヨリ多ク、謙吉ハ辱ヲ得ルコト、寵ヨリ多シ。

淡窓は、廣瀬家を厚遇してくれた郡代に恩義を感じている。しかし、自分が引退した後、咸宜園の塾政に干渉するようになり、それで旭荘が苦しんだことを慨嘆している。

郡代が日田を去った日、旭荘は病と称して代官所には赴かなかった。しかし、塾への干渉がなくなり、少しずつ元気をとりもどしていったようで、日記の量も増えている。

翌天保七年(一八三六)四月一三日、郡代が二の丸留守居に転任したという知らせが淡窓のもとに届く。しかし、旭荘はすでに東遊の意志を固めており、同月朔日から再び淡窓が塾政を執っていた。旭荘は同月二二日、上方に向け日田を出発。こうして二代塾主による塾政期間は五年余りで終わり、淡窓は再び後継者を探さねばならなくなった。

九　塾外での教授活動

代官所での講義

淡窓が生前に関わった代官は一二人（表11を参照）。廣瀬家が代官所の公金を扱う掛屋であったことから、淡窓は「極幼ヨリ、先考ノ後ニ随ヒ、官府ニ出入」（「筆記」）りしていた。

淡窓が初めて代官の前で講義を行ったのは一三歳の夏。代官（西国筋郡代）は羽倉秘救。当時五歳であった息子の左門（のち簡堂）も側で聴いていた。元占（代官代理）の田中寿兵衛が息子を淡窓と親しくさせようと代官所に招いたことがきっかけであった。

このときの代官への講義は一回限りで、その後は役人宅で学問を教えることはあっても、代官所へ赴くことはなかった。

表11　淡窓時代の日田代官

名前	職名	就任期間
揖斐靭負政喬	西国筋郡代	安永６年～天明６年
揖斐造酒助政恒	西国筋郡代	天明６年～寛政５年
萩原弥三兵衛友標	高松代官	寛政５年～寛政５年
菅谷弥五郎長昌	高松代官	寛政５年～寛政８年
浅岡彦四郎直澄	高松代官	寛政８年～寛政11年
羽倉権九郎秘救	西国筋郡代	寛政11年～文化６年
羽倉外記秘道	日田代官	文化６年～文化７年
三河口太忠輝昌	西国筋郡代	文化７年～文化12年
三河口八蔵輝光	日田代官	文化12年～文化13年
塩谷大四郎正義	西国筋郡代	文化14年～天保６年
高木作右衛門忠篤	長崎代官	天保７年～天保８年
寺西蔵太元栄	西国筋郡代	天保８年～天保12年
寺西直次郎元貞	代官見習	天保12年
竹尾清右衛門忠明	西国筋郡代	天保12年～弘化４年
池田岩之丞季秀	西国筋郡代	嘉永元年～文久元年

（佐藤晃洋「豊後国直入郡幕領の庄屋」より）

淡窓が本格的に代官所で講義を行うようになったのは、二一歳のとき。これから代官所で月六回のペースで講義を行うよう、羽倉郡代に命じられた。講義で扱う書物は、四書に限られた。ところが淡窓は同年一二月初めから風邪をこじらせ、翌享和三年（一八〇三）まで療養することになる。代官所での講義はもちろんのこと、自宅に出入りしていた諸生への講義もしばらく中断した。

二三歳の頃は体調も少し回復し、「時アリテハ、書生ヲ集メテ講説スルコトモアリ。又官府ニ行クコトモアリ。定マリタルコトハナシ」（「筆記」）といった感じであった。

淡窓に二四歳のときに開塾するのであるが、その合間に代官所に赴いて講義を行った。成章舎で教えていた頃は代官所から近かったこともあり、よく招かれたようだ。講義ばかりでなく、門人を連れて行き、会読も行わせている。会読には左門も加わっている（「筆記」）。

次の三河口輝昌代官は「剛毅木訥」であったが、彼も子どもの教育に熱心であった。文化七年（一八一〇）、二人の息子の読書の師を門人の中から選んで差し向けてほしいと、淡窓に依頼している。そこで淡窓は、門弟の佐野宏を派遣している。

淡窓は二人の息子を「学ヲ好マレサル故ニ、余カ輩ニ於テハ、敬シテ遠サケラルル者」（「筆記」）とみていた。代官もそのあたりを心配していたのであろう。その後淡窓に、次のように懇願している。

児童カ学長進セス。師ヲ招イテ教ヲ受クルコト、古礼ニ違ヒタル故ト覚ユルナリ。今ヨリ吾子カ許ニ遣スヘシ。他ノ諸生トウチ混シテ教ヘラルヘシ。

（「筆記」）

このように「謙虚ニシテ礼」のあった三河口輝昌代官が、文化一〇年（一八一三）春、湯坪温泉で急死する。その死は二年間伏せられ、すぐに息子の輝光が代官を継いだ。

輝光代官は、父輝昌が亡くなった後、淡窓が代官所に赴いて講義するかたちにもどしている。しかし父の遺志に従い、転任で日田を離れる直前まで、講義は続けられた。扱った書物は、「論語」「孟子」「大学」「左伝」「毛詩」「礼記」「世説」。講義日は一と六の数がつく日（月六回）と定められていた。淡窓が病気等でできないときは、門人に代講をさせた。文化一二年（一八一五）四月五日、この日は淡窓が病のため桂林園を休講にしたにもかかわらず、代官所の講義は門人の肩吾をやって代講をさせている。代官所側の向学心の高さがうかがえる。

文化一四年（一八一七）、塩谷大四郎が代官（のち西国筋郡代）となると、様相は一変する。淡窓は用人格として、用人の宇都宮正蔵の次席を命じられる。さらに咸宜園を準官学として位置づけたい旨の打診を受ける。廣瀬家の家業のこともあり、淡窓はこの通達を受けるしかなかった。

以後、月旦評を提出させるなど、塾への介入が始まるが、代官所での講義は文政五年（一八二二）九月三日の一度きりであった。塩谷は淡窓および塾生一〇余名を代官所に呼び出し、淡窓には「周礼」の講義を、塾生には「孟子」の輪講を行わせた。代官のほか役人一〇余名がこれを聴講した。

塩谷郡代は時折、淡窓を呼び出して自身が興味ある書物を読ませることがあった。しかしこれは淡窓から教わるというよりも、淡窓に自慢の蔵書を閲覧させるのが目的であったようだ。淡窓は塩谷に命じられて、「貞観政要」「宋名臣言行録」「東萊博議」「令義解」などを読んでいる。

淡窓が旭荘に咸宜園を継がせると、干渉の度合いが強まったことは前述したとおりである。

天保六年（一八三五）八月に塩谷が東上すると、しばらく代官所との関わりはなくなる。代官所での講義が復活するのは、池田季秀代官のときである。その最初は弘化五年（嘉永元＝一八四八）六月六日。淡窓を招き、「孟子」の講義をさせている。講義は午後二時から始まり、代官をはじめ役人一〇余名が聴講した。池田代官が日田に着任してまだ一ヵ月も経っていなかった。淡窓は元占筆頭の高橋古太夫らと協議しながら、三河口代官の頃と同じように、末尾に一と六の数字のある日を講義日とした。淡窓が病や公務で赴けないときは、青邨に代講をさせている。やむをえず休講となった場合は、振替日を設けるなど、計画に基づいて講義は実施された。講義で扱った書物は、「孟子」のほか、「論語」「左伝」「小学」「十八史略」などであった。「日記」をみると、安政二年（一八五五）八月二七日まで講義は続いている。

このように、淡窓による代官所での講義は、すべて代官からの要請があり、その意向に従って行われたのである。

浮殿での特別講義

前述したように、文政一一年（一八二八）九月、旭荘は豊前浮殿に塾を開いた。旭荘は翌年一一月にこの塾を畳んで帰郷したので、一年ほどしか塾は存在しなかった。

旭荘の自叙伝「九桂草堂随筆」によると、塾生は「高田、長洲、中須賀辺」から「十七八人」ほどが集まり、「日田ノ塾ヨリ、中村直江、諫山鉄蔵、青木官次、僧徳令、太田梁平、前後ニ来リテ輔佐」したという。

この補佐役五名は、いずれも在塾歴の長い古参の塾生であった。中村と徳令は都講（塾長）経験者。さらに中村、徳令、青木の三人は「十八才子」にも選ばれている。「此方ノ塾生モ、亦従ツテ彼地ニ往ク者多シ」（「筆記」）と淡窓が述べているように、この五名以外にも咸宜園から開塾の手伝いに行った塾生はかなりいたようである。

淡窓が浮殿塾を訪ねたのは文政一二年（一八二九）四月一五日。このとき浮殿塾を訪ねたのはなぜか。淡窓はその頃、対馬藩田代領から出張講義の要請を受けていた。代官所留守役の服

図30　現在の浮殿

部権六に相談したところ、塩谷郡代から直接許可をもらうよう指示された。塩谷は当時、新田開発事業の件で豊前の奈良潟にいた。そこで淡窓は、父桃秋らと一緒に豊前を訪ねたわけである。したがって浮殿塾の訪問はその序であった。淡窓が初めて浮殿塾を訪ねたとき、出迎えた塾生は五、六名ほどであった。

そして同月の二一日、二三日、二四日の三日間、淡窓はそこで講義を行っている。講義したのは「中庸」と「蒙求」の二つ。淡窓は「中庸」を好んだようで、桂林園時代から七〇歳頃まで、断続的に講義を続けている。それもあまり門人に代講をさせずに、ほとんど自分で講義を行っている。「蒙求」の方も、九歳のときに頓宮四極の講義を受けて以来、五〇代後半頃まで、盛んに塾で用いた書物である。ただ「中庸」と違って、こちらはよく塾生に代講をさせていた。

講義は三回で終わったが、淡窓はその他にいろいろな形で浮殿塾を支援している。例えば、文政一一年（一八二八）一二月一九日には、旭荘へ「書籍数部及雑具」を送っている。旭荘が不在中、留守役の一人として塾政を任された釈徳令には、浮殿塾での日課や近況を報告させ、相談に乗っている。「一旦ハ絶へ候程ニ相成候」浮殿塾ではあったが、釈徳令や長坂勇らの尽力によって「死灰復燃」するまでに勢いを取り戻し、淡窓も喜んでいた（文政一二年六月二五日付釈徳令宛淡窓書簡）。

しかし、それでも塾主の旭荘が半年近く塾を不在にしたことの影響は大きかったようである。旭荘は復帰後一ヵ月余りで日田に帰郷している。

浮殿塾の入門者はどのような扱いであったのか。「日記」に「謙吉門人」と記されている「伊吉」（文政一二年四月二日）・与七（同年四月二五日）・顕乗（同年四月二七日）の三人は、いずれも入門簿にその名をみない。分校であっても正規の入門者とみなしたときもある。旭荘が上方で開塾したときがそうで、このときは入門簿に名前が収められている。存続期間が短かったこともあるが、淡窓にとってこの浮殿塾は当初より分校としても認識されていなかったように思われる。

対馬藩田代領での出張講義

咸宜園教育の評判が高まるにつれて、淡窓を招聘して直接指導を仰ぎたいと考える藩が相次いだ。淡窓が招聘に応じ、最初に出向いていったのは対馬藩の飛び地である肥前田代領（佐賀県）であった。廣瀬家と対馬藩との関係は、第四世月化が対馬藩の御用達を務めたときから始まる（「廣瀬家譜」）。天明三年（一七八三）からの「対州藩用達扶持文書」が廣瀬家に残っているので、この頃から関係が本格化したと思われる。

淡窓が初めて田代を訪れたのは、一三歳（一七九四年）の春。太宰府を参詣した後、四里ほど離れた田代に立ち寄っている。このときは、永吉村（佐賀県鳥栖市）の大庄屋梁井勘治と、田代町の地役人（代官所役人）荒木次平次の家に宿泊した。梁井と荒木はともに父桃秋と親交の深かった人物であった。

とくに荒木家とは次平次の父次郎左衛門の頃から親しかった。文化二年（一八〇五）、荒木（次郎左衛門と次平次のどちらであるか不明）は所用で京都を訪れた際、秋子に会い、のち随行した老僕を廣瀬家に遣わし近況を報告させている。また、文政四年（一八二一）八月、桃秋は亡くなった次平次を弔問するため、同家を訪れている。

淡窓はその後、筑前への往復時に田代を経由している（寛政七年、同一〇年、同一一年）。幕府（日田代官所）や諸藩の領地と隣接する田代領は、対馬藩にとって貴重な情報収集地であった。そのため対馬藩は、同地の教育・文化的な環境づくりに尽力した。藩校東明館は寛政四年（一七九二）に稽古所という名称で創設され、寛政一二年（一八〇〇）に田代上町に建てられた。

淡窓がこの東明館の儒師（教官）として最初に招聘されたのは、二三歳（一八〇四年）のときである。このとき伯父月化が田代を訪ねたところ、荒木次郎左衛門と梁井勘治の二人から、この話をもちかけられたという。報酬は米三〇俵であったが、結局これは実現しなかった。

同地での淡窓に対する評価は高かったようで、三年後の文化四年（一八〇七）二月二四日に、荒木次平次の実子二人（門司郡吾と梁井慶次）が咸宜園に入門している。二人は田代領からの最初の入門者である。後述する淡窓と旭荘による出張講義を契機に入門者は増加し、最終的に田代領からの入門者は五八人を数えた（『鳥栖市史』）。

淡窓が田代で教鞭を執ったのは、文政一二年（一八二九）の五月一五日から六月一四日の一ヵ月である。

そのきっかけは、同年二月七日に届いた、村山東一郎、荒木衛兵衛からの書簡による申し入れであった。東一郎は咸宜園出身、衛兵衛は次平次の子どもである。東明館の教官に旭荘を招きたいという内容であった。同日中に淡窓は返書を書いて廣瀬家に預けている。旭荘は当時浮殿で開塾中であったので、淡窓はこれを断ったと思われる。

同月二一日、田代の吏人（役人）緒方連《むらし》が来訪して、旭荘招聘の件を直談判してきた。淡窓は事情を説明し、再びこれを辞退した。

すると翌三月二二日に村山東一郎から書簡が届き、旭荘の代わりに淡窓を招聘したいと告げてきた。迷った淡窓は、豊前にいた久兵衛に書簡（三月二四日付）を送ってこの件を相談した。

書簡をみると、緒方連が来訪した際、淡窓は旭荘の代わりに自分ではだめかと打診していたことがわかる。それから一ヵ月ほど経っての返答だったので、「彼方ニ而ハ若者、拙者よりも謙吉ヲ懇望致候ニヤト察申候。因而彼方江返答ニ私ハ少々不快」であると胸の内を語っている。田代行きについて

図31　東明館跡標柱(佐賀県鳥栖市田代上町)

旭荘は「三十日位ハ参り而も不苦」と淡窓に伝えていた。したがって状況によっては自分のあとに旭荘を派遣することもありうると、久兵衛に告げている。

世事を嫌う淡窓は、「奥役表役抔ハ、一度ハ是非逢候事ト存候。成丈ハ逢ヌ方カ宜候」「諸生教授之為メ、骨折候分ハ何程ニ而も不苦候得共、俗吏輩ニ応接之儀甚面倒ニ候」とあるように、教授活動に専念できるよう、事前に田代関係者へ伝えてほしいと久兵衛に頼んでいる。

こうして淡窓は田代での出張講義を受諾し、四月に豊前奈良潟の塩谷郡代を訪ね、直接その許可をもらった。淡窓が日田を出発したのは五月一一日。八名の塾生が随行した。途中太宰府を参詣し、五月一三日、田代に到着した。一行は初め荒木衛兵衛宅に身を寄せたが、すぐに淡窓は東明館、門生はそこから四、五町離れた松林院に寄寓した。松林院の院主は釈真量といい、旧門生であった。

五月一四日、緒方連が受読生五人を連れてきたので、寿作ら五名が句読師となって教えている。淡窓による講義は翌一五日から始まった。初日は「陸詩」を講義した。その他に、「左伝」「孟子」「小学」「自監録（自新録）」「楚辞」「杜律（杜甫の律詩）」「約言」を講義している。

事前に村山東一郎から「諸生六十人程」と聞いていたが、実際は三〇人ほどであった。ただし、役人・医師・僧侶など東明館の学生ではない者も聴講したので、四〇人ほどが集まったようである。

五月一七日には、県吏（代官所役人）一六名が束脩（入学金）を持参している。

淡窓は咸宜園と同じように、ここで月旦評をつくっている。一斉の月旦改を三回実施した（五月二〇日・六月四日・六月一〇日）。月旦評は甲から癸の一〇科とした。甲から己の六科は該当者がおらず、庚から癸の四科に三〇余名をランクした。ただ咸宜園と異なるのは、成績評価に年齢を考慮している点であった。

五月二五日、東明館の学生野田俊太郎が溺死する事故があった。俊太郎は友達と一緒に増水した川を見に行った際に、誤って川に落ちた。遺体は二六日に発見された。管理不行き届きを痛感した淡窓は、帰郷を申し出たが、慰留され、引き続き教鞭を執った。

事故から一週間ほど経った頃に、淡窓が久兵衛へ送った書簡がある。それをみると、東明館の行く末をかなり憂慮していることがうかがえる。最低六、七〇日ぐらいは滞在しないと、東明館は「一向形付キ不申様子」であるが、季節柄の甚暑や持病などの理由から、自分は今月中には帰宅したいと述べている。続けて、旭荘に自分の後任として三〇日ほどここで指導してほしい、そうすればあとは諸生から「宜キ人物」を選んで任せればうまくいくと、久兵衛に伝えている。

また、事故を教訓に、東明館に隣接するかたちで学生寮を建てる計画が浮上したことも知らせている。

淡窓は六月一四日まで講義を行い、一五日に県府（田代代官所）を訪ね、帰郷の挨拶をした。正伊（長官）の田島所左衛門、司厨（主計）の蔵田万兵衛は病でおらず、憲副（副官）の浅野種右衛門らに面会した。

六月一六日には「東明館規約一五則」を作成。ただ清書する時間がなかったので、緒方連にそれを依頼した。

東明館には、塾生の太田梁平（文安が改称）を舎長（都講）としてとどめた。梁平は周防の医家の生まれで、当時位次は五級上、副監準中会頭主簿を務めていた。淡窓は田代を一七日に出発。途中、高良山に寄って、二一日に帰宅している。

六月二七日、旭荘が田代へ赴き、指導に当たった。浮殿の教え子である小川寿吉ら四名の塾生が随行した。旭荘が帰郷したのは八月九日。約一ヵ月余の滞在であった。

淡窓が田代からもどった四日後に、久兵衛へ宛てた書簡（六月二五日付）がある。それをみると、このときの淡窓・旭荘の出張講義は、諸生からの申し出ではなく、「当時ノ奥役、学問好キ」であったため、村山らが「其意ヲ逢迎セン為メ」に実現したことが述べられている。

また、同地は藩専売（皿山仕法）など「種々之新政」で、領民らに多大な負担をかけたことから「戦々兢々タル様子」であり、「金銀事抔ハ取引キ致さぬ方」がよいと、久兵衛に忠告している。旭荘もこの頃のことを「田代ニ赴ケリ。居ルコト一月、罪人七十余人ヲ縛シテ、街上ヲ過ルヲ見テ、此地久シカラスシテ、事アルヘシト云フヲ、家ニ帰リタリ。其後僅カ十余日ニシテ、事起ル。東明館ニカ、リタル者モ罪ヲ得テ館亦衰タリ」と述懐している（「九桂草堂随筆」）。

大村藩での出張講義

淡窓は、天保一三年（一八四二）と弘化二年（一八四五）の二度、大村藩に出講した。大村藩と廣瀬家の関係は、寛政七年（一七九五）に父桃秋が同藩の御用達になったときから始まる。また、文政一〇年（一八二七）七月一八日に入門した村島良斎を筆頭に、大村出身の咸宜園門下生は二〇余名を数えた。

大村藩が藩校五教館《ごこうかん》の振興のため、最初に招聘したのは旭荘であった。天保一二年（一八四一）七月一五日の「日記」をみると、淡窓は弟の招聘受諾の可否について、麻生伊織や弟三右衛門、従兄の魚屋長八に相談している。当時旭荘は大坂から帰省中で、同月二三日にも先のメンバーに旭荘を加えて話し合いが行われ、大村藩（当時は第一一代藩主純顕《すみあき》）への返書を協議しながら認めている。翌月二日に旭荘は大坂へ向け日田を出発しているので、招聘を辞退したと思われる。

しかし、その後も大村藩はあきらめずに、旭荘に招聘を依頼し続けた。天保一三年（一八四二）二月六日に淡窓が青邨に宛てた書簡をみると、大坂の旭荘塾は「随分繁昌」しており、旭荘は「大村行之事、未決候」とある。淡窓が同月二五日に旭荘の義父合原俊行に宛てた書簡に、旭荘は「何れ三月ニは大村え一寸下り申筈」とあるので、二月初め頃には大村行きを決めたことがわかる。

旭荘は三月二八日に大坂を出発。日田を経由して、四月一九日に大村へ到着した。旭荘は九月二六日までの約半年間、大村に滞在し、藩校五教館で教鞭を執った。

淡窓は旭荘の後任として大村に赴くのであるが、そのきっかけは同年七月二四日に届いた旭荘からの書簡であった。この書簡は現存しないが、その内容は「筆記」に記されている。江戸で朝川善庵に師事するなど、かなりの学問好きである大村藩主純顕が、淡窓に「学校ノ教令」について指導を仰ぎたがっている。淡窓が望んでいた長崎訪問もできるので、一石二鳥ではないか、と旭荘は淡窓に告げた。予定の期間を過ぎ、早く帰坂したい旭荘は、淡窓に後を託したかったのであろう。翌日、淡窓は廣瀬家に行って相談し、同月二六日に大村へ使いを出している。

同月二九日、淡窓は帰郷中の青邨に書簡を発した。自分が状況によっては大村に行くことになるかもしれないので、八月下旬までに帰塾して留守番をしてもらえないか、という内容であった。

青邨は八月七日に塾にもどっているので、その間に目処が立ち、淡窓は大村行きを決めたと思われる。八月六日、旭荘が大村の使者二名を率いて淡窓のもとを訪ねている。同月一九日にはまた大村にもどっているので、引き継ぎ事

図32　五教館跡（長崎県大村市玖島）

項などを確認するために淡窓を訪問したのであろう。

九月一日、大村から迎えの使者が来訪。淡窓は源兵衛に託して、代官所に六旬（六〇日）の大村出張（暇）を願い出た。翌日に逓帖（通行手形）が下付され、三日に出発した。大村の使者二名と一緒に、麻生伊織や武谷祐之らを連れた、計八名の一行であった。

途中、吉井・久留米・神崎などを経て、佐賀では草場佩川と会っている。佩川とはそれまで何度も書簡のやりとりをしていたが、会うのは初めてであった。その後、牛津・武雄・嬉野などを通って、九月八日に大村城下に到着した。

九月一〇日、城内で藩主純顕に謁見し、翌一一日に藩校五教館で「論語」を講義した。純顕もそれに臨席し、大夫（家老）以下、三〇〇人ほどの者が聴衆した。滞在中には、「宋名臣言行録」『析玄』「唐詩選」『遠思楼詩鈔』なども、先方から頼まれて講義している。

講義以外にも、会読を実演させ、自ら句読や輪読を指導し、詩文をつくらせて評価を下すなど、懇切丁寧な対応ぶりであった。館生からの質問にも毎回快く応じている。

その他、学統や什長などの職掌を設け、館生を指導・管理する体制をつくった。また、月旦評をつくり、勉学の気風を高めている（九月二三日、二八日、一〇月一一日、二六日）。その際、月旦評の意義を懇々と説明し、作成方法に至るまで十分時間をかけて指導した。大村を去った後の月旦評については、長岡啓蔵と松尾雄三郎の二人に託した。なお淡窓は、大村滞在中も咸宜園の月旦評を作成した。そのため塾生に日田・大村間を往復させている。

藩主純顕も熱心で、淡窓によく質問した。例えば九月一六日、淡窓が別荘の華林軒で『析玄』の二則を講じた後、純顕から『迂言』についての質問があった。同書は淡窓が迂闊な者の言として時勢を論じた和文体の著書で、天保一一年（一八四〇）秋に脱稿したもの。純顕から頼まれて旭荘がこれを献本したところ、大いに感じる所があったようで、これが招聘のきっかけであったと、淡窓は述懐している。

淡窓が大村に赴く前に、藩校の学制改革に尽力した朝川善庵と旭荘の二人は、それぞれ九月一七日、同二六日に東上のため大村を去った。旭荘は大村藩主の参勤に随行するかたちで帰坂した。

ところで淡窓は、大村滞在中の一一月一日から同六日までの間、宿願であった長崎訪問を実現させている。案内役は大村藩士橋口奥左衛門。淡窓は麻生伊織や武谷祐之らを連れて、大村から伊喜力《いきりき》までは舟で湾を渡り、その後は陸行して長崎に向かった。

長崎では大村藩邸を拠点にして、諏訪神社、大音寺、崇福寺、大徳寺などの寺社を訪ねた。四日には、中島川の沿岸にあった長崎聖堂を訪れ、聖像や扁額、講堂などを見学した。その際、学館教授の向井政次郎と助

図33　長崎聖堂跡（長崎県長崎市伊勢町）

教の長川彦次郎に会って、説明を受けている。

出島の蘭館・唐館には入れず、遠くから眺めるだけであった。唐通事（通訳）の神代徳次郎が犯した種々の国禁が発覚し、当時の長崎は厳戒態勢にあった。徳次郎は長崎年寄の高島秋帆の門下であったため、彼も数日前に投獄された。親交のあった秋帆と会うことができれば、出島への出入りもできたであろうと、淡窓は悔しがっている。

淡窓は長崎から大村にもどり、二〇日ほど館生らの指導を行った。大村を去ったのは一一月二六日。帰路は、彼杵・武雄などを経て、多久に立ち寄った。そこで聖廟を拝した。長崎のものより大きい造りに感動している。学館で宴が開かれ、長老（室老）の多久彦左衛門を始め、多くの儒員らと交歓した。

その後、佐賀で再び草場佩川に会い、一二月二日に日田にもどった。大村の印象について淡窓は「筆記」で次のように述べている。

朝川・謙吉半年ノ力ヲ用ヒタレトモ、学校ノコトハ、成功ニ至ラス。予カ至ルニ及ンテ、始メテ月旦評ヲ設ケ、生員ニモ差等ヲ立テシヨリ、課程ノ事モ、頗ル緒ヲ為セリ。然レトモ、去ツテ後ハ、復陵遅セリト覚ユ。大抵学風訓詁ノミヲ論シテ、詩文ヲ事トセス。博覧ヲ務メス。

淡窓が再び大村に赴いたのは弘化二年（一八四五）二月。実は一回目のとき、翌春に再訪する約束をしていたが、眼病や中風を煩い、それが果たせなかった。その後体調が回復した淡窓は、天保一五年（弘化元＝一八四四）九月に府内へ出張講義に赴いた。これは後述するように、同藩の藩政改革を担っていた久兵衛の顔を立てる意味もあり、やむをえない出張であった。ところが、それを知った大村藩は強く淡窓の再訪を求めてきたので断れなかったと、淡窓は述懐している。

二月二〇日、日田を出発した淡窓は、前回とほぼ同じ行程で大村に向かった。三月三日、大村城下に到着し、四月一九日まで滞在した。

前回と異なるのは、館生への教授よりも、藩主純顕との問答が中心であった点である。藩校五教館に加え、千年館（藩主の学問所）にも足繁く通っている。講義で扱った書物は、「大学」「孟子」「左伝」「唐詩選」「文章軌範」など。『遠思楼詩鈔』や琉球仏蘭西往復書簡なども、純顕の要望で講義している。そして前回以上に質問が発せられた。それは政治から修養、読書や詩作に関することなど、多岐にわたるものであった。その度に淡窓は「退イテ答ヲ草シテ」奉呈した。純顕は淡窓が重んじた詩作にも励み、自らつくった詩の添削を何度も淡窓に請うている。

図34　千綿渓龍頭泉
（長崎県東彼杵郡東彼杵町）

三月一九日には、純顕と一緒に千綿渓《ちわたけい》（長崎県東彼杵郡）を訪ねた。淡窓は、四八の滝と淵が連なるこの渓谷の美しさに心を打たれ、五言古詩を二首詠じた。落差が一六メートルほどある千綿渓最大の滝を「龍頭泉」と今日呼ぶのは、このときの漢詩中で淡窓が同語句を用いたのが由来であると伝えられている。

淡窓は今回も長崎を訪問した（四月六日～同月一一日）。もと塩谷郡代の家臣で、当時長崎奉行与力であった吉沢雄之進の計らいにより、前回できなかった蘭館と唐館の見学を行っている。そこで初めてカピタン（オランダ商館の館長）に会い、通訳を介して質問を試みている。唐館では中国の礼儀や建物の構造などを、書物の知識と照らし合わせながら入念に見学した。

四月一五日、千年館で藩主純顕に帰郷の申し出を行い、時服を賜った。夜は宿舎で送別会が催された。同一九日、大村を出発。彼杵・嬉野・武雄・唐津を経て、浜崎と深江の間で虹の松原を眺望した。その後、今宿で亀井源吾・小琴夫妻に、姪の浜で亀井昭陽の妻に、それぞれ会っている。姪の浜では南冥・昭陽の霊位に拝した。博多・太宰府・甘木を通って、四月二五日に日田に帰着している。

府内藩での出張講義

淡窓が府内に出講したのは、天保一五年（弘化元＝一八四四）九月三日から一〇月六日までと、翌年の五月八日から六月三日までの二度である。ともに一ヵ月ほど府内に滞在し、講義を行っている。

淡窓が府内に出講したきっかけは何であったのか。「筆記」をみると、「予カ此行、府内老侯ノ意ヨ

図35　府内城跡

リ出デタルコト」とある。老侯とは豊後府内藩第八代藩主大給《おぎゅう》松平近訓《ちかくに》（閑山公）をさす。当時の府内藩主は第一〇代近説《ちかよし》。第九代近信が天保一二年（一八四一）に突然亡くなったため、急養子として桑名藩から招かれた。近説は松平定信の孫にあたる人物であったが、まだ一四歳と若かったので、隠居していた元藩主の近訓が江戸からもどり、藩主の代理を務めていた。淡窓が最初に府内を訪れたとき、近説はその一ヵ月前に初めて国入りをしたという状況であった。この若い近説に、藩主たるにふさわしい教養・態度・考え方を身につけさせるため、近訓が淡窓を招いたのである。

廣瀬家は淡窓の伯父月化の代から府内藩の御用達を務めていた。さらに久兵衛は、天保一三年（一八四二）から藩政改革を任せられていた。そのような事情もあって、淡窓への要請は、府内にいた久兵衛を介して行われた。天保一五年（弘化元＝一八四四）七月二八日、家老の岡本主米から、淡窓招聘の件で相談を受けていたことが、久兵衛の日記に記されている。

淡窓が府内招聘の話を最初に耳にするのは同年（一八四四）の八月一四日。話をもちかけたのは三右衛門である。彼はこの日、江戸旅行から日田にもどったばかりであった。江戸で府内藩関係者とも会っているので、おそらく招聘の打診を依頼されたのであろう。しかし淡窓はこれを辞退している。

淡窓が招聘を受諾したのは同年八月二四日。この日、府内の久兵衛から書簡が届き、再度府内藩から招聘を要請された。二度目の要請であったことに加え、廣瀬家がこれまで同藩の御用達として恩恵を受けてきたことを考え、淡窓はついにこれを了承した。

一度目の府内行をみてみよう。天保一五年（弘化元＝一八四四）八月二八日、淡窓を迎えるため、府内から阿部鉄蔵（淡斎）が派遣されている。鉄蔵は咸宜園の門下生で、当時は藩主近説の侍講を務めていた。九月朔日、淡窓は鉄蔵に先導されながら、門下生二人と下男を連れて日田を出発した。玖珠で一泊し、ここから麻生伊織が随行した。伊織は淡窓の妹ナチの夫で、淡窓にとって最初の門人にあたる。医師として二度とも淡窓の府内行に従った。一行はその後、竜門滝・今宿《いまじゅく》・並柳《なみやなぎ》・片山・鳥居・堀田を経て、夜一〇時頃別府に到着し、西法寺に泊まった。この寺の住職である釈蘭谷も旧門下生であった。翌日の九月三日、府内藩が用意した船で別府湾を横切り、府内に到着。新築の「御備方蔵元」が旅宿として与えられた。

府内での講義は同月七日から二七日までの間、原則として一日おきに行われた。講義場所は城中の大書院。雛壇（上段）に近訓と近説が座り、淡窓が斜めに対座。家老以下の藩士らは、下段の広間に座して聴講した。淡窓は未牌（午後二時）に入城し、講義は一時間程度であった。

府内滞在中、講義は「論語」（七回）と「左伝」（五回）の二つが交互に行われた。「論語」の講義が二回多いのは、近説が「論語」の里仁《りじん》篇までの講義を淡窓に懇願したためである。

近説は講義が終わった後も座を立たず、淡窓を留めて質問することが多かった。とりわけ「論語」についてはかなり意欲的であったが、それには理由があった。実は近説は府内に入る直前まで、江戸の府内藩邸で、旭荘の講義を受けていた。旭荘は、天保一四年（一八四三）五月、久兵衛が藩政改革の件で江戸の府内藩邸を訪問するのに、大坂から同行している。旭荘が江戸に向かった理由は二つあった。一つは、その前年に「永世苗字帯刀」を許された兄淡窓の件で幕府にお礼を述べるため。もう一つは、老中水野忠邦から招聘された件について、仕官の気持ちがないことを直接伝えるためであった。そして江戸滞在中、旭荘は近説の教育係を府内藩から依頼され、何度も藩邸で「論語」を中心にマンツーマンの講義を行った。その様子は旭荘の日記に詳しく紹介されている。

図36　「大給松平近説肖像(部分)」(大分県立先哲史料館蔵)

府内での淡窓の講義は旅館でも行われ、毎回一五、六人ほどの聴講者がいた。そのときは『析玄』「詩経」「易経」などを講義した。講義がない日は、松栄山（九月九日）、春日別荘（九月一七日）、由原八幡宮（九月二八日）など、府内の名所を訪ねている。春日別荘では、久兵衛とともに藩主らの手厚い供応を受けている。また、蘭方医の安藤春台を訪ね（九月一九日）、初めて舶来の蘭書をみるなど、有意義な時間を過ごしている。

日田にもどる直前には、新たに建てる学館について、木戸荘三郎（文武監）や手島大記らから相談を受け、助言を行った。

淡窓は府内滞在中も咸宜園の月旦評を作成し、日田から塾生を呼び寄せてそれを手渡している（九月二五日）。多忙な日々が続いたため、最後になって淡窓は体調を崩し、伊織の薬を服用しながら酢屋平右衛門宅の二階を借りて休養した。当初は一〇月二日に府内を去る予定であったが、結局府内を出発したのは一〇月六日となった。帰路は朴木《ほおのき》（由布市）、徳野河原（由布市）、船来《ふなこ》（玖珠郡九重町）で各一泊し、日田には九日の申牌（午後四時）に帰着した。

二度目の府内行は、翌年の弘化二年（一八四五）で、五月六日に日田を出発している。淡窓は府内を去るとき、三の丸に新しい学校を来年建てるので再遊して学政をつくってほしいと、府内藩から要請を受けていた。弘化二年（一八四五）春に学校は完成したが、淡窓は大村に行っていた。そこで、大村からもどるとすぐに府内へ赴いた。途中、森城下と並柳（由布市）で各一泊し、五月八日に府内に到着した。このときの留宿先は酢屋平右衛門宅であった。

九日、登城し近訓と近説の二公に謁見。その帰路、竣工したばかりの学館を見学した。一〇日は学館で最初の講義が行われた。この日は雨であったので、淡窓は駕籠に乗ったまま館に入った。学館の中は、上下の二段に分かれていた。上段は二室あり、右室は近訓と近説が座し、左室は講師である淡窓の席で、その中間（正面）に聖像（孔子像）が掛けられていた。淡窓はこの日、「論語」を講義した。下段の諸室に散居する聴衆は二百人近くいたと淡窓は「日記」に記している。

この日から三〇日までの間に、淡窓は学館で六回、城中で九回の講義を行った。講義は隔日ではなく、毎日行われる予定であったが、淡窓が体調を崩したため、八日ほど休講となった。また、城中での講義は前年と同じく未牌（午後二時）からであったが、学館での講義は卯牌（午前六時）からと早かった。

学館では「論語」のみが、城中ではそれ以外に「詩経（毛詩）」「史記」「書経（尚書）」「礼記」などの講義が行われた。淡窓は講義だけでなく、その後の輪読・輪講も指導した。近説は学館の講義には必ず出席し、輪読にもよく立ち会った。ところで近説は、その後再び旭荘に「論語」を学び、「克己復礼」の精神を身につけた有徳な統治者を目指すようになっていく。

六月一日、淡窓は二公に暇乞いをし、時服などを賜っている。二日には府内藩家老らへ挨拶をすませ、三日に府内を出発した。帰路は阿部鉄蔵が同道し、五日の未牌（午後二時）に帰宅した。

こうして淡窓の指導を受けながら開設された学問所（後の采芹堂）は、府内藩の教育・文化の振興に寄与し、多くの有為な人材を輩出する教育機関へと成長していった。なお、嘉永七年（安政元＝一八五四）の大地震によって大破したため、藩校は北の丸に移り「遊焉館」という名に変更されている。

嘉永四年（一八五一）には林外も府内で学んでいる。林外は同年正月三日から八月九日までの約半年間、府内に滞在し、藩校（采芹堂）や教育係の藩士宅で文武の修行に励んだ。身体の弱かった林外にとって最初の遠遊であったので、淡窓は何度も林外に書簡を送り、健康に留意するよう注意を喚起している。

淡窓が亡くなった翌年の安政四年（一八五七）、旭荘が府内を訪れ、遊焉館で講義を行った。その際、講堂に掲げる扁額の字を請われ、揮毫している。現在、弥栄《やさか》神社が所蔵する「遊焉館図」にその扁額は描かれ、「游焉、廣瀬謙」の文字が確認できる。

咸宜園第三代塾主の青邨も、林外に塾政を譲った文久二年（一八六二）から六年ほど、この遊焉館で教鞭を執っている。教頭として招かれた青邨には「仙禽舎」という新築の屋敷が用意された。青邨はその北側に碧雲亭という書塾を別に設けて、学生の教導に尽力した。府内藩家老であった玉置家に伝来する史料のなかに、青邨が講義で用いたと思われる漢詩集の写しが残っている（「温敲小鈔」「寸鉄雑鈔」）。

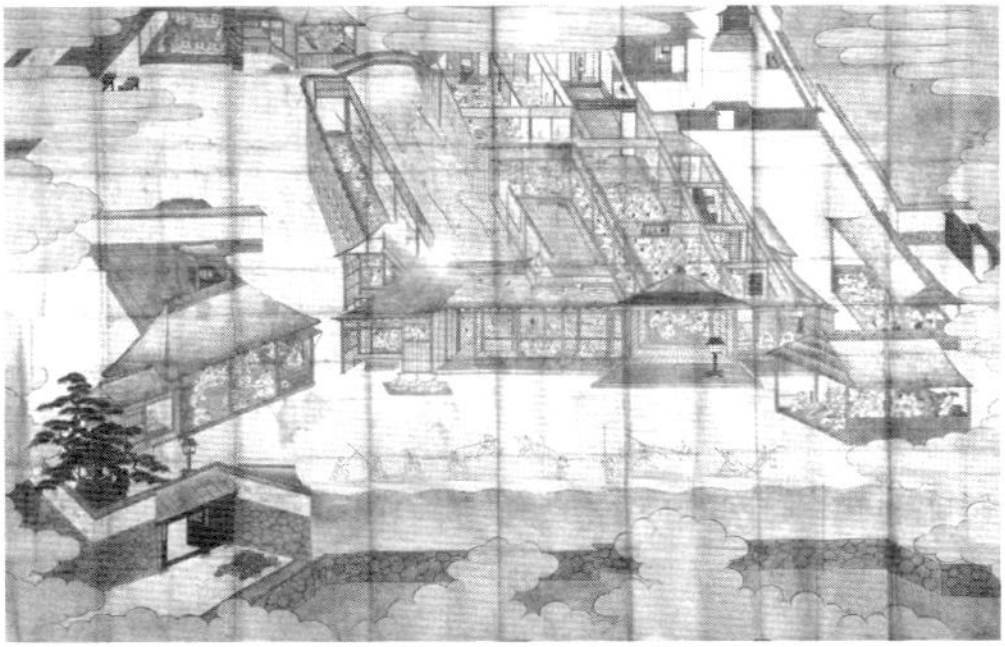

図37　「遊焉館図」（大分市弥栄神社蔵）

一〇　晩年の淡窓

病気と闘った人生の中で

淡窓の人生は病気とどう付き合うかの繰り返しであった。改めて、彼の主な病歴を「筆記」や「日記」、「淡窓先生年譜」の記述を中心に確認してみよう。

○一一歳の時、「小瘡」にかかり、六、七〇日苦しむ。

○一八歳冬から一九歳、筑前遊学中に発熱。日田に戻り治療に専念するが、翌年吐き気や頭痛、「疝ノ患」（腹痛）等で苦しむ。三大厄の一。

○二二歳、日田で麻疹が大流行、これに感染する。この時から小便閉塞が始まる。

○二六歳、日田に「疫癘」（伝染病）が蔓延、これにかかる。三大厄の一。

○二八歳、眼病悪化、治療のため筑前須恵の眼科医のもとに赴く。原因は身体虚弱と診断される。

○三一歳、「宿疾」（持病）が度々起こる。

○三三歳、五月に「脱肛」（痔疾）の治療。八月には一九歳の時と同じような症状が出て、腹中に塊が生じる。

○四十歳、「腹中痙攣」「小便不利」等の症状に度々襲われる。風邪の流行で講義を半月ほど休む。

○四一歳、痔疾の痛みに堪えかね手術に及ぶが、激痛のため中止。
○四四歳から四五歳、下腹部の不調に苦しむ。筑後の医師権藤直の手術を二回受ける。三大厄の一。
○五十歳、「漏口腫痛」(尿道の炎症)を起こす。この後、何度か同じ症状が出る。
○五六歳、小便が出なくなり手術を行う。この後、小便の利通が何度か悪くなるが、若い頃に比べると病状は落ち着くようになる。
○六二歳、中風に似た症状が起こる。ただし、後遺症は残っていない。
○七四歳、楼梯より堕ちて腰を打つ。
○七五歳、右手不随・言語不能に陥るも回復。軽度の中風。

この間に、眼病には常に悩まされており、風邪や腹痛は茶飯事の出来事であった。むしろ何もない方が稀であった。淡窓は、「筆記」巻二五で次のように回顧している。

余生来三大厄アリ。一八十九歳ノ時ノ疝ノ患ナリ。二八二十六歳ノ時ノ疫症ナリ。三ハ此度ノ病ナリ。三ツノ内、今般最重シ。ソノ余患十余年ヲ歴テ、猶患ヲナセリ。誠ニ生涯ノ一大刧ナリ。此般ハ世人モ必死セント思ヘリ。

病と闘い続けた淡窓が特に苦しかったと振り返る「三大厄」、その中で最も苦しかったのが、文政八年（一八二五）から翌年にかけての病であった。「此般ハ世人モ必死セント思ヘリ」、「此般ノ病、親族ノ心ヲ労スルコトハ、言語ニ絶シタリ」などと「筆記」に記していることから、周りの人々も今回は危ないのではないかと大変心配した程であった。

文政八年（一八二五）、体調を崩した淡窓は、秋月から加峯謙亮を招き、半年近く薬による治療を試みた。しかし、改善の兆しが見えず、加峯は淡窓に、筑後より華岡清洲門下の権藤直を招いて手術をしてはどうかと勧めた。

> 彼（権藤）ニ治ヲ託スヘシヤ否ヤ、評議マチ〳〵ナリ。時ニ余ト権藤ト同庚ニシテ、皆四十四歳ナリ。俗習四ノ字ヲ忌ム。是ヲ以テ疑ヲナス者アリ。先考（桃秋）、之ヲ判シテ曰ハク、是病人シアハセ、医者シアハセナリ。必成功アラント。果シテ其言ノ如クナリシナリ。

手術による治療を行うかどうか、淡窓は勿論、周りの人々もなかなか結論を出せなかったようである。淡窓と権藤の年齢がともに四四歳であり、四が「死」に通じるとして不安がる者がいたという記述など、大変苦慮している様子が読み取れる。最終的には、桃秋が四四歳を「シアワセ」と読み替えることで、手術に踏み切ることになった。手術が成功し、命を取り留めた淡窓は、「筆記」に次のように記している。

全ク権藤ガ力ニヨリテ、活命ヲ得タリ。但シ、権藤ニ治ヲ託スルコト、加峯カ勧ニヨレリ。後来我カ子弟タル者、権藤活命ノ力、加峯賢ヲ薦ムルノ志、両ツナカラ忘ルヘカラサル者ナリ。

加峯謙亮と権藤直への感謝の思いで記したものであろう。そして、文政九年（一八二六）初冬、権藤直の手術を再び受けていることからも、深い信頼の様子がうかがえる。また、周りの人々に関しても、次のように記している。

謙吉ハ看侍ノ余力、賓客ニ応接シ、又境ヲ越エテ、医ヲ迎フルコト数度ナリ。後ハ其身モ病ヲ得テ、久シキヲ経テ愈エタリ。久兵衛・伸平（三右衛門）皆家ヲ空シクシテ、余カ家ニ来リ、万事ヲ経営ス。弥六モ豊前ヨリ来リ訪ヒ、又宇佐宮ニ於テ消災ノ祈ヲナセリ。塾生・門人前後ノ労苦言ニ尽シ難シ。

病気が癒えて、周りの人々から病中の様子を聞き、一九歳の大病の時の比ではない人々の労苦に対する感謝の思いを綴ったものといえる。

若シ此時ニ死セハ、一生ノ事業成就スル所、今ノ半ニ及ブコト能ハス。死後又一人ノ知ル者モナカルヘシ。嗚呼、天地神明佑護ノ恩、親戚朋友看侍ノ力、豈少シモ忘ルヘケンヤ。是ヨリ以後ハ、再生ノ身ナリ。務メテ功徳ヲ修シ、上ハ天地神明ノ恩ヲ報シ、下ハ親戚世人ノ力ニ報スルコトヲ思ハスンハアルヘカラス。

淡窓は、病気と闘った人生の中で、このように決意を「筆記」に記している。その頭欄には「文苑大幸也」と劉石舟の評が加えられている。この時死んでいたら、晩年にまとめられていく著作の大半は存在しなかったことになる。自ら再生の身と認識したからこそ、天に感恩し家族に謝しながら、自らの業績を築いていったのである。著述の多くは、ここから晩年に向けて執筆され、整理され、刊行されていくのである。

「万善簿」

さて、淡窓の晩年を語るのに「万善簿」の存在を外すわけにはいかない。遡ること寛政一一年（一七九九）一八歳の冬、筑前遊学中に「大病ノキサシアリ。心中ニ甚恐ヲ抱キタリ。因ツテ彼地ニ於テ、和訳ノ袁了凡ノ陰隲録一部ヲ買求メテ読之、善事ヲ為シテ天助ヲ祈ラント思ヘリ」（「筆記」）

とあり、これがそもそもの原点となる。

淡窓が読んだ『和語陰隲録《いんしつ》』の内容とは、宿命論を信じ、占い（易）に従って人生を決めてきた著者が、雲谷禅師との討論を通じて、自らの力で立命できることと陰徳を積むことの大切さを理解する。そして、実践のために禅師にもらった「功過格」という帳面に記録を付け始め、最後は一万善を成し遂げる。「功過格」は白丸・黒丸の数で点をつけていく。日々の行いの中で「○（善）」「●（悪）」を記録、月末に差し引きの計算をして善の数を重ねていくというものであった。

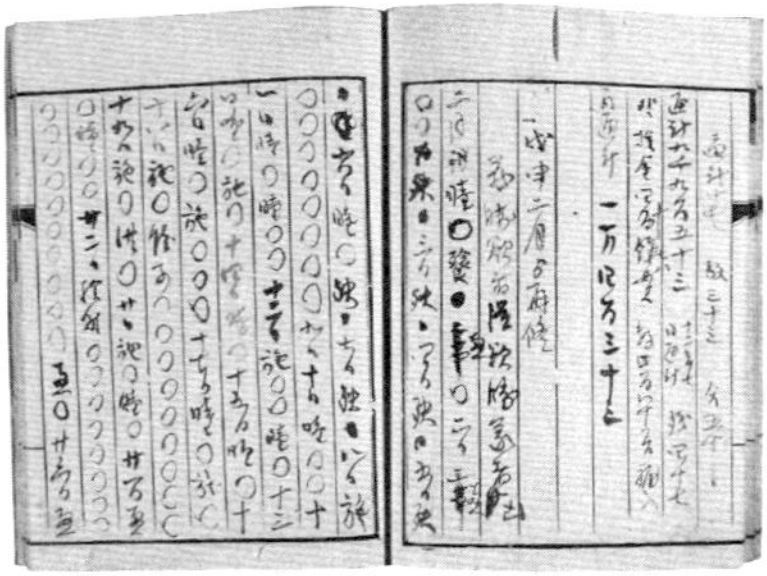
図38　「万善簿」（廣瀬資料館蔵）

　この著述に刺激を受け、淡窓も何度か同様の積善を試みる。今日残る記録では「日記」によると、文化一一年（一八一四）六月一〇日から八月二四日まで「功過格」をつけて百功を達成している。また、文政四年（一八二一）二月三日から六月四日まで、毎日ではないが○●を記している。つまり、試みながらも頓挫を繰り返しているようだ。

　文政七年（一八二四）に「自新録」を記すも始められず、天保六年（一八三五）に「再新録」を記してようやく実行が伴う。直接のきっかけは孫娘の死であった。同年閏七月九日から始められ、一二年七ヵ月後の弘化五年（嘉永元＝一八四八）正月末日をもって目標の一万善を完了する。これで終わることはなく、翌月から引き続き行われ、嘉永七年（安政元＝一八五四）八月九日分までが現在残る。

この年の一〇月から日記も書かれない日が増えてくるため、「万善簿」もいつまで続けられたかは不明である。総計では一万六千善を超えている。〇は放生や他人への施しを始めとして内容は多岐にわたるが、●は過食など飲食関連が結構多い。病弱で気だるい体調の中、日記の他に毎日の記録をつけることは、淡窓にとって余程の覚悟と体力が必要だったのだろう。記録はただつければいいというものではなく、当然厳しい反省が背後に存在しているのである。この記録が発見されるのはその没後であった。陰徳の言葉が示す通り、家族にも内緒でつけていたようである。

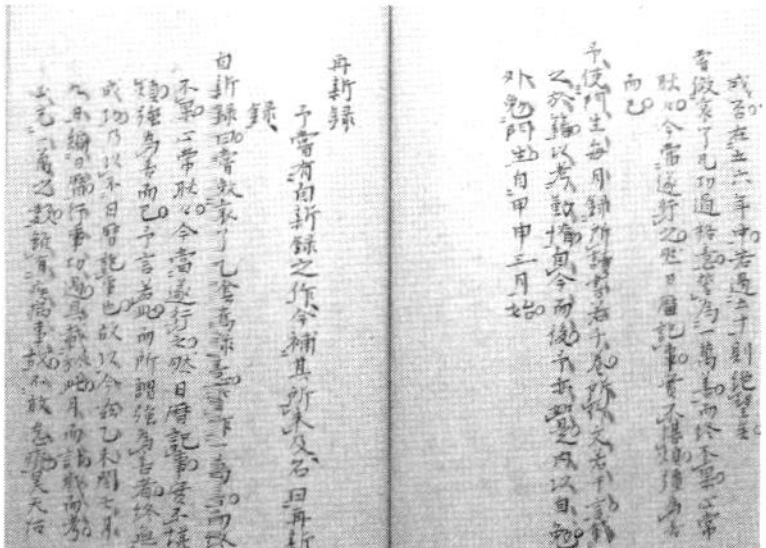

図39　「再新録」(廣瀬資料館蔵)

さて、淡窓が真似た『陰隲録』の袁了凡は、占いを捨てて自らの善行に励んだが、淡窓は占いを捨てることなく善を積むことを実行した。それは、彼が「敬天」の道を実践しようとしたからに他ならない（「約言」）。宇宙の主宰者こそが「天」であり、その意志を理解し導くのが聖人の役目である。聖人はそのために儒教を整えた。天の好む善を行い、天の憎む悪を行わないことが大切なことなのだが、天の意志はそれだけではない。だからこそ易（占い）によって、天の考えを形にしようと図ったのである（『義府』）。

この独自のつなげ方は易だけではなく、『老子』でもまた、淡窓独自の解釈にたどり着く。『老子』の中心思想は、一般には無（無為）であるとする。淡窓はそれを理解した上で「制数」こそが肝要であるとした（『析玄』）。「制数」とはわかりやすくいえば「運命」を意味する。そして「運命」を握っているのは天なのである。だからこそ「天を敬う（敬天）」ことが重要になる。淡窓の主著三説（「約言」『義府』『析玄』の三書）で述べられた思想は、「万善簿」という形で実行されたといえるのである。

最晩年

先の病歴で見たように、七〇歳を過ぎた淡窓は眼病等の複数の病気とともに生活していた。安政二年（一八五五）正月一二日、三右衛門が亡くなる。享年五八、兄久兵衛を補佐し、時に淡窓の仕事を守り立てた人であった。前年冬から病牀にあった淡窓を毎日見舞いにきていたが、突然の発病で二〇日ほどで先に逝ってしまった。「日記」には「嗚呼、哀哉」の文字を頭尾に置いて、その人となりを記している。

性、剛直にして敢言す。親戚以て畏友たり。又善く談じ、娓々《びび》として倦まず。頗る史子に熟せり。
斯の人復た得べからず。（原漢文）

自分より一七も若い弟の死は、どれほどの衝撃だったろうか。老いた淡窓は、この年三月一六日、自らの退隠とともに「家を範治（青邨）に伝ふること、遍く塾生を召し、之れを告」げた。後を義子青邨に任せ、五〇年に及ぶ教育の第一線から退いたのである。「日記」はこの記事に加えて「病衰、日々甚だし。願ふ所は養生服薬し、逍遥として老いを送るのみ（原漢文）」と静かな余生を願う記事を書く。しかし「日記」は、いくつかの自著の刊行に向け懸命にまとめようとする姿（三章参照）や、毎月の月旦評、塾での講義の始終、年中行事への参加、来客の名前、江戸の大地震など、多忙な日々と多くの情報を伝えている。一見まだまだ元気なように見える。だが、体力の衰えは止められず、九月二二日夜、足を踏み外して階段から落ち、腰をしたたかに打つ。膏薬を貼り服薬するも痛みはなかなか消えず、起き伏しに手を借りることになる。

九月二六日から一〇月六日まで筆を執ることもできず、日記が書けないほどであった。更に一〇月二四日に悪寒発熱が起こり、同月二九日〜一一月九日、同月一五日〜二〇日、一二月五日〜一一日と日記から記述が途絶える。同月一二日には痰咳が起こり、一三日〜翌年二月一〇日と長期にわたって日記が残されていない。そして、二月二一日を最後に淡窓自身の手になる長年続けた日記は幕を閉じる（以下、林外代筆による記事が、七月二一日から九月四日までまばらに残る）。この時、大坂から旭荘が帰郷し、新刊なった自身の『梅墩《ばいとん》詩鈔』四編を贈っている。

三月五日夜、厠に起きたところ、右手不随・言語不能の症状を示す。中風であったが、懸命の看護で大事には至らず、三月半ばには快方に向かった。四月一日には、旭荘から塾生に対し、今後は淡窓を老先生、青邨を先生、林外を若先生と呼ぶようにと告げられる。まもなく大坂に戻った旭荘との対面は、この時が最期になってしまう。淡窓本人も死期を悟っていたのだろう。後顧の憂いを残さぬよう、家族にあてた書状を残している。範治（青邨）の代筆になる安政三年（一八五六）四月付書簡は、弟久兵衛・弥六・旭荘、久兵衛の嗣源兵衛、亡くなった三右衛門の嗣吾八郎全員に宛てたものである。

一　範治事、我等養子ニ致候得共、其事不分明ニ付、今後孝之助兄分として、久兵衛、弥六、謙吉よりは、真之姪同様可相心得。源兵衛、吾八郎、政右衛門等ハ、従兄弟之交ニ致可申事。

一　孝之助、我等夫婦を今迄祖父母と呼来候得共、此後新婦と共ニ父母を以呼、範治夫妻ハ兄嫂を以呼、範治子女ハ叔姪といたし、範治方よりも、孝之助子女を同様ニ可相心得事。

一　謙吉方ハ孝之助ニ拘り合なく、別ニ一家を立候様可相心得事。

一　家内称呼之儀、以後我等を御隠居、範治ヲ旦那、孝之助ヲ若旦那と称可申。世帯は二ニ候得共、畢竟一家ニ而、親類之交りも右ニ準シ、二家ニ不致事。

青邨と林外の立場を明確にし、今後の家族内での呼称を示し、親類としての交際に気を配る内容となっている。文中の「政右衛門」は、弥六の子になる。旭荘の東遊以降、塾政を任せるため、青邨を養子に迎えたのが天保一五年（弘化元＝一八四四）であったが、林外との関係が淡窓にとっては大きな気がかりとなっていたと思われ、そんな中での書状といえる。

その後、九月までは『老子摘解』出版に向けての稿本作りを行い、完成後に大坂の旭荘まで送っている。やや病状も落ち着き、近くを散歩するなど穏やかな日々を過ごしていたが、一〇月二三日悪寒に襲われ、二五日には悪化、一一月一日にその秋風庵（春秋園）で静かに息をひきとった。享年七五歳は、多病にしては長寿といえるかもしれない。淡窓の死から葬儀の様子までを記録した「凶礼記」によると、役所には同日付で「求馬儀、病気之処養生不相叶、今日九ツ時死去仕候。此段御届奉申上候。已上」と青邨から届けが出ている。昼一二時頃の逝去であった。この時、久兵衛は大坂から帰郷の途次にあって不在、急ぎ知らせを出して同月五日に帰着した。また、大坂の旭荘に訃報が届いたのは、一一月一三日のこと。当然葬儀には間に合わず、翌月六日に到着している。

図40　廣瀬淡窓の墓（長生園）

葬儀は一一月六日八ツ時（午後二時）、中城村（日田市）下

道の南にて挙行された。葬列や座列の図が残り、一日の夜伽から一四日までの供膳など、その盛大な様がしのばれる。門人たちが相計って、法号の代わりに「文玄先生」の諡をなし、位牌の文字は門人五岳が記した。遺体は生前から定めていた中城村長生園に葬られた。家族、縁故、門人たち、役所や各大名の代参、僧侶、そして日田の人々、数千人ともいわれる人々と空から舞い落ちる風花に見送られての別れとなった。

図41　廣瀬淡窓の石碑(長生園)と拓影

第二章

淡窓の漢詩を読む

淡窓は、一生の間にいったいどれほどの詩を作ったのだろう。公刊された詩数は、『遠思楼詩鈔（以下『詩鈔』）』初編・二編・『淡窓小品』合わせて六四〇首ほど。その草稿類が「詩稿」として廣瀬家に数多く残り、刊本に採取されなかったものも多々ある。その他に「筆記」には詩集には入れなかったと断って掲載する詩がかなりの数みえている。彼の七〇年以上の人生を考えれば、恐らく一〇〇〇〇首は超えているであろう。『淡窓詩話』下巻において、

詩ヲ作ラハ、一首ニテモ棄ツヘカラス。必ス記録スヘシ。千首ニモ至ラハ其内ニ就キ、佳作ノ三四百ヲ選ンテ、一部ノ詩集ヲ編ムヘシ。其後又此ノ如クニシテ二編三編四編ト為スヘキナリ。此ノ如クニシテ初年中年晩年ノ詩ヲ前後相照シ、以テ己カ及ハサル処ヲ観、務メテ一歩ヲ進ムルノ工夫ヲ為スヘシ。今ノ人詩ヲ作リ棄テニシテ録セサル者アリ。大ニ不可ナリ。是レ心掛ナキ故ナリ。

と、詩を作ったら記録すべきであるとの方針を語る。確かに詩人の中には、習作は恥として処分する者が多く、また、生涯の中で詩風が変わった時に以前書きためた詩を破棄する者も少なくない。しかし、淡窓にとっては未熟な作品でさえ、一歩進めるためには必要な材となったわけである。となれば、当然、刊本に収められた詩は、それなりの自信作か、何らかの意図があって残そうとした作品である

といっても間違いないだろう。

ここでは、その『詩鈔』から、いくつかの詩を選び、淡窓の実作についてみていきたいと思う。詩は、初編からの掲載順に並んでいるため、自ずと初年から晩年へという順番になっている。なお、原本には、註や評が入っている詩もあるが、必要に応じ、解説の中で引用することとする。

彦山

彦山高処望氤氳　　彦山　高処　望み氤氳《いんうん》
木末楼台晴始分　　木末　楼台　晴れて始めて分る
日暮天壇人去尽　　日暮　天壇　人去り尽くし
香煙散作数峯雲　　香煙散じて　数峯の雲となる

七言絶句。文化七年（一八一〇）九月、英彦山の上宮に登った折の作。淡窓二九歳。「筆記」によれば、まだ若い頃、博多で病気に罹った時、夢枕に立った者から、病気の平癒を祈るのであれば英彦山の神を祈るようにといわれた。その通りにすると無事癒えることができ、その御礼にと出かけたのがこの時であったとす

図42　「彦山図」(執筆者蔵)

る。霞んだ山頂、香のけむりが雲となる霊験あらたかな様子、広く人口に膾炙された詩である。幕末から明治期に英彦山神社で配られた一枚刷りの英彦山全景図に、釈豪潮の五言絶句・長谷南梁（長梅外）の七言絶句とともに載っており、その宣伝に一役買ったようである。英彦山から塾へ入門した者も少なくない。

隈川雑咏　其二

少女乗春倚画欄　少女　春に乗じて　画欄に倚《よ》り
哀箏何事向風弾　哀箏　何事か風に向って弾く
遊人停棹聴清唱　遊人の棹を停めて　清唱を聴き
不省軽舟流下灘　省みず　軽舟　流れて灘を下るを

七言絶句。文化八〜九年（一八一一〜一二）頃の作か。淡窓三〇歳頃。日田三隈川の情景を詠んだ五首中の一首。一首目の結句で少年が橋の欄干に身を寄せ、釣りする姿を詠じている。それを受け、この二首目は、少女は川沿いの建物の彩り美しい欄干に身を寄せ、哀しげに琴を弾く。舟人は棹をとめ、うっとりと聞き入るが、流れは速く小船はどんどん下っていく。春が来て、少女はいつまでも少女のままではいられない、そんな悲しみが聞く人の心を捉えるのかもしれない。少女はもうすぐ遊女になるのだろうと読むことも可能である。まさに風土を読み込んだ竹枝詞といえよう。
淡窓は『淡窓詩話』下巻で「詩ニ風土ヲ述フルコト」を肯定している。ただし、一方で「今世流行ノ竹枝詞ノ如キハ厭フヘシ」と当時流行った遊郭を詠むような詩は否定している。若書きの作品でもあり、いろいろな作風を試みたとしても不思議ではないだろう。

桂林荘雑咏示諸生　其三

遥思白髪倚門情　　遥かに思ふ　白髪門に倚《よ》るの情
宦学三年業未成　　宦学　三年　業未だ成らず
一夜秋風揺老樹　　一夜　秋風　老樹を揺らし
孤窓欹枕客心驚　　孤窓　枕を欹《そばだ》てて　客心驚く

七言絶句。桂林荘（桂林園）が成ったのは文化四年（一八〇七）であるが、この詩は文化一二年（一八一五）前後の作かと思われる。淡窓三四歳頃。全四首のうち、其二は、淡窓の作中、最も有名な「休道詩」である。「道ふを休めよ　他郷苦辛多しと」は人口に膾炙した名句。塾に集まった若い門生たちの一日が始まる朝の情景がそのまま詠まれた詩は、仲間の大切さを伝える効果もあって、確かに圧巻である。

対して、この三首目は、故郷で帰りを待つ母の姿が描かれる。塾に来て三年、まだ学業は成就せず、秋風が激しく吹く夜、その音を聞きながら、母を思い出し、離れて暮らす心は千々に乱れるのである。「情ヲ主トシテ、景ヲ以テ其間ニ粧点スヘシ」(『淡窓詩話』巻下)などと、情の大切さを繰り返し説いた淡窓の立場を考慮すると、この詩もまた名作といえるのではないだろうか。

秋晩偶成

半世行蔵何処尋
独繙周易向宵深
豈無朔雁随陽意
尚抱呉牛喘月心
疎柳残楓秋欲暮
間門窮巷雨成霖
堪思往歳天涯客
臥病西風空越吟

半世の行蔵　何れの処にか尋ねん
独り周易を繙《ひもと》き　宵の深きに向かふ
豈《あ》に朔雁《さくがん》の陽に随ふ意無からんや
尚ほ抱く　呉牛の月に喘《あえ》ぐの心を
疎柳残楓　秋は暮れんと欲し
間門窮巷　雨は霖《りん》と成る
思ふに堪へんや　往歳　天涯の客
病に臥し　西風空しく越吟す

七言律詩。やはり文化一二年(一八一五)頃の作か。自らの病により、世に羽ばたくことができなかった思いを晩秋に重ね合わせて詠じている。出処進退の難しさを感じて、易経を読む姿。筑前遊学中に病気になり、故郷に帰らざるを得なかった思い出がもたげてくるのである。門人中島子玉は、「先生の雄飛能はざるは、実に多病に因る。歎ずべし」と評している。

夜起所見
依稀細雨暗檐楹
遠寺鐘声夜幾更
野火風吹燃復滅
道傍果木忽分明

依稀たる細雨　檐楹《えんえい》を暗くす
遠寺の鐘声　夜幾更《よいくこう》
野火　風吹き　燃えて復た滅《き》ゆ
道傍の果木　忽《たちま》ち分明たり

七言絶句。夜中に起きると、ぼんやりと雨に霞む中、鬼火が明るくなったり暗くなったりしていたという怪異現象を詠んだ詩。「筆記」に、文化一三年（一八一六）正月二四日夜、東南の方角に紅い光が現れたとある。その時の詩か。淡窓三五歳。「論語」述而篇で、孔子は「怪力乱神を語らず」といっているが、この章から、朱子学を始め多くの注釈は、怪異の話題に孔子は触れることがなかったとする。しかし、荻生徂徠は、「語る」は教訓として話す意味で、日常の中では話していたとし、怪異を否定したわけではないと解釈した。事実、江戸時代の学者の中には、怪異の話を好む者も少なくない。旭荘の怪異好きは夙に有名だが、淡窓にも同じ嗜好があったことがわかる。『詩鈔』二編には、志怪小説『捜神記』を読み、その鬼神を詠み込んだ「読捜神記八首」なども残っている。

記同社　其五

偉哉南溟鳥　　偉なる哉　南溟の鳥
養翼息池塘　　翼を養ひて　池塘に息ふ
人材観晩節　　人材　晩節を観るに
誰得抗中郎　　誰か中郎に抗し得ん
神駒或齧踶　　神駒　或は齧踶《げってい》するも
鞭策在王良　　鞭策《べんさく》　王良に在り

五言古詩。文化一四年（一八一七）秋冬の頃の作。淡窓三六歳。初期門人のうち秀でた五人について詠じた五首の詩の一つ。五人とは、小関長卿・麻生彦国・児玉有台・劉君鳳・中島子玉。其五は子玉を詠じたもので、この時中島子玉一七歳。一句目「南溟」はその出身地佐伯を表わし、そこからはばたく若い才

図43　「中島子玉肖像(部分)」
(日田市蔵)

能を褒め称えた内容になっている。将来を嘱望されたが若くして亡くなってしまったこの人について、篠崎小竹は「神駒、空しく神骨と成る。惜しむべきの甚たり」と評した。

論詩贈小関長卿中島子玉

歌詩写情性　歌詩は情性を写し
実随民俗移　実に民俗に随ひて移る
風雅非一躰　風雅は一躰にあらず
古今固多岐　古今　固より多岐なり
作家達時変　作家　時変に達し
沿革互有之　沿革　互ひに之れ有り
苟存敦厚旨　苟《いやし》くも敦厚《とんこう》の旨を存すれば
風教可維持　風教　維持すべし
昔当室町氏　昔　室町氏に当たり
礼学属禅緇　礼学　禅緇《ぜんし》に属す
江都開昭運　江都　昭運を開き
数公建堂基　数公　堂基を建つ

気初除蔬笋
舌漸滌侏禽
猶是螺蛤味
難比宗廟犠
正享多大家
森森列鼓旗
優游両漢域
出入三唐籬
格調務模倣
性霊却蔽虧
里矉自謂美
本非傾国姿
天明又一変
趙宋奉為師
風塵払陳語
花草抽新思

気初めて　蔬笋《そじゅん》を除き
舌漸く　侏禽《しゅきん》を滌《そそ》ぐ
猶ほ是れ　螺蛤《らこう》の味
宗廟の犠に比べ難し
正享　大家多く
森森として　鼓旗を列ね
両漢の域に優游し
三唐の籬に出入す
格調　務めて模倣し
性霊　却て蔽虧《へいき》す
里矉《りひん》　自ら美と謂ふも
本より傾国の姿にあらず
天明　又た一変し
趙宋　奉じて師と為る
風塵　陳語を払ひ
花草　新思を抽《ひ》く

雖裁敖辟志　敖辟《ごうへき》の志を裁つと雖も
転習淫哇辞　転じて淫哇《いんあい》の辞を習ふ
楚斉交失矣　楚斉　交ごも失せり
誰識烏雄雌　誰か烏の雄雌を識らん
寄言関及島　言を寄す　関と島と
更張良在茲　更張　良《まこと》に茲《ここ》に在り
鶏口與牛後　鶏口と牛後と
趨舎君自知　趨舎　君自ら知る
我亦丈夫也　我も亦た丈夫なり
李杜彼為誰　李杜　彼を誰と為さん
誰明六義要　誰か六義の要を明かにし
以起一時衰　以て一時の衰を起こさん

五言古詩。文化一五年（文政元＝一八一八）頃の作。淡窓三七歳。前詩にあった門人小関・中島両人に対し、贈ったもの。我が国の詩史を述べ、詩論を展開した内容となっている。「筆記」によると、文化一五年（文政元＝一八一八）六月二日、小関（この時は養子に入り、加峯と改姓）が秋月から来訪し、しばらく佐伯に帰省していた中島も六月六日に塾に戻ったとある。二人が久しぶりに揃うのはこの頃である。

詩は時の流れにそって変遷してきた。だが、根幹に「敦厚」（真心の厚さ）さえあれば教化の維持はできるだろうとの前提を語ってから、我が国の文事について語り出す。室町時代には僧侶に独占されていたが、江戸時代に入ると文運が開き、正徳・享保には多くの詩人が輩出した。格調説は、明代の擬古派が唱え、荻生徂徠が広めた主張。性霊説は、格調説に反対し、明末から清代に起こった性情を重要視する主張。日本では、反徂徠学の気運とともに寛政前後から多くの詩人がその考えに共鳴した。淡窓は、その時期を詩中「天明」期と定め、宋詩の流行によって一変したとする。しかし、その流行により合わせて頽廃的な風潮も出てきてしまったと、負の面を指摘することも忘れない。今後の詩風を決めていくのは君たち若者なのだ。今こそ、詩経を貫く大事な六義を明らかにし、衰運から立ち直らせてほしいと期待するのである。

この詩については、二〇年後に門人から「先生論詩詩ノ結末ニ、誰明六義要、以起一時衰トアリ。如何ナル処ヲ以テ今時ノ衰ヲ起シ玉フヤ」という問がなされている（『淡窓詩話』上巻）。それに対し、「予ハ唐人ヲ主トシテ宋明ヲ兼用ス」と折衷主義の立場で答えている。ただ、それを弟子達に押し付けているわけではない。あくまでも、それぞれの好むところによって求めていくことを望んでいるのである。

山車

鬱鬱紅塵暗天起
前車方馳後車止
怪底強力能移山
穿街過巷如流水
一夜幻出化人宮
岩巒草木尽錦綺
魯般雲梯墨翟鳶
衆家各自誇長技
百年風俗観昇平
無奈淫巧遂日生
府中令尹降新政
頓以邱垤代嵩衡
二簋可享経有語
看他損益與時行
時和歳豊神自楽

鬱鬱たる紅塵　天を暗くして起り
前車は方《まさ》に馳せ　後車は止まる
怪しき強力　能く山を移す
街を穿ち　巷を過ぎ　流水の如し
一夜　幻出す　化人の宮
岩巒《がんらん》草木　尽《ことごと》く錦綺たり
魯般の雲梯　墨翟の鳶
衆家各自　長技を誇る
百年の風俗　昇平を観じ
いかんともするなし　淫巧日を逐って生ずるを
府中の令尹　新政を降し
頓《とみ》に邱垤《きゅうてつ》を以て　嵩衡《すうこう》に代ふ
二簋《にき》享《う》くべしと　経に語有り
看《み》他よ　損益は時とともに行く
時和し歳豊か　神は自から楽しまん

満街人声若雷声　満街の人声　雷声の若し

七言排律。文政二年（一八一九）六月一五日の作。淡窓三八歳。博多祇園山笠のうつしとされる日田の山車であるが、博多のそれより豪奢なことで有名であった。詩の前半は、勇壮で華やかな山車を描く。ところが、山車に轢かれる事故が起こり、死者まで出たことで、塩谷代官によって、この年山亘を低小化するようにと命令が下った。「邱垤」は低い丘、「嵩衡」は高い山の意で、これまでの高い山飾りが小さくなったことを表している。「二簋可享」は、「易経」の語で、粗末なものでも心がこもっていれば神への供物として十分ということ。これまでの壮麗さは失われたが、それでも祭りは賑やかに行われたと結んでいる。「日記」嘉永七年（安政元＝一八五四）六月一五日には、山車について「山車、輪次を以て之れを造る。今歳源兵衛家の番なり。予、生来を以て之れを数ふ。予、十三歳・三十四歳・五十二歳、此に至り凡そ四回なり（原漢文）」とある。この年は廣瀬家の担当ではなかったが、山車は、日田の人々にとって思い入れの強い存在だったことがわかる。

図44　山車（日田祇園）

『詩鈔』出版に向けての編集中に、塩谷郡代は解任されている。郡代の命令に対する批判とも読み取ることができるこの詩を、わざわざ版本に入れたことに淡窓の皮肉な思いがあったことは十分に考えられるだろう。また、他の詩についても寓意を意識した違った読み方が可能なのかもしれない。

読先哲叢談　其七

済済貞元後　済済たり　貞元の後
就中誰最賢　就中　誰か最も賢なるや
蕃山経済学　蕃山の経済学
董賈可比肩　董賈《とうか》に比肩すべし
白石非凡骨　白石　凡骨に非ず
一飛凌雲煙　一たび飛んで　雲煙を凌ぐ
伊翁唱古義　伊翁　古義を唱へ
独着祖生鞭　独り祖生の鞭に着く
蘐叟雖晩出　蘐叟　晩出すと雖も
別開一坤乾　別に一坤乾を開く
能使東芙蓉　能く東の芙蓉をして
西抗泰華巓　西の泰華の巓《いただき》に抗せしむ

諸公豈不高　　諸公　豈《あ》に高からざらんや
四老駿極天　　四老の駿　天を極め
後生豈無妙　　後生　豈に妙なること無からんや
四老玄又玄　　四老の玄　又玄なり
紛紛巧詆者　　紛紛として　巧みに詆《そし》る者
陰取陽乃捐　　陰《ひそか》に取り　陽に乃ち捐《す》つ
譬之戮鄧析　　之れを譬《たと》ふれば鄧析《とうせき》を戮《りく》し
猶用竹刑編　　猶ほ竹刑の編を用ふるがごとし
善哉原三筆　　善き哉　原三の筆
無党亦無偏　　党無く　亦た偏無し
董狐今不見　　董狐　今見えず
原也或幾焉　　原や　或は幾《ちか》し

五言排律。原三右衛門（号念斎）の著『先哲叢談』（文化一三年刊）を読んでの感想を詩にしたもの。文政九〜一〇年（一八二六〜二七）頃の作か。淡窓四五歳頃。江戸時代の儒者評伝集ともいえるこの著作に影響を受け、自らも後に「儒林評」を著しているほどである。

全七首のうち、一首目は、日本における儒学史を踏まえて藤原惺窩を中興の人とし、二首目は幕府の儒官林羅山、三首目は江戸時代前期の代表的詩人石川丈山、四首目は明からの帰化人朱舜水、五首目は近江聖人として知られる中江藤樹、六首目は儒者にして神道家でもある山崎闇斎を詠じる。そして多くの儒者たちの中でも、この七首目に熊沢蕃山・新井白石・伊藤仁斎・荻生徂徠の四人を採り上げ、それぞれに高い評価を与えている。

淡窓にとって、儒者として政治に関与した蕃山・白石への評価は、「儒林評」をみても殊の外大きいものがあり、やはり淡窓の素志がここにあったことがわかる。

新田

百丈狂瀾到岸旋　百丈の狂瀾　岸に到りて旋《かえ》り
長堤築得勢巍然　長堤築き得て　勢い巍然たり
要令魚鼈為黎庶　魚鼈《べつ》をして黎庶《れいしょ》ならしむるを要し
且把波濤作井田　且つ波濤を把《と》りて　井田を作る

図45　『先哲叢談』（大分県立先哲史料館蔵）

撃壌歌高春雨後
煮塩煙起夕陽前
龍神亦仰吾王徳
敢惜封疆蹙一辺

撃壌の歌高し　春雨の後
煮塩の煙起る　夕陽の前
龍神も亦た仰ぐ　吾が王の徳を
敢て惜しむ　封疆《ほうきょう》一辺を蹙《せま》るを

図46　現在の久兵衛新田

七言律詩。文政一二年（一八二九）四月二五日の作。淡窓四八歳。塩谷郡代の設計により、文政九年（一八二六）から始まった国東郡の新田開発事業。矢継ぎ早の普請に、人々の恨みが積もっていくことを危惧する兄淡窓の忠告を押しとどめて、手伝いを引き受けた弟久兵衛。干潟に石垣を築き、潮留め工事を行い、新たな土地が徐々に作られていった。当然、膨大な労働力と費用がかかったことはいうまでもない。この地に来ていた郡代に、田代への出講許可を得るため会いに来た淡窓は、やはり弟を心配していたのだろう。この時は父桃秋も同行しての小旅行だった。開発はまだ完成してはいなかったが、その成果を強調するかのように詠じている。隣接する土地は、島原藩の飛び地で、開発により他領が迫ってきたことを結びに使用している。

九月十八日與諸弟姪陪家君遊山

秋山紅葉落繽紛
採菌人来径路分
木屐双双携謝客
籃輿緩緩伴徴君
煎茶竹塢朝翻雨
炊飯松林午出雲
遊賞恰逢和暖日
一家歓意亦氤氲

秋山の紅葉　落て繽紛《ひんぷん》とし
採菌の人来たりて　径路分かる
木屐《ぼくげき》双双　謝客を携へ
籃輿緩緩　徴君を伴ふ
茶を煎じる竹塢《ちくう》の朝　雨翻《ひるがえ》り
飯を炊く松林の午　雲を出す
遊賞　恰《あたか》も和暖の日に逢ひ
一家の歓意　亦た氤氲《いんうん》たり

七言律詩。天保三年（一八三二）九月一八日の作。淡窓五一歳。父桃秋に陪従して山野に遊んだ時のもので、家人・門生等二〇人以上連れだって吟行となった。

「筆記」には「中尾村ニ至リ、松林ノ中ニ於テ、座ヲ設ケ、席ヲ張リ、行厨ヲ開ク。又火ヲ燃シテ飯ヲ炊キ、茶ヲ烹レリ。……此日蕈ヲ得ルコト極メテ多シ」とあり、詩の内容そのものの説明となっている。中尾村は、現在の日田市中尾町辺り。豆田から北東に三キロメートルほどの郊外にあたる。廣瀬一族の穏やかなひとときがうかがえる詩である。

悼幼孫

俄然成喜復成嗟
朝槿唯開頃刻花
当日玉環蔵在篋
再来慎勿向他家

俄然喜と成り　復た嗟と成る
朝槿唯だ開く　頃刻の花
当日の玉環　蔵《おさ》めて篋《はこ》に在り
再来　慎みて他家に向かふなかれ

七言絶句。天保六年（一八三五）閏七月一一日、孫女を疱瘡で失った際の悲しみを詠んだ作。淡窓五四歳。前年四月四日に旭荘とその妻の間に生まれたこの子を、淡窓は可愛がった。この年、日田近辺で疱瘡が流行ったので、筑後の妻の実家に避難させていた。ところが疫病もやや落ち着き、日田に戻った途端に病気にかかりその命を落としてしまったのである。今度生まれてくる時も我が家に間違うことなくやってくるようにと願う気持ちが痛々しい。

孫が重篤になって後、淡窓は筮を設け、もう命数が尽きたことを悟り、「再新録」を記す。そして、この死をきっかけに「万善簿」を記し始めたのであった。なお「筆記」に載る詩では、結句の「再来」が「猶来」になっている。

醒斎

夢裏逢吾友　夢の裏　吾が友に逢ひ
相携花下迷　相携へて　花下に迷ふ
醒来見孤蝶　醒めて　孤蝶を見
飛在小欄西　飛びて　小欄の西に在り

五言絶句。天保七年（一八三六）頃の作。淡窓五五歳頃。「醒斎」は淡窓の別号の一つ、彼の書斎に付けられた名である。文政一三年（天保元＝一八三〇）に長春庵の東に新たに小さな家を構える。上下二室で、上を醒斎、下を夜雨寮とつけた。『詩鈔』には、その「夜雨寮」の詩も並んで載る。

詩は、「荘子」の胡蝶夢に通じる世界が詠じられている。夢の中で出逢った友は、目覚めた後に見付けた一羽の蝶だったのだろうか。淡窓の老荘思想に心引かれる嗜好がそのまま反映したものといえよう。門人五岳は「読了、嗒《とう》然たり」と評し、その世界観にうっとりしたと述べている。醒斎を詠んだ詩は、門人の詩にもいくつか見ることができ、甥麻生直は「前掲敬天図（前に掲ぐ敬天の図）」とその部屋の様を記している（『宜園百家詩』初編巻二）。

孝弟烈女詩

新碑表出三條里
孝弟烈女廣瀬氏
家在海西身在東
客死不帰瘞于此
物換星移跡欲湮
其季弟謙来経紀
誰銘碑者海屋翁
兄為賦詩審終始
烈女生来十九秋
阿兄得疾転弥留
代兄要解父母憂
丹誠竊祈大悲仏
三年篤疾果然瘳
金縢有誓心敢弐
自茲斎戒日清修

新碑表出す　三條の里
孝弟烈女は廣瀬氏
家は海西に在りて　身は東に在り
客死帰らず　此に瘞《うづ》む
物換《かわ》り星移り　跡湮《ほろ》びんと欲す
其の季弟謙　来りて経紀す
誰れ碑に銘する者　海屋翁
兄為に詩を賦し　終始を審《つまび》らかにせん
烈女　生来十九の秋
阿兄　疾を得て転弥留《びりゅう》す
兄に代り　父母の憂を解くを要《もと》む
丹誠　竊《ひそ》かに祈る　大悲仏
三年の篤疾　果然として瘳《い》ゆ
金縢《きんとう》　誓有り　心敢て弐つならんや
茲《ここ》より斎戒し　日に清修す

家居恨混葷腥迹
千里往隷官女籍
君臣同道又同心
同死同為楽邦客
常憶九重趨拝時
天日違顔不咫尺
仙凡異路実雲泥
恩栄至此死何惜
私謚休訝三字辞
貞恵文子是吾師
孝乎惟孝弟乎弟
殉君堪見烈烈姿
盂粥誰澆一塊土
墓門芳草自離離
吾今殷勤嘱孫子
春露秋霜永追思

家居恨むらく　葷腥《くんせい》の迹混ずるを
千里往きて隷《したが》ふ　官女の籍
君臣道を同じくし　又心を同じくす
死を同じくし　同じく楽邦の客と為る
常に憶ふ　九重趨拝の時
天日　顔を違《さ》りて　咫尺《しせき》ならず
仙凡　路を異にす　実に雲泥
恩栄　此に至り　死何ぞ惜まん
私謚《しし》　訝《いぶか》るを休めよ　三字の辞
貞恵文子　是れ吾が師
孝なるかな惟れ孝　弟なるかな弟
君に殉じ　見るに堪ふ　烈烈たる姿
盂粥《うじゅく》　誰か澆《そそ》がん　一塊の土
墓門の芳草　自ら離離たり
吾れ今　殷勤に　孫子に嘱す
春露　秋霜　永く追思せよ

七言古詩。この詩以降は二編から抄出している。自らの死と引き替えに兄の助命を願った妹秋子（アリ）の短い生涯を詠んだ詩。兄が回復した後は、出家を願うが、祖母の反対にあい、やむを得ず深く仏教に帰依する風早局に宮仕えをする。その間、天顔を間近で拝する機会もあった。だが、局が病死するとそれに感染していたのか、跡を追うように亡くなってしまう。秋子享年二二歳であった。この妹については、「筆記」享和三年（一八〇三）から文化二年（一八〇五）にかけての記事の中で詳細に語られている。この詩も文化二年（一八〇五）七月一七日に彼女が亡くなったことを述べた箇所に載っている。京都からの訃報を聞いて、「往年彼カ予カ命ニ代ラント誓ヒシコトアレハ、此度ノ死モ、予カ為ニセシ様ニ思ハレテ、其痛骨髄ニ徹セリ。予生来死別ノ悲、是ヲ以テ第一トス」と痛嘆している。だが、詩はこの時に作られたものではない。「後年謙吉（旭荘）京師ニ至リシトキ、其墓ナキヲ以テ、新ニ一ノ墓石ヲ建立シ、其表ニ孝弟烈女廣瀬氏之墓ト題シタリ。其字ハ貫名海屋カ書ナリ。……孝弟烈女ノ墓成就セシ時、余一詩ヲ賦シタリ」と経緯が述べられているからである。

旭荘「日間瑣事備忘」によれば、京都三条裏寺町の称名寺に姉の墓を探しに出かけたのは、天保七年（一八三六）六月一七日のこと。そ

図47　廣瀬秋子の墓（京都市称名寺）

の後、日田と連絡をとり、あらためて寺の住職と墓石建立の相談をしたのが天保八年（一八三七）五月二八日。実務は淡窓の旧門人矢上行助が引き受けたようで、費用等の連絡が記されている。また、書家貫名海屋は、矢上の門人でもある。同年七月一七日、墓は無事に建ち、追福の儀が催されている。この日は秋子の三三回忌にあたり、年忌に合わせて準備をしていたことがわかる。同日、日田の淡窓家でも仏事が執り行われた。本来は、廣瀬家で行うはずの法要だが、淡窓は自分の病気が因となって出家を考え客死した妹の法事は、自分が行うと定めており、その通りに実施された。本詩は、まさにこの頃の作と考えられる。天保八年（一八三七）は、淡窓五六歳にあたる。

宿緑芋村荘。賦贈君鳳

故人遯迹寄烟蘿　　故人の遯迹《とんせき》　烟蘿《えんら》に寄り
百里相思命駕過　　百里の相思　駕に命じて過《いた》る
親把錦袍供太白　　親しく錦袍を把《と》り　太白を供し
頻労玉腕為東坡　　頻《しき》りに玉腕を労し　東坡に為る
寒渓遶舎秋声早　　寒渓　舎を遶《めぐ》りて　秋声早く
老樹蔵村夜色多　　老樹　村を蔵《かく》して　夜色多し
晩境斯遊知幾度　　晩境　斯の遊　知ること幾度ぞ

不妨連日此婆娑　　妨がず　連日此の婆娑を

七言律詩。天保一一年（一八四〇）一〇月九日、門人劉石舟（字は君鳳）の家に宿泊した際の作。淡窓五九歳。「緑芋村荘」はその寓居で、彼の詩集にもそのまま使用されている。玖珠に足を運び、かつて玖珠で遊んだ折の記憶を呼び起こしながら、もてなしてくれる旧知に感謝の意を詠じたもの。李太白「憶旧遊、寄譙郡元参軍」と蘇東坡「送魯元翰少卿知衛州」の一節を詩に入れ込んで、着物を掛けてくれたり、手ずから料理してくれたりと、その詩の世界をそのまま借りての表現となっている。家をめぐる谷川、生い茂る木々。老境に入り、いったい自分は、これからこんな楽しいひとときを何度することができるのだろうか。今はこのゆっくりとした時間を妨げはしないと結んでいる。

淡窓は「李白ハ天仙ナリ、東坡ハ地仙ナリ」（『淡窓詩話』巻下）と、唐代・宋代を代表する二人の詩風を高く評価していた。

赤馬関朝望

遠近洲汀迤邐重　　遠近の洲汀《しゆうてい》　迤邐《いり》重なり

布帆相逐暁天鐘　　布帆相逐ふ　暁天の鐘

浪華西去推都会　　浪華の西去　都会を推し

玄海東来扼要衝
一岸市声煙映水
半江山影日啣松
欲尋寿永年間事
児女皆能説戦蹤

玄海の東来　要衝を扼《おさ》ふ
一岸の市声　煙は水に映り
半江の山影　日は松を啣《いだ》く
寿永年間の事を尋ねんと欲し
児女　皆能《よ》く戦蹤《せんしょう》を説く

七言律詩。天保一二年（一八四一）八月、旭荘が浪華に帰るのを送って、下関に渡った時の作。淡窓六〇歳。下関側から関門海峡を眺め、両岸が連なり続く中、帆船が通っていく。ここは東西を結ぶ交通の中心地、朝から町の賑わいが聞こえてくる。「寿永年間の事」とは、源平の雌雄を決した壇ノ浦の合戦をさす。尋ねると、子ども達は戦跡を教えてくれる。

淡窓の狭い行動範囲の中、唯一本州へと渡った際の詩となる。下関の豪商白石家や、立野宗甫・柳宗仙などの嘗て塾で学んだ弟子たちとの交流が他にも詠じられている。舟の都合もあったが、予定を越えての長期滞在となり、その間史蹟を散策するなど、初めての土

図48　関門海峡

地を満喫している姿が浮かんでくる。また、『宜園百家詩』中には、この時の門人の詩が残っている。

登大休岡

久知函崎勝　久しく知る　函崎《はこざき》の勝
始聞有大休　始めて聞く　大休の有るを
歩出青林杪　歩み出づ　青林の杪《こずえ》
俯臨滄海流　俯して臨む　滄海の流
層城隔岸起　層城　岸を隔てて起ち
縹緲十二楼　縹緲《ひょうびょう》たり　十二楼
白沙拖一帯　白沙　一帯に拖《し》く
維海之中洲　維《こ》れ海の中洲
潮進隄如失　潮進み　隄は失ふが如く
烟横松欲浮　烟横たはり　松は浮かんと欲す
依依知去馬　依依として　去馬を知り
杳杳辨来舟　杳杳《ようよう》として　来舟を辨ず
函崎占平曠　函崎　平曠を占め

微景却不収
此地乃高峻
遥近入旁捜
鷗翁超然眼
左袒独為劉
従来遊賞事
難與俗子謀
瞑色帯洲渚
風光黯生愁
遅遅回歩去
冥契寄白鷗

微景　却て収まらず
此の地　乃ち高峻
遥近　旁捜に入る
鷗翁　超然の眼
左袒して　独り劉《りゅう》たり
従来　遊賞の事
俗子と謀りがたし
瞑色　洲渚に帯び
風光黯《くら》く　愁を生ず
遅遅として　歩を回らし去り
冥契　白鷗に寄す

五言古詩。天保一三年（一八四二）三月一四日の作。淡窓六一歳。福岡各地を詠じた詩は多い。この詩が作られたのは、亀井昭陽の墓参が目的の三度目の筑前行の時であった。「大休」は、貝原益軒『筑前国続風土記』巻六によれば、…大休とて樵夫の坂を越え、担物をおろしてむらがり休む所あり。是より東西北三方を眺望するに眼界広く、山水の景甚うるはし。前にしるせし荒津山の風景にひとし。天下に名高き須磨、明石、和歌浦、天橋立、厳島、諸所の佳景といへども、おそらくは是に過べからず。

と、そこから見る絶景を天下の名勝と比して称えるほどの場所であった。現在の福岡市中央区南公園（福岡市動植物園を含む）にあたる。ここでの景色一覧を勧めたのは、詩中にも登場する「鶴翁」こと福岡藩儒の月形質であった。この時、齢八〇を超えており、自分の代わりに、是非にと息子三太郎に案内させての眺望となった。

　箱崎の浜、名にし負う松林、屹立する福岡城、視界に収まりきれない玄界灘、彼方を行き交う馬や舟、淡窓が感動した景色が余すところなく述べられている。それは鷗と心を通わしているかのようだと閉じる。鳥の目と同じような俯瞰ということだろう。

　題大熊氏幽居

卅一言歌自作家　　卅一言歌　自ら家を作《な》し
幽居風景亦清嘉　　幽居の風景も亦た清嘉なり
短籬影蘸平池水　　短籬の影　平池水に蘸《ひた》り

蜀帝花交燕子花　　蜀帝花　燕子花に交わる

七言絶句。大熊氏は、大隈言道のこと。淡窓門下の歌人。天保一三年（一八四二）三月一九日、福岡市の今泉にある言道の萍水堂を訪ねた折の作。サツキ（蜀帝花）にカキツバタ（燕子花）が入り交じって咲く様、「筆記」は「其宅亭園頗ル雅致アリ」と称している。

歌人として和学を学び、四〇歳を過ぎてからの咸宜園入門という変わり種の弟子は、温かく師を迎え、それに応えた詩となっている。

過久留米

遊人下馬弔孤忠　　遊人馬を下りて　孤忠を弔ひ
五穀祠開香火叢　　五穀祠開きて　香火叢《あつ》まる
官道昼霑喬木露　　官道　昼霑《しめ》る　喬木の露
旅衣秋冷乱荷風　　旅衣　秋冷たり　乱荷の風

図49　淡窓の詩碑
「題大熊氏幽居」
（福岡市中央区今泉公園）

江於桑域称三大　江は桑域において三大と称し
邦與栄藩抗両雄　邦は栄藩と両雄に抗《あた》る
行到長隄将解纜　行きて長隄に到れば　将《まさ》に纜《ともづな》を解かんとし
回頭却拝水天宮　頭を回し　却《かえっ》て水天宮を拝す

七言律詩。天保一三年（一八四二）九月四日、日田から、大村藩へと向かう途次の作。近隣の地でありながら、久留米に来るのは、意外にもこの時が初めてであった。旅人は馬を下りると、まずは五穀神社を参拝、秋風を感じながら街中を通り、筑後川瀬下に出て、水天宮に参拝した。五穀神社は現在、その名の通り食物の神である豊宇気比売神を祀る社となっている。しかし、寛延二年（一七四九）の建立から江戸期には、享保一三年（一七二八）の久留米騒動（一揆）の際、藩と百姓の間に入り、事態の収拾に奔走した家老稲次因幡公を祀ったものとして知られていたらしい。『詩鈔』には「五穀祠、忠臣某氏を以て配享（主神以外に祀る）す」と註が付してある。家老として活躍しながら突然蟄居を命じられ、不遇のうちに三五歳で亡くなったこの人物を鎮めるための神社に、淡窓は立ち寄り、そしてこの詩を詠じたのである。

琴湖晩望

芦荻花前晒網腥
晩風吹面酔方醒
帆帰遠浦猶留白
潮退平沙未了青
家信不来天杳杳
羈愁難遣日冥冥
磯辺釣叟休相避
我亦江湖老客星

芦荻の花前　網腥を晒《さら》す
晩風面を吹き　酔ひ方《まさ》に醒む
帆は遠浦に帰り　猶ほ白を留め
潮は平沙を退き　未だ青を了へず
家信来らず　天杳杳《ようよう》たり
羈愁《きしゅう》遣《はら》し難く　日冥冥たり
磯辺の釣叟　相避くるを休めよ
我も亦た江湖の老客星なり

七言律詩。前詩に続き、佐賀を経て、九月八日に大村に到着した淡窓は、一ヵ月以上をこの地で過ごす。先に招聘をうけて四月から来ていた旭荘に代わっての滞在となる。また、同じく招聘をうけ、江戸から遠路来ていた朝川善庵ともこの時会うことができた。藩校五教館で講義を行い、また学政についての問い合わせにも積極的に応えた。詩は、九月一九日頃の作と思われる。「筆記」同日の記事には、「寓舎ノ

図50　大村湾

後園ニ散歩ス。直チニ海岸ニ臨メリ。眺望極メテ佳ナリ」と大村湾の景色を称し、さらに地元の説として琵琶湖に大きさがほぼ同じことから「琴湖」といわれることを紹介している。

海岸には網が干してあり、ほろ酔いが醒めるような風が心地良い。白い帆を揚げたままの舟が帰って行くのも見える。家からの手紙も来ず、旅愁を伝える術もない。私を見て警戒する釣り人に相対し、中国漢の功臣厳光に倣って、自分も田舎に隠れた一釣徒に過ぎないのだという。

長崎

山廻地勢坼
人烟藹夕陽
不図窮僻境
忽見繁華郷
崎港夷夏会
奇観冠諸方
討探恐不遍
応接寧辞忙
登山望唐館

山廻り　地勢坼《ひら》く
人烟　夕陽に藹《さかん》なり
図らず　窮僻の境
忽《たちま》ち見る　繁華の郷
崎港　夷夏の会まり
奇観　諸方に冠たり
討探　恐らくは遍《あまね》からず
応接　寧《なん》ぞ忙を辞せん
山に登り　唐館を望み

棹水近蘭房　水に棹《さおさ》し　蘭房に近づく
目眩玲瓏影　目は眩む　玲瓏の影
心薫沈麝香　心は薫る　沈麝《ちんじゃ》の香
維時厳新令　維《こ》の時　新令厳しく
械杻路相望　械杻《かいちゅう》　路に相望む
吏民多跼蹐　吏民　多くは跼蹐《きょくせき》し
邏卒自蒼黄　邏卒　自ら蒼黄《そうこう》たり
夜街寂無語　夜街　寂として語無く
風鐸独丁当　風鐸　独り丁当《とうとう》たり
居人休歎息　居人　歎息を休めよ
自古有弛張　古より弛張有り

五言古詩。前詩に引き続き、大村滞在の折、藩主の配慮により、足を伸ばして長崎を訪れる。いや、長崎訪問を考えての大村行きだったといったほうが正しいのかもしれない。長崎往訪は淡窓の宿志であった。「筆記」の一一月六日に、この詩は出る。そこには、崎陽ノ名ハ、三都ニ次ケリ。街坊壮麗ニシテ、人家櫛比、昼夜トナク喧繁ナルコト、都下ニモ超エタリ。其地ハ極メテ狭隘、遊覧ニ便ナラス。且新令厳密ニシテ、鋸室ノ者罪ヲ得、其他桁楊ノ者、道ニ満テリ。人心兢々トシテ、席ニ安ンセス。市中ニ弦歌ノ声ナシ。

と、この年赴任した長崎奉行伊沢政義の厳しい取り締まりにより、多くの人が罪を得、本来賑やかな街が寂然となった当時の状況が記されている。詩はまさに、狭い土地ながらも見所満載で時間が足りない長崎と詠じながら、唐蘭館を離れた処から眺め、罪人を捕まえる役人やびくびくする町人たちを活写している。淡窓には時事を詠んだ詩が多い。これもその一つといえる。

図51　現在の出島

　この時淡窓は、当時砲術家として名が知れ渡っていた高島秋帆を介しての出島見学を楽しみにしていたが、直前に秋帆の門人神代徳次郎が異国との不正な交易を行っているとのことで獄につながり、秋帆もそれに連なって投獄されたのであった。これは今日、かの悪名高い鳥居耀蔵が奉行伊沢と謀り、秋帆を陥れるために仕組んだものとされている。淡窓の出島見学が叶ったのは、三年後の弘化二年（一八四五）、二度目の長崎訪問の際で、大村藩士吉沢雄之進の手引きによってであった。その時の詩「観唐蘭館有作二首」（二編・巻下）が残る。

蒙恩命、賦此述懐　其三

儒戸雖微名分存　　儒戸　微なりと雖《いえど》も　名分存し
農工商外独称尊　　農工商の外　独り尊しと称せらる
自今佳句行応富　　今より佳句　行々応《まさ》に富むべきも
無復催租吏叩門　　復た催租吏の門を叩く無し

七言絶句。天保一三年（一八四二）一二月一七日、幕府より永世苗字帯刀が許されたのを受けての作。儒者としての長年の功績が認められての栄誉であった。全六首のうちの三首目。儒者は高い身分ではないが、守るべき本分があり、だからこそ農工商の他にあって尊敬されてきた。これから後は素晴らしい詩が貯まっていくだろうが、それでも税を取り立てる役人が我が家の門を叩くことはないと。佳作をたくさん作っても課税される心配はないと、やや滑稽な表現をしているが、そこには永世士籍に列する他に租税夫役を除かれるという恩典があったことが掛けてある。一首目から

図52　「淡窓名字帯刀御免幕府御墨付」
（廣瀬資料館蔵）

四首目までは幕府に対する謝意が主であるが、五首目は亡父への、六首目は門人たちへの思いが主となっている。この時の極めて詳細な記録が「筆記」巻四九に残る。

また、後に弟久兵衛も同じ恩命を蒙ることになる（嘉永二年一〇月二六日）。それを祝う淡窓の詩が『淡窓小品』中に見える。

賀南陔蒙恩命

甫田多莠思忉忉　甫田　莠多く　思ひ忉忉《とうとう》たり
此日方酬半世労　此の日　方《まさ》に酬ゆ　半世の労
秦漢旧章加一級　秦漢の旧章　一級を加へ
源平遺俗帯双刀　源平の遺俗　双刀を帯ぶ
狂風過去花無恙　狂風過ぎ去りて　花恙《つつが》なく
陰霧晴来月自高　陰霧晴れ来つて　月自ら高し
不独弟兄歌鄂韡　独り弟兄　鄂韡《がくい》を歌はず
千秋余慶属児曹　千秋の余慶　児曹に属す

七言律詩。長年の新田開発の労が漸く報われ、苗字帯刀を許された。大変辛い時期（家難）もあったが、こうして栄誉を受けることができた。「鄂韡」は詩経・小雅、常棣の一節。兄弟の結束の強さを表す。しかし、今回のこの慶びは、むしろ子ども達のためにあるとしている。兄弟がそれぞれ異なる理由で、誉れに浴したことは、家にとっても大きな出来事であったのだ。

油布山

宿靄纔晴油布分　宿靄《しゅくあい》　纔《わづか》に晴れて　油布分かる
北風空翠落紛紛　北風空翠　落ちて紛紛たり
路過半腹無青草　路は半腹を過ぎて　青草無く
天近層標有白雲　天は層標に近くして　白雲有り
未了色従周海見　未だ了らず　色は周海より見はれ
不孤名與富山聞　孤ならず　名は富山と聞く
同邦毎恨佳縁少　同邦　毎《つね》に恨《く》ゆ　佳縁の少きを
傾蓋今朝始遇君　傾蓋《けいがい》　今朝　始めて君に遇ふ

七言律詩。天保一五年（弘化元＝一八四四）九月二日、玖珠から別府へ抜ける途中の作。淡窓六三歳。この地の朝靄は有名である。僅か

図53　由布山

に晴れた隙間から山が姿を現してくる。由布山の形は、一歩一変、思わず心引かれるものがある。その色彩もまた巧みに捉える。近くに住んでいながら、なかなか見ることのない豊後富士の景色を見事に詠み得たといえる。山を擬人化して君と呼び、初めて会ったはずなのに、すでに親しくなったことを喜んでいる。

「筆記」巻五一に、その山容を以下のように記す。

油布ノ名、天下ニ聞エタリ。形富士ニ似タルヲ以テ、豊芙蓉ト称ス。山形処ニ従ツテ変ス。並柳ヲ去ルコト二里、平原アリ。此処ヨリ望ムニ、上尖下濶、傍ニ贅瘤ナシ。コレ正面ナリ。

また『淡窓詩話』下巻においても、淡窓は山水を詠むことを喜び、「我輩幸ニ田舎ニ住シテ何事ヲ言フモ勝手次第ナリ」と都市に住む人には得られない詩作の長所を誇らしげに語っている。

蕘老像賛。応府内某生需

大連苗裔荻城孫　　大連《おおむらじ》の苗裔《びょうえい》　荻城の孫
風範依然覇気存　　風範依然として　覇気存す
南竄多年餐杼実　　南竄《なんざん》して　多年　杼実を餐し

北帰幾日表蘐園
李王応有他生債
濂洛寧無宿世寃
後毀前誉紛未定
不知功過與誰論

北帰して　幾日　蘐園《けんえん》を表す
李王は応《まさ》に他生の債有るべし
濂洛は寧《むし》ろ宿世の寃無からんや
後は毀《そし》り　前は誉む　紛《みだ》れて未だ定まらず
知らず　功過誰とともに論ぜん

七言律詩。前詩に続き、別府から府内藩へ赴いた際、九月中旬、藩での講義の合間に依頼されて記した作。「筆記」等によると一〇人以上の人物と対面しており、詩題にある「某生」が何者かは不明である。「蘐老」は荻生徂徠のこと。あるいは、府内松平家は大給氏であり、大給と荻生は同音で、同族になる。その縁で頼んだものであったかもしれない。ただし、この詩の他に、その門人太宰春台画像にも賛をし、『詩鈔』に並んで入集している。徂徠は、自らを物部氏と名乗る。一句目「大連」とはその物部氏のこと。その父が罪を得て幼い頃は貧しく「杼実」（団栗）を食べるような生活であった。江戸に戻った後に「蘐園」（日本橋茅場町）で塾を開いた。「李王」は、徂徠が鼓吹した中国明代の古文辞学派の代表李攀龍と王世貞を、「濂洛」は徂徠が批難の対象とした朱子学をさす。それぞれに前世において借りや恨みでもあったものなのかと述べる。徂徠の唱えた古文辞学は江戸時代中期には一世を風靡したが、時の流れとともに、曽ては持て囃した者たちが誹り始め、評価が定まらなくなってきた。いったい誰と共にその功罪を語ればよいのかと詩を結ぶ。淡窓自身も亀井塾で学んだからには、徂徠学に影響を受けたことは間違いない。だからこそ、徂徠の評価すべき点も、否定すべき点もよくわかっていたのである。『淡窓詩話』下巻には、徂徠の「少年行」と菅茶山の「詠侠客」を比較し、「人ハ菅ノ巧密ヲ賞ス、吾ハ物ノ風趣ヲ愛ス」と徂徠に軍配を上げている条も見受けられる。

真珠

海邦珍異富　　海邦　珍異に富み
此物最称尊　　此の物　最も尊と称す
黄帝懐中脱　　黄帝の懐中より脱し
驪龍頷下存　　驪龍《りりょう》の頷下《がんか》に存す
盈盈露浮掌　　盈盈《えいえい》たる露　掌に浮かび
朗朗月来盆　　朗朗たる月　盆に来る
恨我相逢晩　　恨む　我れ相逢ふことの晩《おそ》く
衰眸久已昏　　衰眸《すいぼう》　久しく已《すで》に昏きを

五言律詩。弘化二年（一八四五）三月、大村再遊時の作。淡窓六四歳。真珠は大村湾で産出した。

貴重な宝であることはいうまでもないが、註に「真珠は明目の効有り」と載り、当時眼の病に効果があるとされていた。淡窓にとって、その眼病は学者として大きな瑕瑾となった。真珠の美しさを讃えながらも、もっと早く出会っていればと後悔を述べて、詩を結んでいる。

淡窓に、物を詠み込んだいわゆる詠物詩は多くない。この詩は数少ない一首である。事実、『淡窓詩話』下巻では、「今時宋ヲ学フ者ハ、専ラ詠物ヲ事トス。是亦詩ヲ玩具ト為スナリ」と弊害を説き、「詠物ハ繊巧ニ堕チテ、體格下リ易シ。多ク作ラサルヲ善シトス。若シ作ラハ……珍奇ナル物ヲ詠スヘシ。且ツ寓意ヲ用フヘシ」と作る場合の注意点を述べている。この詩の場合は真珠を採り上げながらも自らの眼病に主意がある。となれば、前の「山車」の詩にもやはり含みがあったといえる。

雑詩　其三

采唐及芍薬　　采唐と芍薬と
作者在風時　　作者　時を風する在り
細写閭巷態　　細かに閭巷の態を写し
欲為廟堂規　　廟堂の規を為さんと欲す
請看従軍詠　　請ふ看よ　従軍の詠を
不是介冑為　　是れ介冑《かいちゅう》の為ならず

春宮秋閨怨
豈必紅裙詞
古義立明表
後人迷路岐
遂令経筵上
全廃国風詩

春宮　秋閨《しゅうけい》の怨
豈《あ》に必ず紅裙《こうくん》の詞ならんや
古義　明表を立つるも
後人　路岐に迷ふ
遂に経筵上をして
全く国風の詩を廃せしむ

五言排律。弘化二〜三年（一八四五〜一八四六）頃の作。全四首のうち、詩経を詠んだ作。他の三首もまた、経学の基本ともいうべき、周易・孝経・春秋をそれぞれ採り上げている。

詩経は、中国の古注（唐代までの古い注釈）では、各篇に付された短文（小序）の説明から、詩にはもとになった史実があり、それを風刺・比喩しているとされてきた。しかし、新注（宋代の朱子学）は、小序の信憑性を疑い、恋の歌はそのまま恋の歌として読むべきとし、詩経の国風には淫奔なものも含まれているとした。この詩は、まさに古注と新注を説明し、結果、新注を批判する形で結ばれている。評にも「先生、詩義を亀昭陽翁に受け、小序に依て説を立つ（原漢文）」と出ている。師亀井昭陽には注釈書『毛詩考』が残る。

また「夜雨寮筆記」巻二には、詩経について「此モ余筑ニ在ル時、師説ヲ聞ケリ。余此ニ従フ者ナリ。…師説ハ専ラ序ニ因テ解ヲナセリ。余モ序説ニ従ヘリ」と基本的な態度が示されている。その上で「然モ間ニハ序説ノ穏ナラサル所アリ。予ハ其時ハ必シモ拘ラス」と師説に執着しない、柔軟さを忘れていない。

これらの詩の他にも「読左伝　二首」など、経史に材を求めた作品が多いのも、淡窓の特徴の一つかもしれない。

懐旧　四首

髫年初識字　　髫《ちょう》年　初めて字を識り
未及接名流　　未だ名流に接するに及ばず
戎本同軍住　　戎《じゅう》は本より軍と同に住み
咸時就籍遊　　咸《かん》は時に籍に就きて遊ぶ
蹋歌熊市夜　　蹋歌《とうか》す　熊市の夜
角觝馬台秋　　角觝《かくてい》す　馬台の秋
嬉戯如前日　　嬉戯　前日の如し
匆匆既白頭　　匆匆《そうそう》　既に白頭たり

其二

清絶長渓路
修篁蔭緑苔
穿山潜水入
鑿石洞門開
数侍潘輿去
時懐陸橘回
萱堂人不見
其奈渭陽哀

其三

時枝尋友宿
菟狭謁神行
一水通猿渡
群山拱馬城
旅情聴雨悟
郷思望雲生
此地初観海

清絶　長渓の路
修篁《しゅうこう》　緑苔を蔭《おお》ふ
山を穿ちて　潜水入り
石を鑿ちて　洞門開く
数々潘輿《はんよ》に侍して去き
時々陸橘を懐《いだ》きて回る
萱堂《けんどう》　人見えず
其れ渭陽の哀をいかんせん

時枝は　友を尋ねて宿し
菟狭《うさ》は　神を謁《と》ふて行く
一水　猿渡に通じ
群山　馬城に拱す
旅情　雨を聴きて悟り
郷思　雲を望みて生ず
此の地　初めて海を観る

茫洋我眼驚　　茫洋として　我が眼驚けり

其四

佐伯国南疆　　佐伯　国の南疆《なんきょう》
曽遊四教堂　　曽《かつ》て遊ぶ　四教堂
奇書傾二酉　　奇書　二酉を傾け
仙訣聚千方　　仙訣　千方を聚《あつ》む
吹浪江豚黒　　浪を吹きて　江豚黒く
連空海鰮蒼　　空に連なりて　海鰮蒼し
先師墳墓在　　先師の墳墓在り
夢裏或焚香　　夢裏　或は香を焚く

五言律詩。弘化三年（一八四六）頃の作。淡窓六五歳。年老いてから、幼いころの自分を思い出して詠んだ四首。一首目は初めて学問に触れた頃の父や伯父と過ごした日々を、竹林の七賢人を借りて描く。三句目の「軍」は「渾」が正しく、人名である。どんなに気をつけても、やはり校正漏れは残るものである。盆踊りや相撲、遊んだ子どもの時間は、ついこの間の出来事のことかと思われるが、今はすっかり白髪になってしまったと振り返る。二首目は母親とその実家を、三首目は故郷そのものを語る。詩中の「時枝」「菟狭」「猿渡」「馬城」すべて地名である。四首目は師松下筑陰を追いかけて、佐伯藩まで遊学したことを述べる。淡窓一四歳の出来事である。天下に聞こえた佐伯文庫の蔵書、「佐伯の殿様浦でもつ」といわれた藩財政を支えた豊かな海、既に亡くなった恩師の墓を詣でる夢。

恐らくは、弘化三年（一八四六）、淡窓六五歳にして「筆記」をまとめようと、過去の記録を見、自らを回顧しながらの作業の中で詠じた作品と思われる。

図54　四教堂の門

七十自賀

文章九命古来伝
常恐身無福寿縁
七十自嘲還自賀
不才翻被老天憐

文章九命　古来より伝ふ
常に恐る　身に福寿の縁無きを
七十　自ら嘲けり　還《ま》た自ら賀す
不才翻って　老天に憐まれる

七言絶句。嘉永四年（一八五一）、この年七〇を迎えての作。自らの古稀を祝ったもの。古来、名高い文人たちは決して十分な寿命を与えられていない。それに対して、不才の自分は病弱ながらも、思いがけなくも七〇まで生きて来られたと。
この年の「日記」元日には同じような内容ながら、異なる詩が載っており、上梓するにあたり、手を加えたのではないかと思われる。ただし『詩鈔』二編の初版にはなく、嘉永四年（一八五一）に追加されたもので、後印本にのみ掲載されている。ちなみに淡窓七〇の誕生祝いは、同年五月一一日に赤飯で祝っている。

群玉堂主人数梓予著書。賦此以謝

煌煌群玉満崑邱　　煌煌たる群玉　崑邱《こんきゅう》に満つ
瓦石何図此裏収　　瓦石　何ぞ図らん　此の裏に収まる
但使片言能不朽　　但だ片言をして能《よ》く不朽なさしめば
荷君厚義到千秋　　君の厚義を荷《にな》って　千秋に到らん

七言絶句。この詩も、前詩と同じくわざわざ後印本で追加されたもの。嘉永四年（一八五一）の作かと思われる。『詩鈔』を出版してくれた群玉堂河内屋茂兵衛への謝意を込めた内容。群玉の名の通り、立派な作品を刊行してきた中、自分の瓦礫のような作品を引き受け、世の中に残してくれて有り難うと述べる。淡窓が自著の刊行にどれほど重きを置いていたかが、あらためてわかる。この詩に河茂（河内屋茂兵衛）もきっと喜んだことであろう。

河茂は、天保一〇年（一八三九）に、長崎に唐本を仕入れに行く際、わざわざ遠回りをして淡窓のもとを訪れている。また、淡窓の妻が大坂に遊んだ折には、大変なもてなしを受けたとある。単なる作者と版元以上の関係であることが、この詩を残したことからも汲み取ることができるだろう。

『詩話』中、詩にどんな益があるのかと問われた淡窓は、飲酒を例にあげて、それと同様に「吾カ性ノ好ム所ナリ」と答えている。また「人ニ対シテ其功能ヲ説クコト勿レ。唯自己ノ娯ノ為メト称スヘシ」と語り、人を教育するために詩作の益を説いてはいるものの、それらは後付けであるとも述べている。この言葉を信じれば、純粋に詩作は彼の楽しみとして存在していたことになる。だからこそ、自分の好みに合わせて作ったとすれば、格調派も性霊派も、宋詩も明詩も、思うままに受け入れたというのはよくわかる態度である。無論、一首ごとにみていけば、陶淵明、蘇東坡、李白、高青邱、その他諸々の詩人たちと似た内容や語句があるのはいうまでもない。そんな中、人事に比して風景を詠じた詩が多いのも、病弱だからこそ行動範囲が狭く、他の人よりも新鮮な気持ちで景色を眺めたからかもしれない。豪壮なものより淡泊な世界が多いのも、自然体で作ることを心掛けていたからと思われる。自省的な詩があるのも、「万善簿」などに通じる思考といえる。詩は、淡窓の様々な面を映し出しているといえよう。

架蔵の一書（二編、無刊記・唐本仕立）には、朱の書き入れが数多く残る。その中において、淡窓の著述を「老先生ノ著述」と記していることから、淡窓最晩年か没後に、青邨の講義を聴いての書き込みかと思われる。朱書の多くは、「論語」「周易」などと典拠を記したものか、「経筵」を「経書講筵」などと言葉を説明したものである。しかし、「登大休岡」の欄外に「前後風景を述べ、中間鶴翁の議論を夾む。是れ老手なり（原漢文）」などと、時折、評価を述べた箇所も拾うことができる。淡窓自身、何度も詩集の講義を繰り返し行っており、その講義ノートも残っているはずである。今後、それらを照合することで、彼の実作の極意というものが見えてくるかと思われる。

第三章

淡窓の著作と出版

一　著作について

淡窓の著作は多い。そのほとんどは『淡窓全集』三冊に所収されており、今日活字で読むことができる。まずはその多くの著作について、解題を試みてみよう。以下の諸作以外にも、淡窓述の講義ノートなども多々残っている。今後の課題としては、諸本の対照を行うことで、淡窓の思想や嗜好がわかってくるかと思われる。

日記　大本　八二巻四二冊　写

文化一〇年（一八一三）八月二三日より、安政三年（一八五六）九月五日までの漢文で書かれた記録。淡窓三〇歳から七五歳で没するまで。淡窓日記（文化一〇年～文政五年）・遠思楼日記（文政六年～文政八年一二月二一日）・欽斎日暦（文政一一年～文政一三（天保元）年）・醒斎日暦（文政一四（天保二）年～天保一一年、うち天保六年一一月一三日～一二月七日欠）・進修録（天保一二年～弘化四年）・再修録（弘化五（嘉永元）年～嘉永六年）・甲寅新暦（嘉永七年～安政三年）の七編より成る。最後の年は記述の欠が多く、廣瀬林外の代筆も含まれる。

日記を付け始めた理由を、「筆記」文化一〇年（一八一三）八月二三日より拾ってみると、その日一人無聊をかこち、往事を思い出し、旧遊に浸っていると、はっきりと思い浮かばない記憶があった。

世上ニハ日記ヲ作ル人多シ。我独此挙アラス。若シ今日ヨリ是ヲハシメ、年数ヲ経ハ、老年ニ至リ、往事ヲ追思スルニタヨリアリ。老ヲ慰ムルノ一助ト為ルヘシ。又其内ニハ、子孫ノ心得ト成スヘキ事モ有ルベシト思ヒ、遂ニ此日ヲ以テ筆ヲ取ルノ始トス。

と、年を取ってからの楽しみや子孫への心得にもなるかもしれないと考えてのことだった。長く続けるため、文章は簡略にして、一年が四、五〇葉に収まるように設定し、その結果、この日記に基づいて、より詳細な「筆記」が書かれるようになったわけである。

懐旧楼筆記　半紙本　五六巻二八冊　写

子孫に示し、戒めとするために和文（漢字カタカナ交じり）で書かれた自叙伝。天明二年（一七八二）の淡窓誕生から、弘化二年（一八四五）六四歳までを記す。執筆したのは六五歳から六九歳までの期間。前出の日記が残る年時は、内容がより詳しくなっている。淡窓の伝記を綴るにあたって、基礎となる史料である。

草稿の一部として「夜窓閑話」（誕生から一三歳までの分）が残る。本書とは、記述の順番も異なり、かなり訂正を加えていることがわかる。例えば、巻一の三条目、自らの幼名について語っている

箇所を見比べてみる。「夜窓閑話」では、もともと七条目にあったが、欄外に「三二」と加筆訂正され、

予カ幼名寅之助トイ、シハ、官府ノ元占清畠藤右衛門ト云人名ツケタルニ、伯父先考官府ニ出入シテ、清畠氏ニ尤親ナリシ故、彼人ニ名乞玉ヒタリ、清畠自筆ニ寅之助トカキテ賜リシモノ、予カ十余歳ノ時マテハ存セシカ、今ハ紛失セリ、寅ノ歳ニ出生シタル故、カク名ケラレシナリ、清畠ハ予カ二歳ノ時七十五ニテ没セラレタリ、故ニ聊モ記得スルコトナシ、（傍線執筆者）

とある。これが「筆記」では、

予カ幼名寅之助ト云ヒシハ、官府ノ元占清畠藤右衛門ト云フ人ノ名ケラレタルナリ、先考官府ニ出入シテ、清畠氏ニ親シカリシ故、彼人ニ名ヲ乞玉ヒタリ、寅ノ歳ニ生レタル故ニ、カク名ケラレタリ、清畠自筆ニテ寅之助ト書イテ賜ヒシ者アリシカ、後ニ紛失セリ、

とかわる。傍線で示したように、残っていた時期や名付け親のその後が削られ、文章が簡潔になっている。日記のない年時については、記憶や家族など周辺の情報からまとめていったのであろう。推敲が何度か行われたことは当然かもしれない。

遠思楼詩鈔初編　半紙本　二巻二冊　刊・同二編　半紙本　二巻二冊　刊

漢詩集。初編は天保八年（一八三七）、二編は弘化五年（嘉永元＝一八四八）刊。

初編の巻頭には、天保六年（一八三五）春篠崎小竹序、年次なし亀井昭陽序、同帆足萬里序。凡例は、天保七年（一八三六）秋小林安石識。巻末に菅茶山題辞。版元は、河内屋茂兵衛ほか四肆。構成は、詩体順ではなく、概ね年代順と思われるが、間々順不同がみえる。古詩四首・五言古詩二五首・五言排律一七首・五言律詩五一首・五言絶句三七首・七言古詩七首・七言排律九首・七言律詩九六首・七言絶句七七首。各詩には斧正や批評を依頼した人々による評が加えられている。その評者は、中島米華・草場佩川・篠崎小竹・亀井昭陽・石卿子・盧榾橋・沈子岡・菅茶山・僧五岳・中島棕隠・松川北渚・頼山陽・市川寛斎・杉岡鈍吟で、中には唐人も含まれる。

他の漢詩人たちの詩集に比べ、古詩や排律の割合が多いのが特徴といえる。絶句や律詩に比較して、一首の分量がそれだけ多くなり、いろいろな思いや情報が込められるという利点がある。淡窓自身は、この自らの詩集について「遠思楼前編ハ、後編ノ渾成自然ナルニ如カス。後編ハ、前編ノ巧緻精密ナルニ如カス」（『淡窓詩話』下巻）と分析している。

二編は、巻頭評語として、淡窓の詩および初編についての批評が載る。評者は、菅茶山・亀井昭陽・帆足萬里・草場佩川・加峯長卿・中島子玉・麻生彦国。凡例は、弘化四年（一八四七）冬劉石舟識。弘化四年（一八四七）遨頭翌日（五月一日か）篠崎小竹跋・呉策書。後印本には巻末に嘉永二年

（一八四九）正月菊池定跋・生方寛書が加えられる。版元は、河内屋茂兵衛・今津屋辰三郎・須原屋茂兵衛。後印では、今津屋の名が削られる。構成は、初編同様で、天保七年（一八三六）以降の作品を掲載。古詩二首・五言古詩八首・五言排律二三首・五言律詩二六首・五言絶句四五首・七言古詩一首・七言排律五首・七言律詩五三首・七言絶句八八首（後印本は末尾に「以下二首、嘉永辛亥（四年・一八五一）追加」として二首が追加されている）。初編と同様に、各詩に評が加えられている。評者は、僧五岳・小林安石・玉元純・児玉有台・辛島春帆・山田梅村・水筑伯起（秋月橘門）・恒遠醒窓・草場佩川・麻生彦国・山本無逸・譚山子蘭・長梅外・佐野君朗・劉石舟・松川北渚・春大通・和田廉叔・権藤伯止・廣瀬旭荘・孔珠渓・阿部淡斎。初編に比べて顔ぶれが門人中心になっている。

淡窓小品　半紙本　二巻二冊　刊

一名「鼠壌余蔬」。「荘子」天道篇にある、士成綺が老子を聖人ではないと罵った時の言葉「鼠壌有余蔬、而棄妹不仁也（鼠壌に余蔬あるに、妹を棄てしは不仁なり）」から付けられたもの。鼠の穴に残る食い残しの穀物のことで、詩集出版後の残り物の詩文をさす。あるいは、続く句「棄妹」に淡窓が自らの人生を顧みての寓意が含まれているものと取ることも可能か。

「日記」によれば、安政二年（一八五五）九月二日に新たに旧作の漢文を編輯して、この日から本書の講義を開始、同年一一月二一日に脱稿した二冊を、そのまま旭荘に送り、出版に向けての段取りに入ったとある。一二月一二日に受け取った旭荘は、翌安政三年（一八五六）正月二〇日に河茂の使いに本書を渡している（「日間瑣事備忘」）。「林外日記」によれば、六月九日に版本が成ったものらしい。淡窓は病中で、何も記録を残していない。見返しに「群玉堂製本」、序文は、年次なし秋月橘門撰。凡例は、安政二年（一八五五）一〇月廣瀬林外。題跋・賛序などの漢文集で、附録に詩を収める。詩は、五言律詩三首・五言絶句一六首・七言律詩一六首・七言絶句五首。評者は、秋月橘門・長梅外・僧五岳・劉冷窓・樺嶋益親。奥付がないもの、嘉永二年（一八四九）の『詩鈔』二編奥付を流用したもの、年次なしの河茂他十肆板など後摺りが多く、後には「遠思楼詩鈔三編」と改題されて刊行している。

文稿拾遺　一巻　写

『淡窓全集』を編集するにあたり、廣瀬家に残る「遠思楼文集」「同文抄」「同雑文六」「淡窓題跋」などの写本から輯録したもの。ただし、『淡窓小品』と重複した漢文は除いている。

淡窓詩話　半紙本　二巻二冊　刊

門人の問に対し、作詩の方法・古詩の批評など、詩に関する事柄についてのみ、「醒斎語録」から青邨が編輯・校訂して、淡窓没後の明治一六年（一八八三）に刊行した詩学作法書。漢字カタカナ交じり文。版本は東宜園蔵板で、東京の博聞社から発売、定価四五銭。明治一五年（一八八二）八月川田甕江序・同一六年（一八八三）七月青邨小引が巻頭に、同年八月長三洲跋が巻尾に載る。

『醒斎詩話』（無窮会蔵本）写本一冊は、草稿本の一つと思われる。条の順序が異なるなど異同はあるが、内容はほぼ同じである。その本文冒頭は「醒斎（淡窓）語録云」という書き出しになっている。

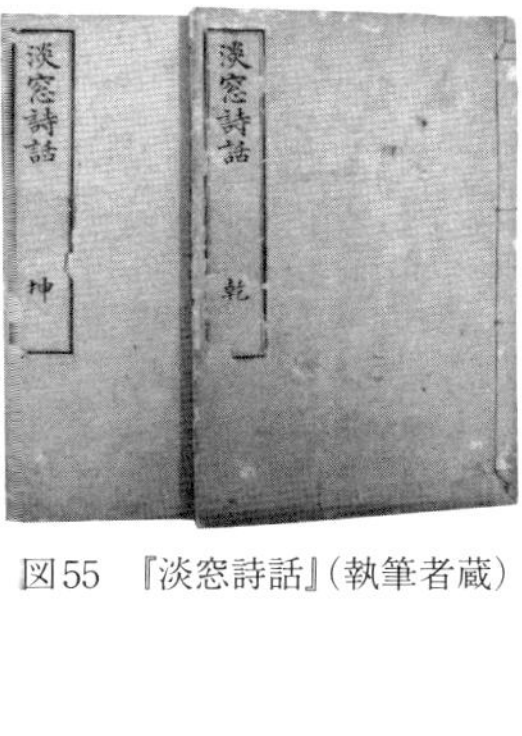

図55　『淡窓詩話』(執筆者蔵)

読論語　半紙本　一冊　写

論語の語句を摘出して解説を加えたもの。漢文。『淡窓全集』本は、林外筆記本に合わせて、淡窓の論語自筆書き入れ本の記述を小字で載せる。

この他に論語については『論語略註』（龍谷大学蔵、明治五年写）などが残っており、本文上欄に「語由（亀井南冥の論語語由）」「徴（荻生徂徠の論語徴）」などと、その考えが何に拠ったかを載せている。淡窓の講義を門人たちが筆記し、書写されていったものの一つと思われる。

読孟子　半紙本　一冊　写

体裁は読論語と同じ。『淡窓全集』には所収されていないが、「読大学」の残存が紹介されている

（三澤勝己「広瀬淡窓『読大学』について」）。

読左伝　半紙本　一冊　写

体裁は「読論語」に同じ。『淡窓全集』所収本は、隠公元年から宣公一二年までの未完本であるが、架蔵本は哀公一六年までの語句の解説があり、完本といってよい。『淡窓全集』所収本は、林外筆記。

老子摘解　半紙本　二巻二冊　刊

老子より二一章を摘出し解説を加えたもの。林外校訂。漢字カタカナ交じり文。序は年次なし廣瀬林外識。奥付は、ないものや、『詩鈔』二編のそれを流用した嘉永二年（一八四九）刊河内屋茂兵衛ほか一肆、安政五年（一八五八）六月須原屋茂兵衛などの他、明治期の後摺りと多い。

「日間瑣事備忘」によれば、安政三年（一八五六）一一月一二日に、一〇月六日付の兄弥六（秋雄）書簡が届き、中に青邨・林外書簡と淡窓著「老子国字解二冊」が入っていて、河茂へ上梓を請うものであった。さっそくに光太郎（長梅外）を遣わして準備に入っている。この国字解が本書となるようだ。この時、淡窓はすでに亡くなっており、その連絡が旭荘のもとに入るのは翌一三日であった。光太郎に後事を頼み、旭荘は急ぎ日田へ赴いている。その後、葬儀等を済ませ、大坂に戻った旭荘が、刊本「老子摘解」を河茂から受け取るのは、安政四年（一八五七）五月一七日のことである。

読老子　大本　一冊　写

『淡窓全集』未所収。全八一章を対象とした老子の解説書。淡窓の講義をまとめたものになる。国立国会図書館蔵本は、写、大本、本文二九丁。男孝（林外）筆記。漢文。巻末に書写者の識語が載り、

先ツ最初ニ、立言ノ体ヲ合点シ、而シテノチ此書読ムヘシ。其次ハ、無欲ハ身ノ利益タルコトヲ篤ト知リテ、老子ノ言ニ安ンス可シ。猶其上ノ極意ハ、無為ノ中ニ為アリ。一切手ヲ出サヌコトヽ心得ハ、大テル間違ヒナリ。其所ヲ篤ト合点スレハ、五千言始テ世ノ用ニ立ナリ。是ハ一部ノ終リナリ。故ニ丁寧反覆シテ極意ヲ明カスナリ。中田壽渓
　万延元年庚申初冬於日田咸宜園西家写之

と老子の極意について記している。書写した中田壽渓は、安政五年（一八五八）一〇月二〇日、青邨の時代に咸宜園に入門している。

性善論　大本　一冊　写

人の心は、本来善であるが、その用法の誤りにより悪を生じることがあることを詳述したもの。

夜雨寮筆記　大本　四巻二冊　写

門人の問に答えて、論述した随筆。劉君平の編。巻一・二は各一五則、巻三は一四則、巻四は一二則から成る。学風・経書・淡窓の著述・詩文など内容は多岐にわたる。漢字カタカナ交じり文。伝本は少ないが、早くに雑誌「咸宜園」（明治二三年～、東宜園発行）で連載、紹介されている。

醒斎語録　半紙本　二巻一冊　写

『淡窓全集』所収本は、第一巻が「儒教道教弁」の内題をもち、儒学や老荘思想などについて述べたもので中嶋種任（辛島春帆）筆記。第二巻が「対大村侯問」の内題をもち、大村藩主に奉った修身・読書法などの内容で林外筆記となっている。漢字カタカナ交じり文。この他にも同名の内容の異なる語録が残り、福岡県立図書館竹田文庫本は、中川玄佳筆記本で一巻が詩、二巻目が文に関する内容。その第一巻は『淡窓詩話』下巻の前半とほぼ同じ文章が載る。ただ、『淡窓詩話』では「中川玄佳問」として書かれているが、竹田文庫本では「柳川中野某ノ問ニ答」と柳河藩士中野南強と思われる人物との問答になっている。本文にも僅かながら異同が見え、例えば、

近人ノ詩ヲ読ムヘシ。六如茶山山陽ナト皆名家ナリ。但爛熟ニ過キタリ。（『淡窓詩話』）

と、邦人の詩でも近年の詩の読書を勧める箇所で、

近人ノ詩ヲ読ムヘシ。六如茶山詩仏山陽ナト皆名家ナリ。但爛熟ニ過タリ。

（竹田文庫本「醒斎語録」）

と大窪詩仏の名が入っている。林外の使用した底本が、もともと違っていたものか、あるいは出版する際に外したのかに不明である。語録は、このように門人それぞれによって数多く書き残されていて、今後の調査によっては、淡窓のさらなる生の声を拾うことができると考えられる。

淡窓漫筆　半紙本　一冊　写

『淡窓全集』未収録。尊経閣文庫所蔵。全四二条からなる漢文随筆。儒学・老子・和漢の詩文・古物・奇談・夢など、多岐にわたる内容を持つ。頭欄に「亀云」として亀井昭陽のものと思われる批評が載る。書型は半紙本であるが、本文の様式は甘雨亭叢書を彷彿させる。

自新録　半紙本　二篇　写

自己の日常における経験を、厳しい内省によって告白した内容。漢文。文政七年（一八二四）三月

一九日に脱稿し、さらに四月に入り続篇が成る。四三歳の作。淡窓自身の言葉を借りれば「改励ノ志」（改め努める心）から発したものとなる。「筆記」には、

今年八厄年ニ当レリ。故ニ行事ヲ修シテ、天災ヲ消センコトヲ黙禱セリ。果シテ明年ニ至リ、禍難ニ遇ヘリ。然レドモ、今年一朞ノ無事ヲ得タルコト、其ノ応無キニモアラズト覚ユルナリ。

とあり、きっかけとしては厄年（この年は後厄）の災難を恐れてのことであった。結果、この年一年は無事に過ごすことができたが、翌年に三大厄の一である大病を患った。それでも効果が一年間はあったとポジティブに考えている。

再新録　半紙本　一冊　写

「自新録」の続編で、さらなる自己内省を行い、一万善の決意を強く述べている。漢文。天保六年（一八三五）八月二日脱稿、五四歳の作。執筆のきっかけは、孫娘の死であった。その悲しみは大きかったが、却って志は固くなった。「筆記」は、「此時ヨリ、功過格ヲ立テ、日間ノ行事ヲ記シ、一万善ヲ成就センコトヲ誓ヒタリ」と述べている。

六橋記聞　半紙本　一〇巻五冊　写

巻一から巻三までは「灯下記聞」の内題をもつ。巻頭に嘉永四年（一八五一）正月の林外識語、巻一巻末に嘉永四年（一八五一）三月青邨識語が残る。林外によれば、淡窓の傍に侍り、その話を書き記しているうちに、三、四ヵ月で五〇余則の談話が蒐集できたので「灯火記聞」と名付けたとある。同じようにして少しずつ集められたものが、最終的に一〇巻分残ったということであろう。巻五外篇には嘉永六年（一八五三）正月の「苓陽批」（淡窓の批評）が附されている。内容は、経史・詩文・人物に関する事柄についての淡窓の解説や論評を林外が編集してまとめたものといえる。漢文。淡窓批点の他に青邨の評も見える。

析玄　大本　一冊　刊

老子を愛読した淡窓が、老子の玄旨について解説し、修身処世の道を示したもの。漢文。

初版本は、見返しに「天保辛丑（一二年・一八四一）新鐫　快雨書屋蔵版」とある。快雨書屋は、本書批釈者で京都で塾を開いていた門人矢上行をさす。矢上は『宜園百家詩』初編の編者である。蔵版印「矢上／行印」が捺されている。天保一〇年（一八三九）九月朔日篠崎小竹序、年次なし中島種任序、年次なし劉石舟跋、天保一一年（一八四〇）七月矢上行跋が、それぞれ頭尾に収まる。頭欄に篠崎小竹・藤沢東畡の批評が入り、奥付はない。この版は、書肆を通して売り弘められたものではないだろう。

後印本は、見返しが「天保甲辰（一五年・一八四四）新鐫」に替わる。蔵版印はない。序跋等は変わらず、奥付が付される。奥付の日付が「天保十五年（一八四四）甲辰十月」の河内屋茂兵衛・須原屋茂兵衛二肆板である。弘化二年（一八四五）三月二四日付旭荘書簡には「析言《ママ》も官許相済、須茂手元より売弘居候」とあり、販売の許可が下りたのは弘化二年と思われる。他にも「嘉永二年（一八四九）己酉六月」の日付のものや巻末に河内屋茂兵衛の蔵版書目を付すもの、奥付が河内屋茂兵衛他十肆のものもあり、何度か摺られたことがわかる。詩人として有名になった淡窓の、思想や漢文を広く紹介するため、門人矢上が、師の許可を得て企てたものである。

「日記」で確認すると、天保一四年（一八四三）九月朔日に旭荘から書簡が届き、『析玄』の官許を報せている。さらに、天保一六年（弘化二＝一八四五）二月一一日には、同じく旭荘からの書簡で、上木・蔵版は既に許されていたが、この度書林からの販売（売弘）も許可された旨が出てくる。そして「予、此書に於て頗る精力を尽す。不朽の図、此に於てか存す。故に喜んで之れを録す。（原漢文）」と、素直に喜ぶ姿が記されている。

義府　大本　一冊　刊
一名「放言」。「易経」に基づいて陰陽の理とその対処法について論じた内容。架蔵の写本には朱で

「府は物の蔵《おさ》まる処なり。此の書、理を明らかにす。義は理より出づ。故に理明らかなれば、義は何程も其の内に出づるなり（原漢文）」と書き入れが残る。弘化五年（嘉永元＝一八四八）一二月自序、嘉永二年（一八四九）二月唐坊長秋跋。青郁註、唐坊長秋批評。早い刊本に奥付は見えないが、明治に入っての後印本は岡田茂兵衛板である。

「日記」によれば、天保一二年（一八四一）一一月七日に脱稿。嘉永三年（一八五〇）一一月一〇日に再考が成る。同五年（一八五二）閏二月二日、前日に大坂より版本が到着している。そして「刻三精美、喜んで書すなり（原漢文）」と、その出来栄えに満足している。「筆記」はこの著作について、天保一二年（一八四一）一一月七日の条で、

予眼疾アルヲ以テ、広ク書ヲ読ムコト能ハス。易ヲ読ムニ因ツテ了悟スルコトアリ。天地ノ間、陰陽ノ二字ニ泄ル、コトナシ。只此二字ニ就テ精思セハ足レリト。苟モ閑暇アレハ、瞑目静坐シテ、其理ヲ推究ス。コ、ニ至ツテ、平生瞑中ノ得ル所ヲ録シテ、是ノ書ヲ成セリ。

と、眼の病故に、一つの本を集中して読み、考えた成果が本書に結実したとしている。また、約言・析玄・義府が、淡窓にとって、鼎の三本の足であると「日記」に記している。

約言　大本　一冊・約言補　一冊・約言或問　一冊・約言或問（和文）一冊　写

淡窓の主義信条である「敬天説」を詳述したもので三六則。約言補はそれを追補したもので一三則。約言或問は、問答体にしてわかりやすく叙述したものだが、未完。約言或問（和文）は、和文で著し、解説を加えてよりわかりやすく説いたもので二〇条からなる。すべて生前は未刊であった。

「筆記」によれば、文政八年（一八二五）四月五日に「敬天説」を脱稿。著述のきっかけは、

是ハ当春疾ニ臥セルコトアリ。感激シテ此書ヲ著セリ。後年改メテ約言ト称ス。此時ハ、三千言ニハ満タサリシナリ。追々増補セリ。

とある。この年二月に風邪に罹ったと思い、諫山安民の診断を受けると「陰症ノ傷寒ニチカシ」（腸チフスか）と言われ、慌てて福岡にいた旭荘を呼び戻す。ところが思いがけずまもなく治癒したので、感激して記したものだという。その後、稿を改めること三度、初稿は文政八年（一八二五）夏、この時は四千余言。二稿は文政九年（一八二六）夏で、五千余言。三稿は文政一一年（一八二八）五月二日で、七千言に及んだ。ここで、ひとまず「約言」は脱稿し、公にすべきかを占ってみると、「此書世ニ公ニスヘキヤ否。自ラ是ヲ筮セリ。否ノ観ニユクニ遇ヘリ」との結果を得る。

翌文政一二年（一八二九）元旦、約言を聖像に呈する。その時の詩が、

詞章記誦事何繁　　詞章の記誦　事何ぞ繁からん
堅白異同争立門　　堅白の異同　争《いか》でか門を立てん
一部約言縁底事　　一部の約言　底事に縁り
中心唯報聖人恩　　中心　唯報ず　聖人の恩を

というもの。この小冊子で何か新しいことを仰々しくいうのではない。あるのは、聖人の恩に報いようとする気持ちだけであると。

文政一三年（天保元＝一八三〇）八月一九日、亀井昭陽の書簡が届く。前年に書簡を送り、「約言」の一覧を頼んだところ、批評が入り、序文と問答四則が付されたものが返ってきたのである。『淡窓全集』所載本がそれに当たる。末尾には文政一二年（一八二九）九月二五日の日付と、一覧を乞う言葉が記されている。更に昭陽以外にも通読を依頼した人々の序跋が数多く載っている。

天保二年（一八三一）一二月朔日に約言或問が成る。その後、本書に関する記録は、「筆記」「日記」ともにほとんど出てこない。そして、一〇年以上の年月を経て、「日記」の嘉永五年（一八五二）閏二月二三日に、

約言卒業す。十二三年来、此の書を講ぜず。今、其の繁冗を覚ゆ。若し削りて簡潔を為さば、乃

ち世に伝ふるべし。然れども桑楡（晩年）逼り、終に遂げ得ず。憾むべし。（原漢文）

と登場する。前月二五日から開講した約言の講義が終了した。それが一二、三年振りであったのだということ。講義をやった上での思いが、「無駄な箇所を削ったならば、公表してもよい。しかし、すでに老いた身では叶わない。悔しい」というものであった。それは則ち、何とか、最期まで手を加えようとしていたことの表れと読み取ることができよう。

迂言　半紙本　二巻・同附録　一巻三冊　刊

国本・君道・禄位・兵農・学制・雑論の六編と附録（奢靡を禁ずるための補足）から成る。天保一一年（一八四〇）八月二六日淡窓序。政治色が強く、禍が降りかかるのを避けるため、著者名を載せない形で安政二年（一八五五）に刊行している。漢字カタカナ交じり文。「筆記」によれば、天保一一年（一八四〇）八月二八日に脱稿。その日の記事には、

起草ヨリ二旬余ニシテ成レリ。儒者ノ経国ニ於ケル、誠ニ屠龍ノ技ナリ。然レトモ、政談・草茅危言ノ類、マ、其説アケ行ハル、コトアリ。此篇モ万一知己ニ逢ヒ、採用アランニハ、本懐ノ至リナリ。後年ニ至リ、往々諸侯ノ覧ニ入ルコトアリ。……伝言アリケルハ、以後此書ノ旨ニ因リ

玉ハハ、先年ノ如キ乱ハ生スマシトナリ。

と、本書を徳川吉宗に献じた荻生徂徠の『政談』、松平定信に呈した中井竹山の『草茅危言』に比している。そして大村藩主をはじめ何人かの大名の目にとまり、その中の一人白河侯が仙石侯に本書を送る時の伝言が記されている。この書物の骨子に則って政治が行われれば、先年のような乱（大塩平八郎の乱）は起こらないであろうと。評判の高い本となっていたようだ。

内容は、国のあり方・君主の心得・臣下のあり方・軍備・教育・財政・刑罰など幅広い分野を取り上げ、具体的な施策を示した箇所も見える。本書は、羽倉簡堂を通じて、天保の改革の中心人物である老中水野忠邦に届けようとしたが、その前に水野が失脚したため、望みは叶えられなかったという。

論語三言解　大本　一冊　写

府内藩主の求めに応じて、海防策を説いたもの。嘉永七年（安政元＝一八五四）正月四日、七三歳の作。漢字カタカナ交じり文。論語の顔淵篇「足食、足兵、民信之矣（食を足し、兵を足し、民之れを信ず）」の三言を基にしている。海のない日田に住みながらも、海外の情勢に通じており、その情報の収集力は驚くばかりである。

基本的な態度は鎖国の維持で、戦闘にならないようにすることが肝要。外国から攻められないように、富国強兵を図るべきとしている。外国船が日本近海に頻発する時代、淡窓に限らず、この時代、学者たちの手によって多くの海防論が執筆されている。

勧倹約説（倹約を勧むる説）　大本　一冊　写

旭荘に代わって、塾生に倹約を守るように説いたもの。天保五年（一八三四）、五三歳の作。

規約告諭　大本　一冊　写

塾政および訓育法を知る上で重要な資料群。癸卯改正規約（天保一四年）・告諭・職任告諭（天保一四年）・新論・丁巳改正規約（安政四年）・諸生帰郷後心得之事（安政四年）・塾約（天保一五年）・嘉永改正塾約（嘉永五年）・都講勧学都検心得方（天保五年）の九種が『淡窓全集』に収まる。淡窓没後のものも含む。

謙吉へ申聞候事（申聞書）　半紙本　一冊　写

退隠し、義子旭荘にその儒業を譲ろうとした際に訓告したもの。一二条からなる。文政一三年（天保元＝一八三〇）八月、淡窓四九歳、旭荘二四歳の時のもの。

発願文　一軸　写

病気を患ったときの誓願文、享和三年（一八〇三）閏正月、二二歳の著述。

いろは歌　半紙本　一冊　写

塾生を教戒するために、手隙の時間、戯れに作ったもの。『淡窓全集』には、初稿と万延二年（文久元＝一八六一）写本の二種が対比して載る。中でも末尾「す」の歌「鋭きも鈍きも共に捨てかたし鉎と槌とに使ひ分けなば」はよく知られた歌である。

儒林評　大本　一冊　写

これまで、『淡窓全集』所収本が、唯一の伝本とされ、原念斎『先哲叢談』（文化一三年刊）に刺激を受けて、日本の儒者やその著述について論評を施したものとされてきた。だが、新たに出てきた淡窓の語録集（古谷道庵旧蔵本）の中に同じ内容を持つものが残っている。「儒林人物評」と内題があり、本文冒頭には「問曰、近世儒林ノ人物其大概ヲ聞クコトヲ得ベシ」とある。この問いに答える形で、全集と同じ文章が「原田東岳」の条まで続いている。他の詩文に関する語録と合綴されており、巻末には天保七年一一月二二日に咸宜園東塾で書写という識語が残る。全集で「原田東岳」の次行を見ると「予十歳始メテ書ヲ読ミ…」と、一旦人物評が途切れており、これ以降は別の問いに答えた文章である可能性が高い。

万善簿　半紙本　一〇巻　写

一万の善貫行を書き留めた日録。天保六年（一八三五）閏七月九日から嘉永七年（安政元＝一八五四）八月九日までの分が残る。初め一万の善を発願し、嘉永元年（一八四八）正月をもって達成し、翌月から再始している。亀井塾にいる頃に、明の袁了凡『陰隲録』を読み、宿命論を改め、自らの力で立命できることと陰徳を積むことの大切さを理解した。記載は中国善書（勧善の書物）の一つ『功過録』に倣って、黒白の丸「〇（善）」「●（悪）」を記し、毎月末に差し引きして計算し、通計していくものであった。廣瀬家の蔵書には、同書の和訳本である『和語陰隲録』や『和字功過自知録』が残っている。もともと他人に示すつもりはなく、書付の余白などに記録してあったのを廣瀬貞治が見付け、整理分冊して一〇巻となした。本書は、戦前に修身の教科書に載り、周知となった。

二　出版までの道のり――『遠思楼詩鈔』初編を中心に

当時、本を出版することは、今日考える以上に、長い歳月と大きな労力、そして多額の費用がかかった。淡窓自身、伯父月化の遺稿『秋風庵文集』の刊行で、苦労は十分経験済みであった。同書は一〇年の歳月をかけて編集・校訂作業を行い、そこから公刊されるのにさらに一〇年近い時間がかかっている。その上で、いざ刊行という前には、弟三右衛門が大坂まで出向いての大仕事であった。だからこそ、自身の著述は、生きている間に刊行したいという思いはあったであろうし、門弟たちからの強い後押しもあった。さらには、日本全国で多くの人々がその著作を目にすることにより、塾経営が安定しプラスに向かうこともわかっていたにちがいない。その点でも、漢籍の注釈書や思想書より、多くの読者層が見込める詩集の出版が最初に考えられたのは、当然のことと思われる。淡窓が詩作を重要視していたことはいうまでもないが、詩人として知られることが本意であったかはわからない。しかしながら、まずは何よりも出版することが大切なことであった。そのためには、出版の先進地である上方の版元と接触し、話を進めていくことが先決であった。

ここからは、「日記」「筆記」と書簡（『大分県先哲叢書　廣瀬淡窓　資料集　書簡集成』）、加えて『大坂本屋仲間記録』（以下『本屋』と略す）を合わせ、出版に関する経緯を追いかけてみる。ちなみに『本屋』は天保一三年（一八四二）から嘉永四年（一八五一）の間、幕府からの本屋仲間禁止により記録が残っていない。そこで最も早く出版された著述『詩鈔』初編を中心にみていくことにする。

書名が多少異なるが、刊本『詩鈔』の元になったものと考えられる「遠思楼詩集」が「日記」に登場するのは、文政六年（一八二三）九月七日で、この日の夜初めて講義を行ったことが記されている。講義は一〇月四日に終了。その後も幾度となく講義は行われている。講義を行う中で推敲を重ねていったと考えられる。文政一三年（天保元＝一八三〇）正月一九日付岡研介宛書簡に「浪華ニ而野生（自分のこと）詩稿開板之儀、御世話可被下段、兼々御厚志不堪感佩候」と感謝の言葉を述べており、この頃には出版について動き出していたかと思われる。文政一四年（天保二＝一八三一）九月一八日には、詩集の改編がなされ、門人釈徳令がその手伝いをしている。天保四年（一八四三）五月三日、春禎介から手紙が届き、中には清人（中国人）が「遠思楼詩草」を批評した文が入っていたと出ており、同年一二月朔日には、改めて詩集の浄写を命じている。同月五日付徳令宛書簡には、「野生も此節ノ病必死ト存候処、案外得生候。已ニ九年前も其通候。最早此節ハ世事ヲ一切棄置致し候。但死前之身仕廻ヲ致候積ニ候。先日より詩集抔考訂致居候」と、死ぬ前に詩集をまとめようと本格的に手を入れている内容が読み取れる。この頃には、刊本に近い形が形成されていたかと思われる。天保五年（一八三四）三月一四日には、師亀井昭陽より『詩鈔』序文の原稿が届く。天保六年（一八三五）四月一三日、校正開始。ただし、「日記」の小書きで書かれた箇所には、上梓に向けて動いていながら、まだ出版すべきか心が決まっていないと記す。同年五月二六日付草場佩川書簡には、「尊稿御抄出御

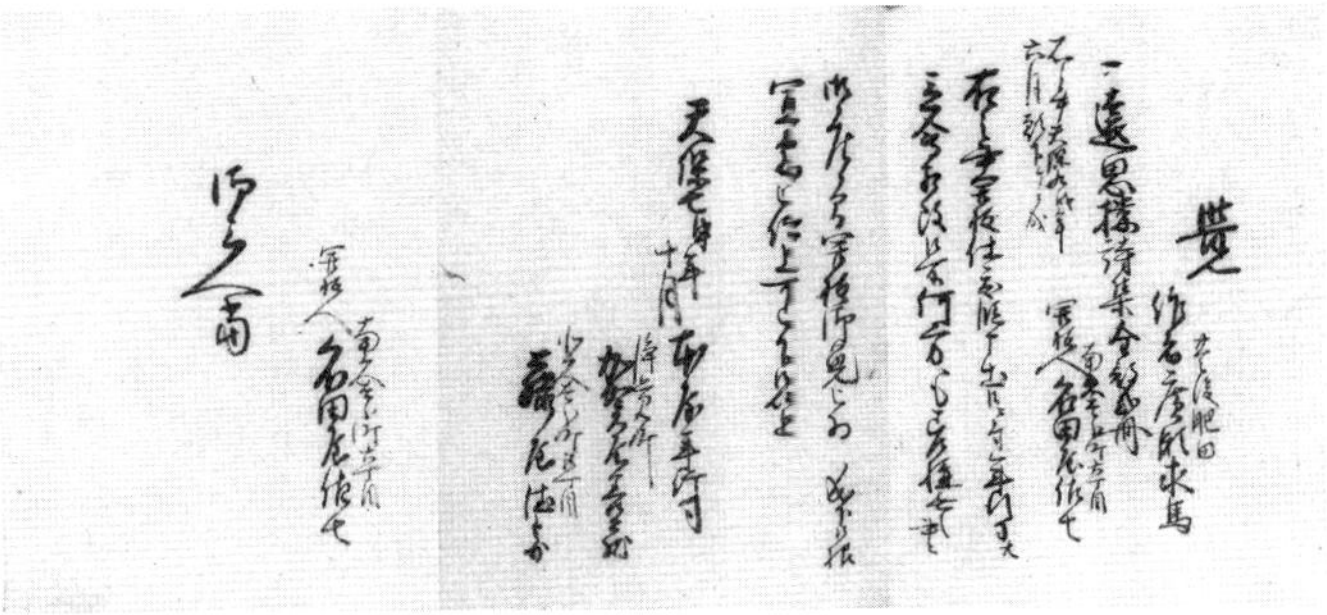

図56　「開板御願書控」（大阪府立中之島図書館蔵）

寿梓之御催、何より珍重之至奉存候」とあり、さらに草稿を示して批評の依頼があったことが記してある。天保七年（一八三六）三月五日にほぼ脱稿し、昭陽・佩川両人に添削を乞うている。同年七月二五日に弟三右衛門が上方に向かい、一一月二七日に帰っている。「筆記」には観光が目的のように書かれているが、上方における金銭に関わる問題に対処するために出かけたのではと考えられる。先の『秋風庵文集』刊行の際も、三右衛門が出向いているからである。

『本屋』によれば、『詩鈔』の新板願は天保七年（一八三六）一〇月で「開板人　名田屋佐七」の名で提出されている。時間を戻って同年六月四日旭荘書簡には、「上木之事、安石ヨリ名田屋左七と申書林江頼置候」と淡窓開塾当初の門弟小林安石を通して依頼した旨が載り、依頼後に大坂の書肆今津屋辰三郎と会ったところ、自分の所が諸雑費持ちで行っても良かったが、もはや違約できないのであれば「両家ニ而売弘度由」を相談されたとある。また、同書簡には、篠崎小竹から長崎滞留の唐人に序跋文を依頼することは止めた方がよいとの忠告があったことが載る。その理由は「シイボルト一件之禍（シーボルト事件）」のような事が起こった後では取り返しがつかなくなるからだとしている。先に、清人から詩の批評を受けた旨の記事が見えたが、詩集を彩るために中国人から一筆書いてもらおうとする企図があったのかもしれない。小竹には詩集刊行にあたり、これ以外にもいろいろと尽力に預かったことが合わせて載っている。翌日付旭荘書簡には、既に詩集出版の話が大坂の書林や儒者たちの間で知れ渡ったことや紙価が日田の倍ほどの高値であることなど、いよいよ本格的に動き出した様子がうかがえる。それからは、旭荘からの書簡が頻繁に寄せられ、序文・凡例・校訂についてのやりとりが続いていった。旭荘なくして、この企ては不可能であったことがあらためて理解できる内容となっている。

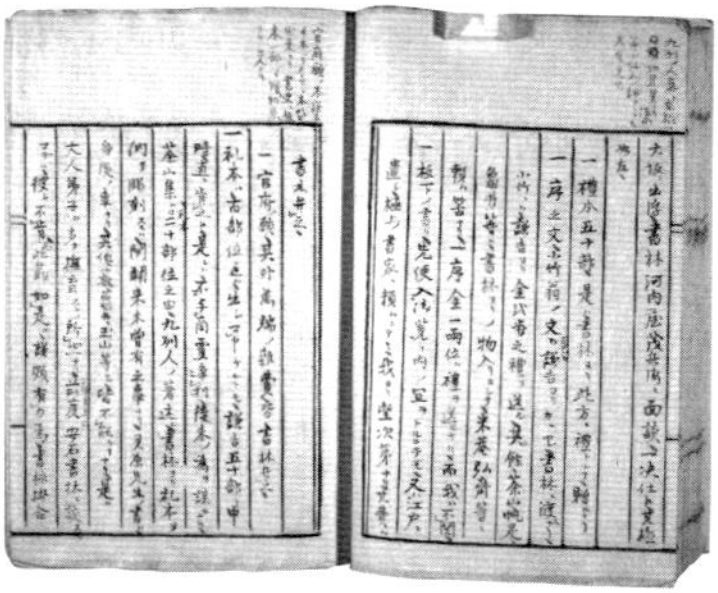

図57　天保7年9月4日付淡窓宛旭荘書簡写
（廣瀬資料館蔵）

しばらくして、同年八月一八日付旭荘書簡によると、咸宜園出身の有田大助を通じて、河内屋茂兵衛が、好条件で『詩鈔』出版を引き受けたいとの意志を伝えてきたとある。そこで、八月二四日に堺から出向いて、安石・大助とともに面談。その場で提示されたのはまさしく破格の条件であった（同年九月四日旭荘書簡）。安石当初の思惑では、先に二四、五両ほどを負担し、数年で回収できれば良しするというものであったが、河茂は、①礼本として五〇部を著者に贈る（一〇部が金二両にあたる）、②序文執筆の礼金は書林が持つ、③板下は極上の書家に頼み、その費用も書林が持つ、④出版の許可を得るための諸雑費も書林が持つという提案であった。加えて、今後廣瀬家に関する著述は、同じ条件で引き受けたいというのである。これを聞いて、他の書肆に頼んだ手前、納得していなかった安石も承知することになる。河茂にすれば、多くの門人がいる淡窓の『詩鈔』は、確実に売れるだろうとの見込みがあったための積極的な売り込みだったに違いない。その後、書林間での話し合いが行われたことは想像に難くない。結果、初版の見返しは「群玉堂／青藜館」と河茂と今津屋の堂号が載り、奥付は、大坂の河茂・今津屋・名田屋、京都の芳野屋仁兵衛、江戸の和泉屋金右衛門の相合版となっている。裏付けするように、安石の『詩鈔』凡例五則目には「浪華書肆岡田某、余、既に先生の詩を輯するを聞き、吾が友有田大助に因て、貲《し》を捐《す》て之れを刻せんことを請ふ（原漢文）」と見える。岡田は河茂の姓である。先に見たように届け出は名田屋が担当したが、金銭面は河茂が負担したのではないかということは、『詩鈔』後刷りの奥付から今津屋・名田屋の名が消えていくことからも理解できるのである。やがて、筆工を決め、彫刻に取りかかったことが、その後の旭荘書簡から見て取ることができる。さらには、河茂の手で、旭荘の詩集『梅墩詩鈔』や塾の総集『宜園百家詩』の準備も進んでいく。淡窓は、版元決定の結果を「書林より願候而、此方之銭財ヲ不費、一切彼方より雕り候筈ニ成申候。其上謙吉集も序ニ上木致候様、是も書林より致候筈ニ相談相承候」（天保七年一二月一一日付合原俊行宛書簡）と周辺にも伝えている。

年が明けて天保八年（一八三七）、その河茂に災難が降りかかる。この年二月一九日に大坂で起こった大塩平八郎の乱である。大塩は、乱を起こす前に自らの蔵書を処分し、その売価を困窮する人々に施したのである。その際に、お金と交換できる施行札を印刷配布し、本屋仲間会所を借りて札と金子の交換の世話をしたのが、河内屋木（喜）兵衛・同新次郎・同記一兵衛・同茂兵衛の河内屋一統であった。四名は奉行所から「急度叱」（厳しい叱責）を受けた。監督責任で本屋仲間の年寄役らも同じようにお叱りを受けたという（『大塩平八郎一件書留』）。この事件をまとめた「吟味伺書」には河茂の年齢を「戌四拾七歳」と記し、また「御仕置附書付」の末尾の日付は「戌閏四月」となっている。この前代未聞の事件がひとまず落ち着くのに、翌天保九年（一八三八）閏四月まで待たねばならなかったのである。

大塩については、咸宜園出身の松本保三郎を通じて、その著述『洗心洞剳記』を贈られていた淡窓は、「筆記」中で能吏であると紹介しながらも厳しく人となりを断じている。天保八年（一八三七）二月二九日の条では、臆測も交えながらと言いつつ、今回の乱が、

大塩従来王陽明カ学ヲ悦ヒ、心合太虚ノ説ヲ唱ヘタリ。心学ノ弊、往々天地鬼神聖賢君父ヲモ蔑視スルニ至ル。加フルニ、天性高慢ノ質ヲ以テス。

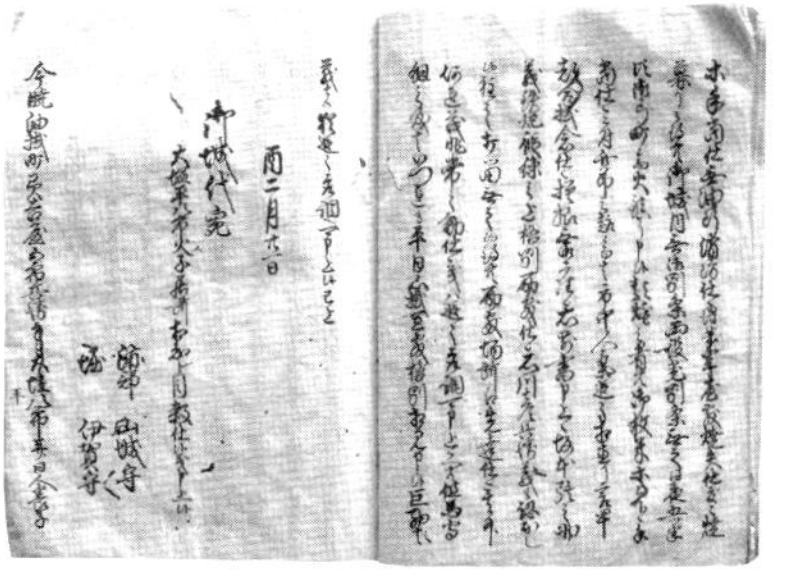

図58　大塩平八郎の乱の記事を収めた「国事雑録」（廣瀬資料館蔵）

と陽明学の弊害と人物の高慢さが起因していると述べ、その著述についでは「絶エテ文理ヲ成サス」と文章そのものを批判する。また、松本保三郎が、淡窓のもとを離れた後に大塩門の都講となっていたが、二、三年前に亡くなったことにふれ、

保三郎カ早ク死セシハ、誠ニ其身ノ幸ナリ。亦予カ幸ナリ。彼若存セハ、予モ亦イカナル関係ヲ生センモ、料リ難シ。予剳記ヲ悦ハサルニヨリ、一語ノ品評ヲモ施サヾリシコト、大ナル幸ナリ。

と取り締まりが広がって、下手をすると自分の所にまで火の粉の降りかかる恐れがあったことを付け加えている。

天保八年（一八三七）三月八日付玉井忠田宛書簡には「大坂大変、定而聞及ト存申候。謙吉其外よりも、未夕書状参不申候。不堪懸念候。同社ノ詩ヲ上木ノ事も、急埒致間敷存候」と、事件の情報を得て、『詩鈔』と並行して進行していた『宜園百家詩』の刊行も暫くは進まないだろうと推察している。「日記」同年四月二七日には、旭荘から三月一五日付書簡（現存不明）が届き、河茂が投獄されたと記してあり、大塩の事件に座したため、詩集刊行に影響が及ぶとある。ただし、旭荘はこの時江戸滞在中で、どこまで正確な情報を伝えているかはいささか疑問が残る。

『本屋』によれば、先の施行札とは別に、天保八年（一八三七）四月二一日に奉行所から御尋ねがあり、大塩の著述板行について「河喜（河内屋喜兵衛）・河吉（河内屋吉兵衛）・京浅（京屋浅二郎）・河茂・河新（河内屋新次郎）」の五名が書付（四月二三日付）を提出したとある。同月二七日には、さらに「大塩著述之書幷序跋等」があればしっかり調査するようにとの達しがあり、二八日付で報告書を出している。この事件により、出版予定に影響を与えたことは間違いない。しかも河茂に限らず、本屋仲間そのものが、様々な事柄に忙殺されたと考えられよう。しかしながら、河茂はただじっと逼塞していたわけではなく、六月以降になると自身が中心になって行う新渡唐本市に関する記事をいくつか拾うことができ、九月には大量の漢籍板木を京都植村藤右衛門から購入していることもわかる。

そして、一段落ついた天保九年（一八三八）六月五日に、河茂から『詩鈔』江戸相合版について添章が提出されている。前述の奥付に江戸の書肆「和泉屋金右衛門」が加わることの書類であった。『詩鈔』出版について、ようやく「右之書（『詩鈔』）天保九戊年（一八三八）六月願下ケ被成。右之書開板仕度段申上候ニ付、年行司共立会相改候所、何方へも差構無之書ニ御座候間、開板御免被為成下候様、宜敷被仰上可被下候」と本屋年行司達から許可が出たことと、関連しての動きであったといえよう。そして、同年八月一四日には大坂東町奉行所から出版の許可が下りるとある。正式に公刊が許されたのは、まさにこの時となる。

だが、いつ許可が下りてもよいように、この間も着々と『詩鈔』出版の準備は進んでいた。天保八年（一八三七）五月二五日には、校正刷りが届く。同年六月四日付旭荘書簡は「遠思楼集、私東行、河茂災難、彼是大延引」と予定より遅れていることを告げ、「只今ハ小竹序之彫刻ニかゝり居候」と現在の進行状況をつぶさに報告している。六月二七日、詩集に用いる紙について相談がなされ、摺りの二程へと動き出そうとしていることがわかる。そして、「日間瑣事備忘」によれば、八月二六日に無事完成したと出てくる。九月二二日、旭荘が日田に帰った際には、その完成した版本のうち三〇部を持参し、翌日には、父親の位牌にその詩集を供えたのである。礼本五〇部のうち、安石・大助に謝礼として二〇部を渡した残りの三〇部であった。一一月二〇日には、更に一〇〇部が淡窓の手元に到着し、さっそく二二日から塾での詩集の講義が始まる。翌天保九年（一八三八）二月一九日には一一〇部が到着。四月二六日には、府君（代官）より献本に対しての賜があったとあるので、届いた本を献呈していたとわかる。同年六月一四日、この日、五月二六日付旭荘書簡が届き、詩集の正誤三〇余件と刊行に関する官許が下りる旨が記されていた。そして、先に確認したように、六月に本屋仲間での許可が、八月に奉行書の許可が下りたのである。八月一八日には、旭荘より華様本一部が到着。華様本とは書型がやや縦長の唐本仕立て本のことである（『詩鈔』の多くは寸法縦二一センチメートルほどであるが、この本は縦二四センチメートル以上の書型）。こちらは見返し・奥付共になく、一部の人々に配られた特装本といえる。

その後は、「日記」によれば詩集外編の講義というのが始まる。これは『詩鈔』二編のことかと考えられ、初編刊行後、しばらくして二編出版に向けての準備が始まったと思われるのである。

『詩鈔』そのものは、初版の日付通りに、天保八年（一八三七）八月に完成したが、大塩事件の余波により、公刊の許可が下りず、広く発売されるようになるのは、一年後の天保九年（一八三八）八月からとなる。『詩鈔』は、門弟たちの力もあって流行した。自身、「拙詩集相応ニ流行之段、御吹嘘ノ力、不少致感佩候」（天保一一年一二月二日付徳令宛書簡）と書き送っている。

三 『詩鈔』の諸本について

現在でも売れる本は、初版、二版、三版と奥付の記載が変わっていく。では、淡窓の詩集はいったいどれくらい版を変えたのだろうか。試みに、管見に入った『詩鈔』諸本の奥付を並べてみる。

①天保八年八月 河内屋茂兵衛・今津屋辰三郎・名田屋佐七・芳野屋仁兵衛・和泉屋金右衛門（五肆）
②奥付なし（唐本仕立て）
③天保九年八月 河内屋茂兵衛・今津屋辰三郎・名田屋佐七・芳野屋仁兵衛・和泉屋金右衛門（五肆）
④河内屋藤四郎・須原屋茂兵衛・山城屋佐兵衛・須原屋新兵衛・山城屋政吉・英文蔵・丁字屋平兵衛・岡田屋嘉七・和泉屋吉兵衛・河内屋藤兵衛・河内屋茂兵衛板（一一肆）※群玉堂の広告八丁
⑤右本で末尾「板」字のない奥付（一一肆）※群玉堂の広告七丁

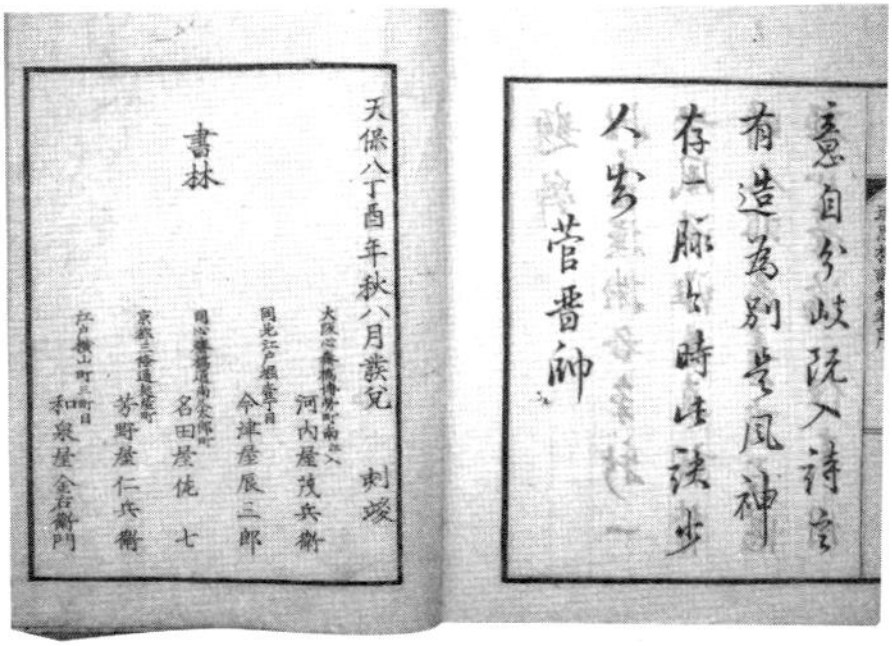

図59 『遠思楼詩鈔』初版本（福岡大学図書館蔵）

⑥河内屋藤四郎・須原屋茂兵衛・山城屋佐兵衛・須原屋新兵衛・山城屋政吉・英大助・英文蔵・丁字屋平兵衛・岡田屋嘉七・河内屋藤兵衛・河内屋茂兵衛板（一一肆）

⑦ａ右本で末尾「板」字のない奥付（一一肆）※群玉堂の広告四丁

ｂ同本（一一肆）※群玉堂の広告八丁

⑧河内屋藤四郎・須原屋茂兵衛・山城屋佐兵衛・須原屋新兵衛・西宮屋弥兵衛・岡田屋嘉七・丁字屋平兵衛・河内屋茂兵衛（八肆）

⑨河内屋茂兵衛板（早引人物故事・近代世事談・商売仕法大成の広告）

⑩須原屋茂兵衛・山城屋佐兵衛・須原屋新兵衛・岡田屋嘉七・和泉屋吉兵衛・出雲寺萬治郎・須原屋伊八・河内屋源七郎板（八肆）

⑪須原屋茂兵衛・須原屋伊八・山城屋佐兵衛・和泉屋金右衛門・岡田屋嘉七・出雲寺文治郎・紙屋惣右衛門・榎並屋小兵衛・近江屋平助・伊丹屋善兵衛（一〇肆）

⑫製本所今津屋平七

〇初・二編四冊揃い刊行本

⑬嘉永二年己酉六月　河内屋茂兵衛・須原屋茂兵衛（二肆）

⑭和漢西洋書籍売捌処　群玉堂河内屋　岡田茂兵衛

⑮和漢洋書籍出版所　青木恒三郎／製本発売所　嵩山堂本店／支店

⑯和漢洋書籍発兌処　東京帝国大学　京都帝国大学　高等師範学校　第一高等学校　学習院　帝国図書館　御用書肆　発行印刷者　青木恒三郎／製本発売所　青木嵩山堂

○初・二・三編六冊揃い刊行

⑰北畠茂兵衛・稲田佐兵衛・小林新兵衛・山中市兵衛・長野亀七・内藤傳右衛門・片野東四郎・藤井孫兵衛・松村九兵衛・岡田藤三郎・岡田茂兵衛（一一肆）※群玉堂広告一丁

○淡窓六種所収本

⑱咸宜園蔵板。六種は、遠思楼詩前編・同後編・析玄・義府・淡窓小品・迂言。

これ以外にも諸本は存在するであろうが、少なくとも一八種類にはなる。①②は、巻末に載る菅茶山題辞が自筆をそのまま板下に使用したものか、「菅晋帥」の署名のみが記されている。③は、①の奥付の年次の箇所「天保八丁酉年」が「天保九戊戌年」に埋木によって変えられていることが文字のバランスの不自然さからわかる。さらに③以降は、巻末の茶山題辞が、書家・篆刻家として有名であった呉策の書に替わっている。ここは一丁分差し替えられており、題辞の字体は勿論のこと、柱記の「遠思楼詩鈔巻序」が「遠思楼詩鈔巻下」に変わっている。また、二編刊行後に出版された『詩鈔』見返しの書肆名は、「群玉堂／青藜館」が「千種堂／群玉堂」になり、後摺りであることがわかる。「千種堂」は須原屋茂兵衛のことである。かなり版面の荒れた本を眼にする機会も多く、近代に入ってからも何度も摺られたことがあらためてはっきりと認識できるのである。

四　校訂作業の様子

さて、生みの苦しみというべきか、初編の校正の大変さをうかがわせるやりとりについては、書簡からも一部拾うことができるが、より詳細な様子を書き残した同様の二編校正資料が今日廣瀬資料館に残されている。その「他見無用」と冊頭に墨書された「遠思楼詩抄第二編副言」には、編集方針が総論として一二条にわたって述べてある。旭荘からの問い合わせ書簡への返答として書かれたものの写しと思われる。帆足萬里・恒遠醒窓そして旭荘の三人が指摘した再考すべき箇所を受けての回答になっている。指摘された一〇中七、八は、その通りに削除や訂正を受け入れているが、中には改めないものもあった。いくつか、みてみよう。

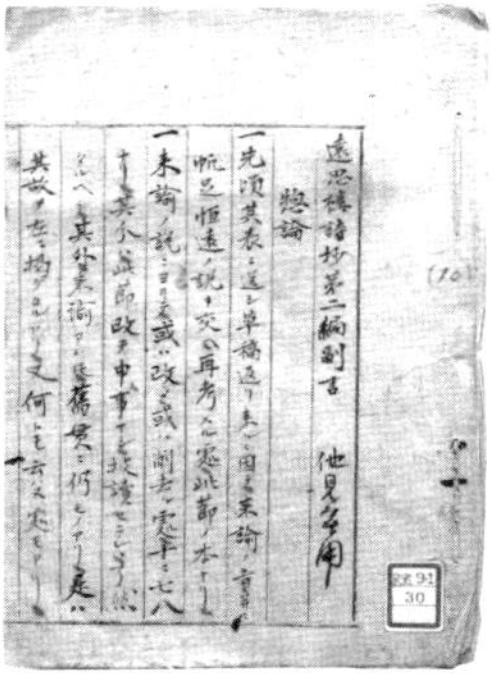
図60　「遠思楼詩鈔第二編副言」（廣瀬資料館蔵）

余幼ニシテ亀井二先生ニ随従シ、先入ノ言主トナレリ。故ニ其詩ヲ論スル、風趣ヲ主トス。当世ノ人ハ字義穏当・照応巧密ヲ求ルノミ。風神気韻ハ之ヲ庋《き》外《がい》ニ置。故ニ雌黄アリト雖モ、方枘円鑿ヲ免レザル者アリ。（五条目）

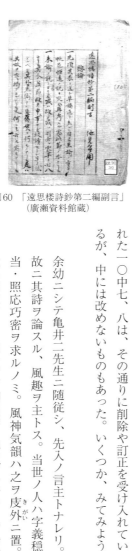

自ら、詩作で主とするのは風趣であるとし、文字遣いなどで、丸い穴に四角な木をはめ込むような所もあるかもしれないがやむを得ないとしている。また、

……好テ経語ヲ用ヒ、動《やや》モスレハ規箴ニワタル。是詩ノ悪道ナリ。余カ詩、ソノ病アリ。此度大氏削除タリ。不得已者、之ヲ存ス。評語モ其意味ニワタルモノ、総テ之ヲ削レリ。（七条目）

と、自分の詩が、時に経学的言葉を好んで使用し、時には人を誡めるような語を用いる傾向のあることを反省している。他にも、詩の出来不出来ではなく、

此本ニモ削タキ詩アレトモ、詩ヲ贈ラレタル人、名ノ集ニ出ルヲ楽トシテ上木ヲ待者多シ。故ニ不得已シテ、之ヲ存スルモノ往々アリ。（八条目）

と、詩題に登場する人名を待ち望む人々に配慮して、入集した作があることを正直に述べている。名前を入れることで感謝の思いを明確に示すことができるからである。他には「詩中譏嘲ノ語、頗ル人耳ニ激スル処、数所アリ。因テ之ヲ改タリ」（一〇条目）と、過激に聞こえる言葉は外している。公

にする以上は考慮しなければいけない事項といえるだろう。
詩は淡窓の作であるから、必要に応じて手を入れるのは当然であるが、詩に付した評にまで注文をつける。

来評ニ杜蘇ナト申タル処アリ。二家、別シテ東坡ナトハ、世ノ欣慕スル処ナリ。之ニ比スレハ、必ス妬口ヲ来スヘシ。故ニ之ヲ改タリ。陶韋抔ハ人ノ一向ニ望マヌ処ナリ。故ニ之ニ比シテモ妬ム者ナシ。此方ノ評、大氏ソノ意ヲ含メリ。（九条目）

依頼して届いた批評の中には、淡窓の詩を杜甫や蘇東坡などと比べ、高く評価してくれているものもあるが、却って妬まれてしまうので変えるべきとし、陶淵明や韋応物との比較は問題ないので、そのまま残してもよいとする。批評にも手を入れているとなると版本に記載している評価を鵜呑みにすることはできなくなってしまう。陶韋は、妬まれないから大丈夫としているが、この二人は淡窓がその諷詠を愛して止まない詩人たちであり、

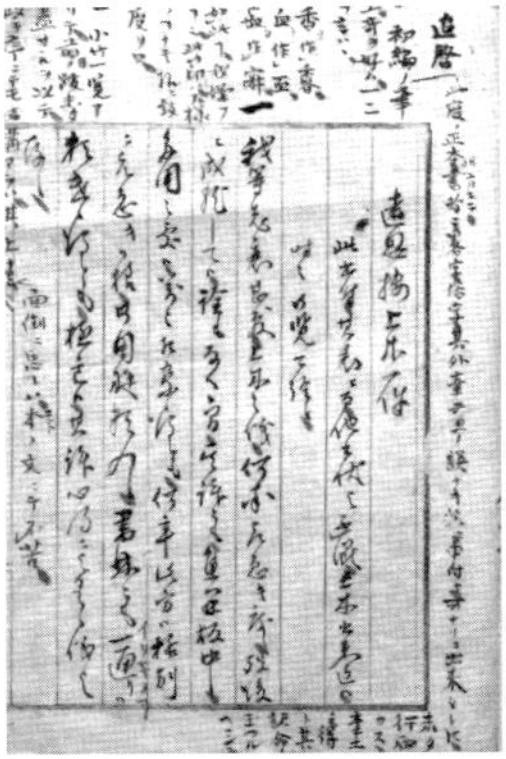

図61　「遠思楼上木一件」（廣瀬資料館蔵）

『詩話』中に何度も登場していることからも、この詩人たちと比較されることはまんざらでもなかったのだろう。さらには、評の内容ではなく、評者その人についても、

其許ノ名、評者ニ加ヘザル筈ナレトモ、間ニハ他人ニテハ難通評アリ。故ニ少々之ヲ出タセリ。

（十二条目）

と、旭荘の名は評者として表に出ない筈だったが、少しであれば仕方がないのかと言いながら、脇に朱で「小林ニ改シ」と書き加えている。二編には小林安石の評があり、また数は少ないが「廣吉甫」こと旭荘の評もある。二編は、初編に比べて門人たちの評がほとんどである。となれば、細工もしやすかったといえよう。

また、前書と合綴された「遠思楼上木一件」（旭荘宛、八月一七日付）には、より細やかな注意事項が七条ほど（本文は七条だが、一部、頭欄に「追啓」として書き入れがある）記されている。前書同様、書簡に対する返答の写しと思われるが、残念ながら六条目の途中から大きく破損している。そこには「初編ノ筆工、奇ヲ好ム」とか、「前編は筆工不宜（中略）先頃横井とか申筆工、此方にて甲を付け申候」（二条目）と、初編の文字について、気に入らなかった様子がみて取れる。そして、

筆工ハ先年析玄ヲカキソロ流義ニ宜ソロ。遠思楼前編ノ書ヨリハ、彼方勝リソロ。今モ其通リノ書アラハ、横井ヨリモ宜カルヘシ。江戸ノ人ナラハ、彼方ニ河茂ヨリ頼ミ呉ソロ様、致度ソロ。（頭欄）

と『析玄』の文字の方が良いとしている。横井というのは、先に甲乙の基準で甲をつけた筆耕の名であるが、それよりも良いとしている。かなり力が入っているが、それは、

我等老衰甚敷、上木之儀、何卒取急き度候。歿後に成就しては詮もなく候間、其評にも、集開板中、多用之処は万々相察候得とも、何卒此方は格別に取急き候様、御周旋頼入候。（一条目）

と、自分が生きている間になんとか刊行したいという強い意思の表れであった。

そして、注文はより細部へと向かう。

一　表紙は黄色、行は八行十九字、足下此通ニ致度候。前編は九行、此節八行にいたし候事、一は詩少き故也。一は注多き故、広き方認よし。八行に而、初編之九行と筆工料は、定て同様にか丶り可申候。（三条目）

実際、希望した通りに表紙は黄色の無地になったし、初編で半丁（現在の一頁）九行だった行数が、二編では八行になっている。しかし、一行の字数は一九字から二〇字に増えている。嘉永二年（一八四九）四月一三日付旭荘書簡には、前年江戸より届いた清書は、手本として渡したものと異なり「字数ハ二十字ニ致候」とあり、河茂にやり直しの交渉に行ったが、本人は居らず、倅が「但々恐入候申謝し候」ばかりでどうすることもできなかったとある。筆耕が単純に間違えたのか、それとも紙数を少しでも減らしたいという本屋側の意図が働いたのか不明である。「先天命とあきらめ御海容可被下候」と結んでいる。なお『淡窓小品』では、半丁八行・一行一九字が実現されている。

次の条では、

一　初編出来之時は、五十部か河茂より贈候。此節は夫には不及、其代りに筆工と刻工とを選候様、御相談可謀候。初編書は一人なれとも、数人之刻にて其内に拙工ましり、字之筋太く成、見苦敷候。（四条目）

と、礼本は不要として、版木を刻る彫り師の吟味を切望している。確かに、初編と二編では並ぶ文字の感じが随分違って見える。さらにいえば『淡窓小品』は、もっと見やすい文字になっている。『淡窓小品』の文字は、『析玄』の文字に近いように見える。出版に関わりながら、少しずつでも自らの著述を良くしていこうとする意識が、そこには強く出ている。あるいは眼病のことがあって、他の人よりも文字の見やすさということに注意がいくのかもしれない。嘉永二年（一八四九）五月七日付旭荘書簡によれば、礼本はどうもなかったようで、こちらの勘定で五〇部送るつもりであることが記されている。河茂に対する信頼も薄れて「只今之河茂方ハ、六七年前之河茂方とハ、殊之外違ヒ候」と述べている。

続く条では序文について述べている。

一　序未タ無之候、如何可致哉。頼候て書ク人ハ可有之候得とも、趣向此方之気ニ不入してハ、却て迷惑ニ成候。得と御工夫可給候。若シ序ナクハ、此節之題言を序之代ニ可致哉と存候。若シ前ニ序出来候ハヽ、題言ハ本文同様ニ、細字ニ認可然哉ニ候。（五条目）

二編には、確かに序文がない。どうもうまく趣向に合わなかったのだろう。ただ、六条目の途中に「渓琴抔ニ序頼、内（以下ヤブレ）」とあり、破損のために意味は完全に取れないが、菊池渓琴に序を依頼しようとしたことがわかる。二編初版に菊池の序跋はないが、再版本（旭荘は「改正後之本」と書簡に書く）には、跋として嘉永二年（一八四九）の菊池「題遠思楼集後」が附されている。五言絶句六首から成っており、恐らく初版には間に合わなかったための処置として跋の位置に入れられたのだろう。

　七条目は「前編流行甚敷、随（以下ヤブレ）」と、初編について書いているようなのだが残念ながら意味がとれない。しかしながら、このような書をみることで、淡窓の本作りへの姿勢をかいま見ることができたかと思われる。

五　その他の出版について

淡窓の亡くなる前年、「日記」安政二年（一八五五）一二月四日、『迂言』の版本が河茂より届いた折の記事には、

著者上梓の者、遠思楼前・後編、析玄、義府、迂言、通て五部なり。大に老懐を慰む。（原漢文）

と、病身の中、自らの刊行物を振り返っている。この時点で目にすることができた自著の版本は、この五種類。そして、この時すでに『淡窓小品』は、刊行の準備に着手しており、生前になんとか間に合ったようである。そこで淡窓は、『淡窓小品』を含めて刊行された六種一〇冊を一まとめにした、いわば全集のようなものの作成を請う。安政三年（一八五六）二月に日田に帰っていた旭荘は、七月に大坂に戻ると、八月朔日には淡窓の意思を河茂に伝え、とりあえず二〇本の製作を申し入れるのである。板木は河茂の手元に揃っており、同月一二日に製本が仕上がり、一七日には、淡窓の希望通り、上下五冊ずつ分けて入れる専用の帙が完成して二〇部が納品されている。これが『淡窓六種』である。まもなく淡窓が亡くなるが、『淡窓小品』や『淡窓六種』は、香典返しの品として配られることになる。これ以外にも編著は上梓されているが、生前に目にすることはなかったのである。

この他に、直接の編著ではないが『宜園百家詩』初編が天保一二年（一八四一）五月に、同二編・三編がまとめて嘉永七年（安政元＝一八五四）八月に公刊されている。共に河茂製本。二編・三編奥付には「咸宜園蔵」とあり、塾蔵版であることがわかる。初編八巻八冊、所収人数は二一五人、編者は矢上行。二編は六巻三冊で一〇七人、樺島芹渓編。三編は六巻三冊で一九六人、廣瀬貞基・山田常年・簗山散水の編となる。

当然のことながら、刊行にあたってはそれなりの費用がかかった。初編刊行直後の天保一二年（一八四一）五月一〇日辛島春帆宛書簡によれば「百家詩刻料、塾中ハ壱行ニ付銀壱匁弐分宛、取立ニ相成候」とあり、同年七月一四日玉井忠田宛書簡では、門人については一部の代金が百疋で通常額は銀拾八匁になると、初編の値段が載っている。さらに、他所への売り弘めを積極的に勧め、その場合は刻料は考慮すると出てくる。同じ内容は、同年九月二二日辛島春帆宛書簡にもあり、

　二百外部書林より到来。甚世話ニ困リ居申候。何卒世上ニ弘マリ候様ニ、御周旋可被下候。左候得は、刻料ニは不必及候。但此儀は、

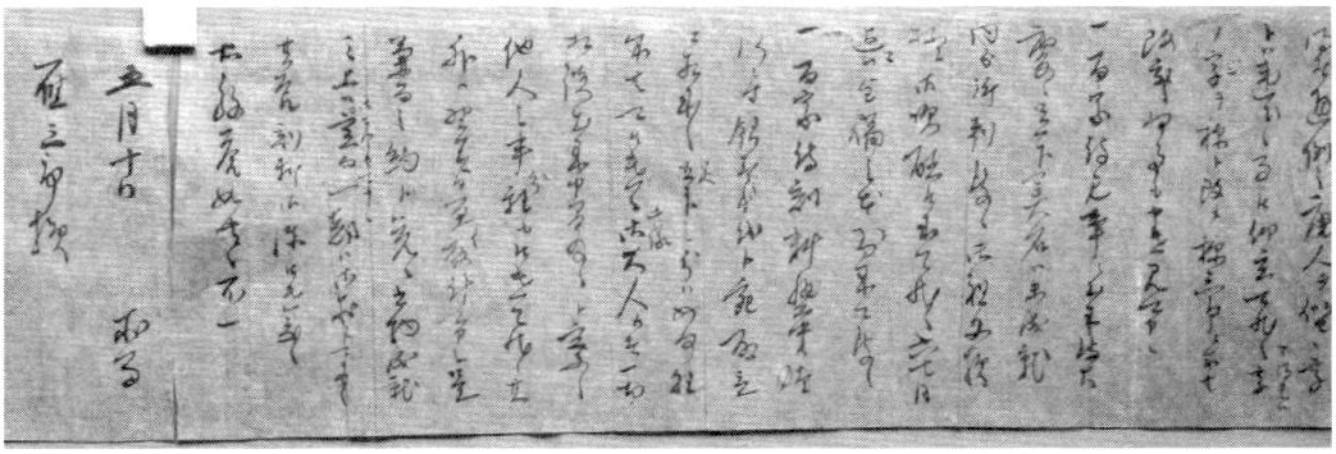

図62　天保12年5月10日付辛島春帆宛淡窓書簡（咸宜園教育研究センター蔵）

御内分之咄也。同社中ニは、御沙汰被下間敷候。

と、販売の斡旋を求め、うまく売れた場合は刻料を払わなくてよいが、この件は内密にと念を押している。江戸時代の貨幣制度はわかりにくく、米価に連動するため、現在の価値にするのは難しいが、一般には金一両＝銀六〇匁＝銭四〇〇〇文とされる。幕末に向かうと一両の価値はどんどん下がっていくが、仮に一両＝八〇〇〇〇円とすると、一行一匁二分は一六〇〇〇円程度になる。ちなみに辛島春帆は一人で五〇行以上を使っている。門人価格の百疋は、一両の四分の一になるので二〇〇〇〇円。通常価格銀一八匁は二四〇〇〇円ほどになる。当時の物価を勘案すれば、実際にはこの何倍かの感覚であったと思われる。このような形で詩集が出版されることは、決して珍しいことではなく、既に江戸時代中期の江村北海編『日本詩選』（安永三年刊）などでも行われていたことであった。詩集に限定しなければ、句集や歌集では盛んに行われており、それで出版事業が成り立っている部分もあったといえる。淡窓にもしっかりした経済感覚が存在していた証である。

いくつかの刊行物に関わった淡窓であったが、環境的には好い時期だったと実はいえない。勿論、旭荘や家族・門弟たちの手助けで、九州に居りながらも大坂の書肆から立て続けに著述が世に出たことは、恵まれていたと考えることもできる。ところが、前述したように、幕命による本屋仲間禁止によって、長年かけて築き上げられてきた仕組みが、ちょうどこの時期にほころびを見せるのである。

嘉永二年（一八四九）五月七日旭荘書簡には、「只今は賄賂無之而ハ済兼候時節、著述家は都而困入候。覚樹院観月楼詩抄、丙午ノ年上木畢、今以官許無之、本人大性急、其事而已申、私周旋仕居候」と、当時の事情が語られている。「覚樹院観月楼詩抄」は「観月臥松楼詩抄」を指すと思われ、本来は弘化三年（一八四六）の出版予定が許可が下りず、結局はこの書簡の翌年嘉永三年（一八五〇）に五年ほど遅れて出版にこぎ着けている。この作品には、淡窓・旭荘の序文が載り、なんとかしてほしいと依頼されたのであろう。当初は、廣瀬家関係の出版費用は河茂が持つという話であったが、途中からそうも行かず、お金を何度か渡している様子が見えているのだ。

淡窓にとって、唯一の心残りは「約言」が未完のままであったことかもしれない。中国の古典を簡約し解説する中で、淡窓の信念ともいうべき「敬天」を知ってもらうためには、何度も手を加えて、どのようにまとめれば一番良いのかと考えていたことは、或問（問答）形式で作ったり、漢文を和文にしてみたりしていることからもうかがうことができるだろう。最も大事にしていた著述だけに、時間をかけて仕上げたかったということであり、より理解しやすい姿で提供したいという考えが、淡窓の教育者としての根幹にあったともいえるだろう。詩集などと異なり、他人に筆削を委ねるわけにはいかない著述であったわけである。あと数年の命が与えられたならば、「約言」もまた、別な形で残されたのかもしれない。

終章

咸宜園教育の広がり

一　淡窓の名声の広がり

帆足萬里の来訪

寛政一三年（享和元＝一八〇一）春、帆足萬里《ほあしばんり》が淡窓を訪ねている。萬里二四歳、淡窓二〇歳であった。淡窓は「筆記」に次のように記している。

日出ノ藩士、帆足里吉来訪ヘリ。……名ハ萬里、字ハ鵬卿ト称ス。幼ヨリ学ヲ好ミ、博聞強記ニシテ、文章ヲ能セリ。今年二十四歳ナリ。此人、後来其名益高ク、一世ニ於テ、大儒ノ称ヲ得タリ。

淡窓は、萬里の学問を高く評価しているといえる。そして、後年、『遠思楼詩鈔』を刊行する際に、「序」を萬里に依頼している。萬里は、その「序」において淡窓の人柄を「少遊日田、得見子基（淡窓）。視其為人、温厚長者、恂恂然、不以其能驕人」と評しており、互いに学問の高さを認め合っていた様子がうかがえる。

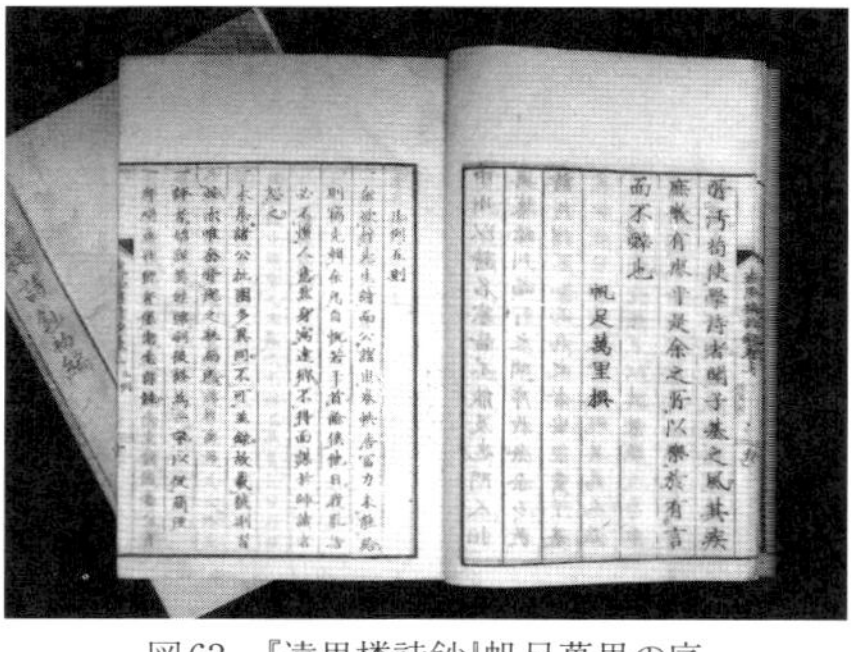

図63　『遠思楼詩鈔』帆足萬里の序
（大分県立先哲史料館蔵）

二人は、書簡や詩、著書の遣り取りをして、交流を深めていった。そして、萬里は、門弟の毛利空桑・米良東嶠《めらとうきょう》らに淡窓を訪問させている。淡窓との面会により門弟が学問的な刺激を受けられると萬里は考えていたのであろう。

田能村竹田の来訪

文政二年（一八一九）閏四月上旬、田能村竹田《たのむらちくでん》が日田隈町の森荊田《もりけいでん》宅を訪ねた。そして、一四日に淡窓を診察に行くという館林清記に、「卜夜快語《ぼくやかいご》」を淡窓に手渡すよう依頼している。「卜夜快語」は、前年に頼山陽が竹田を訪ねた時の様子を山陽の言行を中心に記述したものである。山陽は、この時、竹田から「狭郷なれとも広瀬という人も有り……書画を好輩多」（森春樹『蓬生談』）いので是非行くようにと勧められ、日田を訪ね淡窓とも面会していることから、竹田は淡窓に「卜夜快語」を届けたのであろう。五月二三日には、淡窓が館林清記の娘誕生を祝った帰途に、森荊田宅の竹田を訪ねているる。淡窓と竹田の初対面である。淡窓は「日記」に「遂訪鍋屋文兵衛（森荊田）、見田能村堯蔵（竹田）、談移刻而帰」と記している。山陽のことや「卜夜快語」などについて語り合ったのであろうか。

竹田は、文政八年（一八二五）にも日田に赴いている。二月二五日、淡窓は、森春樹の案内で訪ねてきた竹田と食事を共にし歓談している。二九日には、淡窓は、旭荘を竹田の宿泊先に行かせ、挨拶させている。竹田は、三月三日に淡窓に「桃花図」を描いて贈り、四月七日に森春樹とともに淡窓を訪ねている。そして、一旦日田を離れた竹田が淡窓を訪ねたのは、八月一八日であった。この頃、淡窓は大病に苦しんでいた。竹田の訪問は、その病気見舞いであった。この面会以降、二人は会っていない。淡窓は、「田君彝来寓亀陰、以詩及画見恵、賦此以謝」という五言律詩を作っている（『遠思楼詩鈔』）。また、文政一二年（一八二九）頃の竹田の「山水図」の上部に淡窓は五言絶句を書している。この絶句は、『遠思楼詩鈔』では「淡窓五首」の三首目として収録されている。

図64　田能村竹田「山水図」（大分県立美術館蔵）

淡窓は、「儒林評」において、竹田を次のように評している。

田能村竹田ハ我豊後竹田ノ人ナリ。画ヲ善クシ、詩ヲ善クシ、数々京摂ノ間ニ遊ビ、頼山陽・篠小竹ノ輩ト社盟ヲ結ブ。故ニ其名誉京摂・山陽ノ間ニ喧伝セリ。近来文政十七家絶句ト云フモノ、世ニ梓行セシガ、海西ニテハ竹田一人ヲ載セタリ。数々予ガ郷ニ遊ビテ、予モ相見セリ。頼子成予ニ語ツテ曰ハク。海西ノ詩ハ、享保ノ余習ヲ受ケテ、陳腐熟套ノミナリ。共ニ詩ヲ云フベキ者ハ、足下ト竹田ノミナリト云ヘリ。

淡窓は、竹田の画・詩ともに高く評価している。これに対して、竹田も淡窓の才能を高く評価していたようである。それは、頼山陽に淡窓に会うように勧めたり、自分の息子太一や弟子の帆足杏雨らを咸宜園に入塾させたことなどからうかがい知れる。竹田は森春樹に、文政八年（一八二五）正月二日付け書簡において、「伜も下等ヲ一進仕候よし、必竟先生家之御世話と奉存候、誠ニ無限御世話・御誘導被下候段、宜敷御取成、御礼御伝可被下奉頼候」と、淡窓への感謝の意を記している。

萬里や竹田、山陽に限らず、淡窓を訪ねてきた文人・学者らは多い。三浦黄鶴、木下逸雲、貫名海屋、小石元瑞ら、数え上げればきりがない。また、直接面会していなくても、書簡や著書の遣り取りをして交流のあった人物は多方面にいた。そのような人物を通じても、淡窓の名声は広がっていったのである。

詞華集に収められた淡窓の漢詩

天保九年（一八三八）、江戸の医者・詩人の三上恒が編集し、三九人の絶句九二五首を収めた『天保三十六家絶句』が刊行された。上・中・下の三巻三冊となっており、上巻は全て江戸の詩人、中・

下巻はほとんど京都・大坂で活躍した詩人で構成されていた。このような中に、九州から唯一人、淡窓が選ばれている。下巻の一二人の三番目に、一五首の絶句が掲載されている。

弘化五年（嘉永元＝一八四八）、大坂の書肆墨香居が編集し、一二五人の絶句九六六首を収めた『嘉永二十五家絶句』が刊行された。全四巻四冊となっており、九州からは淡窓のほか、草場佩川、旭荘らが選ばれている。淡窓は、巻三の五人の四番目に、二八首の絶句が掲載されている。

淡窓没の翌年、安政四年（一八五七）には、京都の書肆擁萬堂額田正三郎が編集し、三二人に四人を附録として三六人の七四九首の絶句を収めた『安政三十二家絶句』が刊行されている。上・中・下の三巻三冊となっており、上巻の筆頭に淡窓の絶句二〇首が掲載されている。そして、旭荘や青邨をはじめ咸宜園で学んだ門弟の氏名もみられる。

このように、詩人名鑑のような詞華集における淡窓の取り上げ方の推移をみると、淡窓の漢詩人としての名声の広がりをうかがうことができる。

図65　『安政三十二家絶句』（大分県立先哲史料館蔵）

二　咸宜園での学びの広がり

咸宜園出身者のその後

長福寺学寮での門弟教育開始から明治三〇年（一八九七）の閉塾までの間に、塾主一〇名のもとに約五〇〇〇名が集っている。「咸宜園」出身者で有名な人物は、文部省（文部科学省）の創設と「学制」の基礎づくりに携わった長三洲《ちょうさんしゅう》、明治期の兵制を確立した大村益次郎、日本写真術の先駆者上野彦馬、歌人の大隈言道、画家の帆足杏雨・平野五岳、僧侶の釈徳令・赤松連城、内閣総理大臣の清浦奎吾、大審院長の横田國臣、東京府知事の松田道之らがいる。また、教育者ではのちの塾主となる廣瀬旭荘・廣瀬青邨・廣瀬林外・村上姑南《むらかみこなん》・諫山菽邨《いさやましゅくそん》のほか、地元に帰って私塾を開いた恒遠醒窓《つねとおせいそう》・末田重邨《すえだじゅうそん》らがあげられる。

彼らは咸宜園で学んだ後、学びの成果をどのように広げていったのだろうか。咸宜園教育研究セン

表12　主な咸宜園出身者

僧侶	小栗栖香頂	真宗中国布教の先鞭者
	釈徳令	私塾修文館
	唐川即定	咸宜園第五代塾主
	平野五岳	詩書画の三絶僧
	赤松連城	
儒学者	中島子玉	佐伯藩儒
	谷口藍田	鹿島藩儒
	恒遠醒窓	私塾蔵春園
	秋月橘門	葛飾県知事
	楠本瑞山	平戸藩儒
	楠本碩水	平戸藩儒
医者	岡研介	鳴滝塾頭
	伊東玄朴	私塾象先堂
役人	大村益次郎	兵学者
	清浦奎吾	内閣総理大臣
	長三洲	文部省、侍講
	横田國臣	大審院長
実業家	朝吹英二	三井・三菱
その他	上野彦馬	写真術の祖
	山本晴海	砲術家

（咸宜園教育研究センター『九州の私塾と教育～咸宜園とその周辺～』による）

ター『九州の私塾と教育～咸宜園とその周辺～』の研究成果を踏まえつつ、咸宜園出身者の数人を取り上げ、その後を追ってみることにする。

長　三洲

漢学者長梅外の子として日田郡馬原村（日田市）で生まれ、一五歳で咸宜園に入門。月旦評では、最上位に位置するなど成績優秀であった。その実力を認められ、大坂の廣瀬旭荘の塾「大坂咸宜園」に「都講」として招かれ教育にあたり、名声を高めた。やがて尊皇攘夷を唱え国事に奔走し、幕府から追われ諸国に身を潜めた。後に長州（山口県）の高杉晋作の奇兵隊に参加した。明治維新後は、太政官権大史、文部省の文部大丞に任ぜられ、明治五年（一八七二）、近代国家の教育のしくみである「学制」制定の「学制取調掛（学制起草委員）」の一人となる。

図66　「長三洲肖像」（個人蔵）

「学制」の「生徒及び試験ノ事」には、

第四十八章　生徒ハ諸学科ニ於テ必ス其等級ニ踏セシムルコトヲ要ス、故ニ一級毎ニ必ス試験

ヲシ一級卒業スル者ハ試験状ヲ渡シ、試験状ヲ得ルモノニ非サレハ進級スルヲ得ス

とある。これは、咸宜園で行われていた「月旦評」を模したような制度である。咸宜園で学んだことを基礎に据えていたようである。

当時、「学制」の制定に関わったメンバーの多くは、洋学系の学者であり、いわゆる漢学系の委員は、長三洲と他に一名いただけであった。明治政府は、近代国家にふさわしい教育制度を作り上げる際、いわゆる江戸時代に行われていた儒学的思想を基にした藩校教育ではなく、ヨーロッパの実学主義に基づく教育を目標とし、身分の高い者のみが教育を受けるのではなく、「邑ニ不学ノ戸ナク家ニ不学ノ人ナカラシメン事ヲ期ス」（太政官布告第二百十四号、明治五年八月二日）という方針をとる。

また三洲は、明治書家の第一人者となり、三洲書の『小学習字本』第一級から第七級の全七冊が明治一〇年（一八七七）に発行された。近代学校制度の中に習字を位置づけた第一の功労者でもある。

宮内省にも出仕し、明治二七年（一八九四）皇太子（後の大正天

図67 『小学習字本』（大分県立先哲史料館蔵）

皇）の侍講にもなっている。

そして、明治一三年（一八八〇）に刊行された『玉川吟舎小稿』第一集、同一八年（一八八五）刊の『玉川吟舎小稿』第二集によれば、三洲は、東京で「玉川吟舎」という漢詩結社（長梅外らが社主）に参加している。この結社には、廣瀬青邨ら咸宜園の流れを汲む者が一〇名以上参加している。この結社は、「単に詩文に研鑽する団体としてだけでなく、咸宜園一門のよしみによって集う団体として、ここでの人脈が政府への出仕といった面でも機能したと見られる。……吟社の主宰者であり新政府の官員として有望な長三洲を頼って集まったという面があると考えられる」（川邉雄大・町泉寿郎「松本白華と玉川吟舎の人々」）とあるように、明治一〇年代頃には咸宜園関係者が東京で集うこともあり、そのリーダーが三洲であったことがわかる。

岡 研介

周防（山口県）で生まれる。医者として開業していたが、文政二年（一八一九）咸宜園に入門し、文政五年（一八二二）まで学ぶ。その後、福岡の亀井昭陽に漢学、さらに文政七年（一八二四）には長崎に赴きシーボルトに蘭学を学んでいる。シーボルトの鳴滝塾では、初代塾長を務めている。下関・大坂で開業し、天保三年（一八三二）帰郷し岩国藩主の侍医となる。淡窓は研介の将来を期待していたが、精神を病み天保一〇年（一八三九）に没した。淡窓はその死を大変惜しんでいる。咸宜園の門人中、淡窓の元で漢学などのいわゆる基礎的な学問・教養を修め、その後医者となっているものは日田市教育委員会『廣瀬淡窓と咸宜園—近世日本の教育遺産として—』によると八一名を数える。

恒遠醒窓

豊前国上毛郡（福岡県）で生まれ、文政二年（一八一九）に咸宜園に入門している。五年間学び、塾頭を務めている。退塾後は長崎に遊学し兵学者高島秋帆宅に寄寓し、多くの知識人と交流している。文政七年（一八二四）に帰郷し私塾「自遠館」を開いた。この塾は後に「蔵春園」となり醒窓の子、精斎が塾を引き継ぎ、明治に「蔵春学校」と名を変え明治二八年（一八九五）まで続いた。

蔵春園では、塾生の学力を平素の成績と試験により判断し進級させ等級で表し、全員の成績を「月旦評」により公表していた。互いに競い合わせ塾生の学力を向上させた。昇級する際に積み重ねた点数を個人毎に記録した「旧点簿」が残っている。

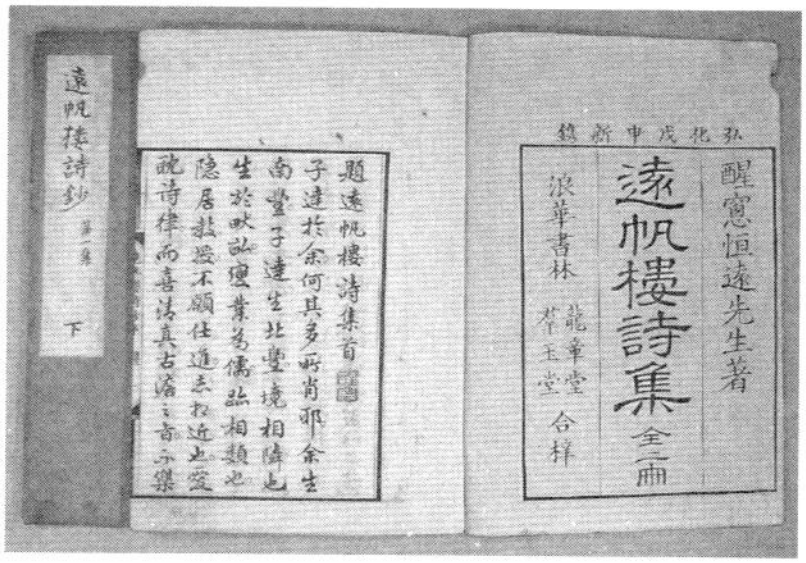

図68　恒遠醒窓『遠帆楼詩鈔』
（大分県立先哲史料館蔵）

教育内容は、漢詩や漢文の作成を重要視する漢学塾で、等級を三段階に分け級毎に学習内容を定め段階的に行っている。学習方法は、素読・輪読、講義、塾生による討論会や会読を採用し、独見会という研究発表会で総仕上げを実施している（恒遠俊輔『幕末の私塾・蔵春園』）。

また、今日の生徒心得ともいうべき「告諭」を定め、塾生に規則正しい生活をすることが、学問の上達にとって重要であるとしている。

蔵春園の教育は、咸宜園の教育を範としているといえる。

この蔵春園の門下のひとりに豊後高田で漢学塾「涵養舎」を開いた鴛海量容《おしのみりょうよう》がいる。

鴛海量容

鴛海量容は、豊後国国東郡草地村（豊後高田市）に生まれ、草地村の祠職近藤家義に句読を学び、天保三年（一八三二）一四歳で前述の恒遠醒窓の私塾「蔵春園」に弟元貞を伴い入門した。量容は淡窓の孫弟子と位置づけられる。その後天保一二年（一八四一）まで醒窓のもとで漢学を学び、さらには、大坂の篠崎小竹の塾でおよそ二年学び、天保一五年（弘化元＝一八四四）帰郷した。草地に戻った量容は、二五歳で漢学塾「涵養舎」をおこ

図69 「鴛海量容肖像(部分)」
（豊後高田市『昭和の町は教育のまちです』第２集より）

した。

涵養舎の入門者は、下等三級からスタートし、試験を経て昇級していたようである。その試験は、毎月一回読み方、口頭試問・討論等で、暗記ではなく熟読玩味が大切にされていた（『鴛海量容先生と私塾涵養舎』）。

豊後高田は当時島原藩の飛地であったため、量容は、明治元年（一八六八）島原藩の藩校明神館の都講に、弟元貞は島原医学校の篤学に任命され、島原で明治五年（一八七二）五月まで藩士の子弟の教育を行った。

廃藩置県後、元貞は長崎医学校へ入り福岡県で病院長をつとめ、種痘の普及・天然痘の予防に尽力した。量容は、再び帰郷し学科や塾則を見直し、明治一〇年（一八七七）に大分県に「私塾開業願い」を提出し許可を得た。明治一二年（一八七九）には、一二歳から二〇歳の門弟二〇〇余りが学ぶ塾となっている。その後公立学校が各地に設立される中、明治二〇年（一八八七）を境に塾生も減り、同二三年（一八九〇）のコレラの流行により塾生や教授も感染し閉鎖を余儀なくされた。

図70　「涵養舎」跡地（豊後高田市）

この涵養舎で学んだ者には横田國臣がおり、量容のもとで漢学を学び咸宜園に入門し、大審院長を

務めたのは周知のことである。
量容は、咸宜園で学んだ恒遠醒窓のもとで漢学を学び、それに倣い涵養舎を開き、その教育内容、しくみは咸宜園の教育を土台にしている。淡窓が始めた教育システムが咸宜園の門弟を通して広まり、明治になってもその制度は各地で受け継がれていったといえるであろう。

末田重郎

安芸国高宮郡大毛寺村（広島県）の白石山八幡宮の神職の子として生まれ、同国賀茂郡の儒医野坂由節や吉田春帆に漢学を学び、弘化三年（一八四六）、咸宜園に入門している。三年後都講になった。淡窓は彼の篤学を嘉して学費や生活費を支給したという（鈴木理恵『近世近代移行期の地域文化人』）。重郎は安政元年（一八五四）に帰郷し、同国豊田郡入野村に「事疇園《じちゅうえん》」を、その後、大毛寺村に「三亦舎《さんえきしゃ》」を開塾している。

事疇園で重郎が行った教育活動は、安政四年（一八五七）の「重郎日記」からうかがうことができる。事疇園の塾生の出身地は芸備内にとどまり、豊田郡入野村周辺地域や賀茂郡内に集中している。

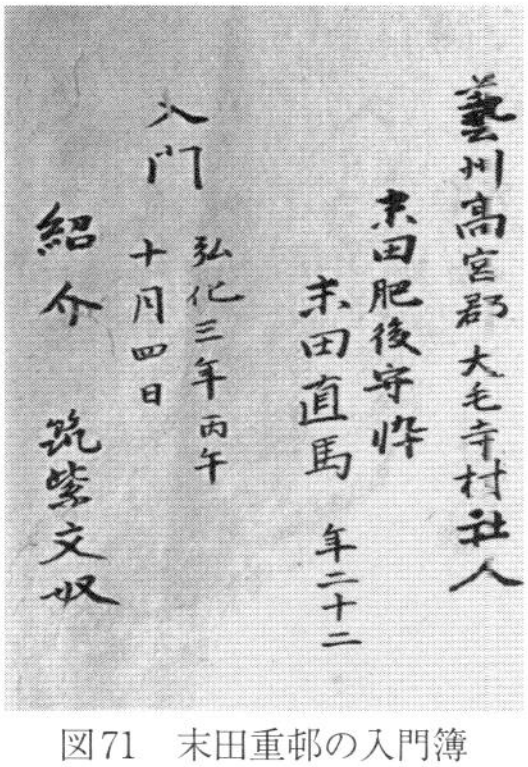
藝州高宮郡大毛寺村社人
末田肥後守倅
末田直馬　年二十二
弘化三年丙午
十月四日
入門
紹介　筑紫文奴

図71　末田重郎の入門簿
（廣瀬資料館蔵）

塾に一一歳から二〇歳の者が在籍しており、僧侶、医師、神職、商人、庄屋等経済的に余裕があり、学問的環境が整った家に育ったものが多かったようである。

塾生の生活は、「概随宜園旧」と重邨が述べているように、咸宜園の規約と告諭を踏襲したと考えられる六五則の塾規約と六則の告諭によって規制されていた。重邨は、天保一四年（一八四三）に咸宜園で設けられた「宜園規約」を筆写し持ち帰っている。

また、重邨自身が「十八級階攀不易」ともらしている厳しい月旦評のシステムを、事疇園や三亦舎にも取り入れ、レベルの高い教育を目指していたようである。

日本の近代化を推進

咸宜園出身で帰郷後開塾した者は咸宜園の教育システムを踏襲し、さらにそこで学んだ者は帰郷後教育に携わり、自ら受けた咸宜園方式の教育システムを取り入れた塾を運営していることがわかる。咸宜園の教育システムは、直接日田の地で学んだ者だけではなく、門弟を通して間接的に影響を与え、各地に広まっていったといえる。

咸宜園の出身者には、明治期には「学制」下で作られた中学校や師範学校の校長等になり、新しい教育制度のもとで活躍した者もおり、なんらかのかたちでその後の教育に影響を与えていたことも推測される。

咸宜園出身者は、大帰《たいき》（卒業）後、教育の分野だけではなく、医学、経済、政治等、様々な分野でも活躍し、明治維新後の新しい人材の育成や国や社会のしくみづくりに携わった者も多い。咸宜園教育は、日本の近代化を推進した基盤になっているといっても過言ではない。

三　淡窓没後の咸宜園

天保七年（一八三六）、第二代塾主の旭荘が上坂した後、安政二年（一八五五）三月まで淡窓が塾主を務め、廣瀬青邨に塾主を譲ったことは、第一章で述べたとおりである。

第三代塾主廣瀬青邨は、矢野範治といい、下毛郡（中津市）生まれで、天保五年（一八三四）、咸宜園に一六歳で入塾した。二一歳の時には都講となっている。天保一五年（弘化元＝一八四四）に淡窓の養子となり、廣瀬姓を称するようになった。

（弘化元年六月八日）範治来、義子之議始定。予老、孝之助幼、謙吉遠遊、帰期難知。故欲請範治、幹塾政及家事。（「日記」）

嘉永七年（安政元＝一八五四）正月、長崎から江戸に向かう勘定奉行川路聖謨《かわじとしあきら》に会うために肥前国田代（佐賀県）に出かけた淡窓に、青邨は林外とともに随行している。聖謨が着ていた「外套」を脱いで淡窓に自ら着せた際には、青邨と林外も「礼服」を賜っている。塾主となった青邨は、淡窓亡き後、咸宜園の経営に取り組む一方、江戸に行き、羽倉簡堂や川路聖謨、安井息軒らに会ったりしている。青邨が塾主を務めたのは、安政二年（一八五五）から文久三年（一八六三）までの八年余りの期間であった。
　文久三年（一八六三）、青邨は林外に塾主を譲り、府内藩の藩校「遊焉館」の教頭となった。維新後、青邨は京都の学習院漢学所に出仕、明治三年（一八七〇）以降、京都府典事、督学、大属となっている。明治八年（一八七五）に岩手県、翌年に修史局に出仕したが、まもなく東京に私塾「東宜園」を創立した。明治一〇年（一八七七）に東京華族学校（のちの学習院）教授・監事となり、監事として明治天皇に学事報告と「論語」を進講した。明治一五年（一八八二）には山梨県立徽典館《きてんかん》の校長となっている。明治一七年（一八八四）、六六歳で東京において死去した。

図72　「廣瀬青邨肖像（部分）」（廣瀬資料館蔵）

　第四代塾主廣瀬林外が塾政を引き継いだのは二八歳の時であった。林外は旭荘の長子で、天保一四年（一八四三）、八歳で咸宜園に入門している。嘉永四年（一八五一）九月、淡窓は、養子としていた旭荘を弟に戻し、林外を養子としている。

（嘉永四年九月一八日）改正謙吉・孝之助名分。謙吉旧称我子、今復弟位。孝之助旧称我孫、今改称子。正昭穆也。孝之助以予為嗣父、以謙吉為生父。（「日記」）

嘉永七年（安政元＝一八五四）正月には、淡窓は一九歳の林外を都講とした。咸宜園においても、後継者的立場をはっきりさせたといえる。文久三年（一八六三）に塾主を譲られた林外は、幕末から明治初期の最も困難な動乱期に咸宜園の経営にあたった。最後の西国筋郡代窪田治部右衛門が組織した農兵隊「制勝組」の文学教授方に登用され、咸宜園東塾に隊士らを入れることになっている。維新後、林外は咸宜園の立て直しを図った。明治四年（一八七一）には、日田県などから資金を調達し、咸宜園塾舎の改修を行っている。

明治四年（一八七一）、林外は都講の唐川即定《からかわそくじょう》に塾政を任せ、洋学や新学制などを学ぶために上京した。林外は、長三洲の勧めで太政官正院歴史課に勤務したが、明治七年（一八七四）、日田に帰ることなく三九歳で東京で病没した。

図73　「廣瀬林外肖像（部分）」（廣瀬資料館蔵）

第五代塾主唐川即定は、越前国敦賀（福井県）長賢寺の僧で、文久四年（元治元＝一八六四）、二

八歳で咸宜園に入門した。慶応二年（一八六六）四月の月旦評では七級下に進んでいる。明治四年（一八七一）に塾主となった即定は咸宜園の経営に尽力していたが、明治七年（一八七四）に林外の訃報に接し、同年咸宜園を閉じたとされる。その後、華族学校や真宗大学等で教授も務め、大正七年（一九一八）に死去した。

明治一二年（一八七九）、咸宜園は、園田鷹城《そのだようじょう》を第六代塾主として再興された。鷹城は、玖珠郡（玖珠町）の出身で、弘化四年（一八四七）に一四歳で咸宜園に入門した。嘉永四年（一八五一）の大帰後は、各地で医学等を学び、維新後、大分にあった漢学塾「緑猗園《りょういえん》」や日田の有田郷若八幡宮境内に開かれた「有田塾」で教育活動を行っていた。そのような中、咸宜園再興にあたり平野五岳らに推されて塾主として迎えられたのである。鷹城は、明治一三年（一八八〇）まで塾主を務め、奈良県吉野中学校長、滋賀県彦根中学校長となって教育活動を続け、明治二三年（一八九〇）に五七歳で病没した。

明治一三年（一八八〇）、第七代塾主となったのは、村上姑南である。姑南は、下毛郡（中津市）の出身で、天保五年（一八三四）に一七歳で咸宜園に入門した。天保一二年（一八四一）三月には、淡窓が「慎次（姑南）為権都講、任塾政」（『日記』）と塾政を任すほどになっていた。八年間在塾し、大帰後は医学を学び開業していた。塾主として招かれた姑南は、明治一五年（一八八二）までの二年間、咸宜園での教育に取り組んだが、教英中学校の開校に伴い塾生が減少し、塾主を退いている。その後、姑南は、私塾「学思館」を開き教育活動を行ったが、明治二三年（一八九〇）に七二歳で亡くなった。

第八代塾主となったのは、廣瀬青邨の長男濠田《ごうでん》（貞文）である。濠田は、咸宜園への入門日は不明であるが、明治四年（一八七一）の月旦評では七級下に名前をみることができる。大帰後は、京都府立中学校や東京外国語大学、慶應義塾大学で学び、東京で官途についていたが、明治一七年（一八八四）、青邨の没後、日田に帰って第三代教英中学校長となった。その一方で咸宜園の再興を図り、明治一八年（一八八五）二月から明治二〇年（一八八七）一一月まで塾主を務めている。その後、衆議院議員、日田町長となっている。大正三年（一九一四）、六二歳で死去した。

第九代塾主には、淡窓時代に入門した諫山菽邨が就いた。菽邨は、日田出身で、淡窓が長福寺学寮で開塾した際に共同生活した門弟の諫山安民の長男で、天保四年（一八三三）、九歳で咸宜園に入門し、一旦休業して、天保八年（一八三七）に再度入門している。大帰後は亀井塾で学んだ後に医学を学び、日田で開業した。明治二年（一八六九）には、日田県令松方正義に「養育館」の建設を働きかけ、日田養育館の運営に関わり、孤児の養育にあたっている。菽邨の咸宜園再興に対する情熱は深く、一家で秋風庵に移り住み、明治二一年（一八八八）から明治二五年（一八九二）まで塾主を務め、和漢書籍の保存や塾の財政資金の確保にも努力した。健康を害してやむなく塾主を退くことになり、明治二六年（一八九三）、六九歳で死去した。

最後の塾主が、勝屋明浜《かつやめいひん》である。明浜は、肥前国鹿島（佐賀県）の生まれで、明治一八年（一八八五）、濠田時代の咸宜園に一六歳で入門した。在塾は一年ばかりで、郷里に戻り淡窓の門弟であった谷口藍田の私塾に入門した。明治二三年（一八九〇）から私塾を開いていた。明治二九年（一八九六）、招かれて咸宜園の塾主となる。しかし、塾生の減少により咸宜園の経営は困難となり、明治三〇年（一八九七）六月、明浜は塾主を退き日田を去った。この後、明浜は、私塾を開いたり名古屋市中学校等に奉職したり教育に従事していたが、昭和八年（一九三三）、七四歳で死去した。

明浜が咸宜園を去ったことにより、廣瀬淡窓による長福寺学寮での開塾からおよそ九〇年の間、西国九州の日田の地で多くの著名人を輩出した咸宜園は、その幕を降ろしたのである。

第九代塾主菽邨と第一〇代塾主明浜との間の時期である明治二六年（一八九三）九月五日付けの『日田新報』第三号には、「文苑」の欄に淡窓をはじめとして咸宜園関係者の漢詩が掲載されている。日田における学問・文芸について淡窓および咸宜園を抜きにして語ることはできなかったといえるであろう。何度となく閉園となった咸宜園を再興しようとする

図74　『日田新報』第３号
（大分県立図書館蔵）

動きが起きたのは、咸宜園に多くの門弟が集まり淡窓が教育活動を行った日田の地に学問を大切にするという雰囲気が醸成されてきたためといえるだろう。

大正四年（一九一五）、淡窓は正五位を追贈され、これを記念して翌年には咸宜園の東塾・講堂跡に淡窓図書館が建設された。そして、大正一四年（一九二五）から昭和二年（一九二七）にかけて、『淡窓全集』全三巻が刊行され、その後も、廣瀬淡窓に関する顕彰は進められてきた。淡窓の教育理念や咸宜園の教育システムは、様々な形で現在もなお生き続けている。

秋風庵・遠思楼・井戸などが遺されている「咸宜園跡」は、昭和七年（一九三二）に国史跡に指定された。また、昭和二三年（一九四八）に国史跡に指定された「廣瀬淡窓墓」は、平成二五年（二〇一三）に「廣瀬淡窓旧宅及び墓」として廣瀬家住宅が追加指定され、名称変更された。

日田市内の小学校から淡窓の「休道の詩」を声に出して読んでいる児童の声が聞こえ、厳しさの中にも愛情あふれた咸宜園教育のかおりは、今も日田にただよっている。

あとがき

髙橋　昌彦

「先達はあらまほしき事」ながら、多すぎるのも考えものである。廣瀬淡窓に関する研究は、教育・思想・歴史・文学とさまざまな分野から行われており、その数の前では立ち尽くすばかり。しかも九〇年ほど前に出た『淡窓全集』が総ての基礎になっているため、何か新しいことを付け加えるなど考えにくい状況である。ならばせめて、これまでの成果をわかりやすくまとめれば、役に立つ内容になるのではと考えたが、その目論見は日田市教育委員会発行『廣瀬淡窓と咸宜園―近世日本の教育遺産として―』（平成二五年）に先を越されてしまった。さて、どうしたら特徴が出せるかと悩みながら、本書執筆にいたる契機について振り返ってみた。

淡窓との縁は二〇年前に遡る。広瀬先賢文庫の目録作りの書誌調査の手伝いで、頻繁に福岡から日田へ高速バスで通った。貴重な蔵書のため、保存が最優先され、書庫に入っての調査がしばらく続いた。前日に降った雪が中庭に残る大寒のころ、典籍を入れた木箱が並ぶ蔵の中で寒さに震えながら、書誌カードを採ったことを今でも鮮明に覚えている。本のことを考えれば暖房は入れられず、蔵から出ては渡り廊下の日向ぼっこで暖をとる繰り返し。翌日にはしっかり高熱を出し、しばらく寝込む羽目になった。その時調査団を率いておられた、本書の監修者井上敏幸先生に寒さに耐えられませんと訴えると、翌月からは蔵書を座敷に持ち出してもよいことになり、座敷の隅にはストーブまで置いてもらえた。御蔭でその後の調査は極めて順調に進んだ。私の高熱が調査の進行を早める結果となったのは間違いない。そうした縁はあったけれども、この時点で私の興味が直接、淡窓に向いていたわけではなかった。大分県には他にも、興味の尽きない手付かずの研究対象者がたくさんいたからである。その一人が豊後佐伯藩儒松下筑陰であった。

これもまた井上先生との縁から一〇年ほど通った佐伯の調査で、偶然に松下家の御子孫とお目にかかる機会を得た。家を守っておられた老婦人は貴重な資料の閲覧撮影を認めて下さり、それに応えるべく、評伝（前半生）と日田滞在時代の出来事をまとめることができた。結果、筑陰から見た日田の詩壇や弟子淡窓という新しい視点を得ることができた。このことが一つのきっかけとなって、本書の執筆に繋がることになったように思う。

では、これまでとは違う評伝として何が書けるかを議論している中で、浮かんできたのが、漢詩人淡窓を強調することであった。これを受けて第二章を執筆した。ここでは単なる逐字訳ではなく、その詩の背景をも描くことに心掛けた。また、淡窓の著述と出版、活動の全体を見るべく書いたのが第三章である。

本書を執筆するにあたり、井上敏幸先生の細やかな監修をいただくとともに、以下の各氏には括弧内の本文において、それぞれ甚大なるご協力・ご援助を賜った。佐藤晃洋氏（序章第二節、第一章第四・五・七節、終章第一節）、大野雅之氏（第一章第八・九節）、佐藤香代氏（終章第二・三節）。心より厚く御礼申し上げます。

最後に、貴重な資料の閲覧・撮影を許可して下さいました各所蔵機関等に対し、あらためて深く感謝申し上げます。本書刊行にあたり、御協力・御指導をいただいた機関・個人の方々は、次のとおりです。重ねて感謝の意を表します。（敬称略・五十音順）

大分県立美術館　大分県立図書館　大阪府立中之島図書館　北九州市産業経済局観光部門司港レトロ課　公益財団法人亀陽文庫能古博物館　公益財団法人廣瀬資料館　広円寺　国立国会図書館　善教寺　尊経閣文庫　土井ヶ浜遺跡人類学ミュージアム　人間文化研究機構国文学研究資料館　東彼杵町役場産業振興課　日田市教育庁咸宜園教育研究センター　日田市教育庁文化財保護課　日田市商工観光部観光課　福岡県立図書館　福岡市総合図書館　福岡大学図書館　豊後高田市教育委員会　無窮会専門図書館　弥栄神社　由布市商工観光課　龍谷大学図書館　加藤泰信　中島三夫　中西秀樹

（初版より一部加筆）

【追記】　部数限定であった本書の初版、大分県先哲叢書版の発行後、発行元には購入希望の有り難い声が寄せられたと聞く。その要望を受け、今回版を重ねるに至ったことは思いがけない喜びとなった。仲介の労をとってくださった監修者の井上敏幸先生、新装版を引き受けられた思文閣出版に対し、深謝申し上げます。

廣瀬淡窓年譜

※年齢は数え年。日付等は旧暦。

和暦	干支	西暦	年齢	主な事蹟
天明　二	壬寅	一七八二	一	四月一一日、豊後国日田郡豆田魚町の廣瀬家に生まれる。父三郎右衛門（桃秋）、母ユイ（後藤氏）の長男。幼名を寅之助と称した。
天明　三	癸卯	一七八三	二	伯父平八（月化）夫婦に養われて堀田村秋風庵に移り、六歳まで養育される。伯父から「亀林」の俳号を与えられ、六、七歳までこれを用いる。
天明　四	甲辰	一七八四	三	一二月、妹アリ（秋子）が生まれる。
天明　五	乙巳	一七八五	四	月化の長女イサが隈町の相良文之進に嫁ぐ。
天明　六	丙午	一七八六	五	大江山の鬼退治の話を好み、自らを頼光に擬して同輩と遊ぶ。
天明　七	丁未	一七八七	六	魚町の実家に帰り、父母の下で読書・習字を習う。 「仁慈」を記した書（掌印あり）を大原八幡宮に献じる。
天明　八	戊申	一七八八	七	七月、父に「孝経」の句読を学ぶ。さらに翌年にかけて「四書」の句読を学ぶ。 疱瘡が流行。アリと淡窓は軽症で済んだが、弟庄三郎は死去。
寛政　元	己酉	一七八九	八	浜田屋忠三郎や後藤方大に「論語」の句読を学ぶ。 母と筑前宝珠山を訪ね、安痘祈願を行う。その際、寺僧より長寿の相を伝えられる。 冬、父の勧めにより、長福寺法幢上人に「詩経」の句読を学ぶ。

寛政	二	庚戌	一七九〇	九	「詩経」「書経」「春秋」の句読を法幢や豆田町の椋野元俊に就いて学ぶ。父に「古文真宝」を学ぶ。 伊勢参りで不在の父の命で、虎屋専五の家に通って書を学ぶ。 九月より豆田室町の頓宮四極に就いて「蒙求」「漢書」「文選」等の講義を聞く。 この年、弟久兵衛（南陔）が生まれる。
寛政	三	辛亥	一七九一	一〇	四極の家に通い、「蒙求」「漢書」「文選」を教わる。 前年冬、日田に来た久留米の松下筑陰（西洋）が、春から廣瀬家南家の土蔵に住む。淡窓は弟子となり、漢詩・文章の添削や「十八史略」会読の指導を受ける。 四極の勧めで、竹田村の広円寺法蘭上人に詩文を習う。
寛政	四	壬子	一七九二	一一	筑陰に学びながら、四極のもとにも通う。 亀井塾入門の予約が認められる。 前年から、小瘡（水疱瘡）が流行。春、淡窓もかかり、六、七〇日間病む。八、九割ほど治った頃、天ヶ瀬温泉で一ヵ月保養する。 亀井南冥に学んだ法幢の弟法海が来訪。彼に五言律詩を学び、添削を請う。 秋、南冥が罪を得て蟄居したことを聞く。日田にもどった高橋金吾から亀井塾での会読の方法を聞き、圧倒される。
寛政	五	癸丑	一七九三	一二	日田に来訪した南冥の高弟牧園文哉に会う。彼の口添えがあって、亀井塾への入塾が可能となる。 法幢を中心として日田の各地で催された詩会に参加。

				春、城内村の永興寺に参籠した筑陰に従い、詩作を行う。 春、父に連れられて、太宰府天満宮を訪ねる。観音寺戒壇院や都府楼の遺跡を観る。 父と親交のある高山彦九郎が日田に来訪。淡窓の才を賞讃し和歌を贈る。 筑陰の指導のもとで、一日百首の会を自宅楼上で行う。 八月、西国筋郡代の揖斐正高がその任を終える（冬、代官が羽倉秘救に代わる）。 八月一六日、祖父久兵衛が死去。 九月、恒例の吉井（母の里）の祭りに出かける。
寛政 六	甲寅	一七九四	一三	春、吉井へ往き、そこから太宰府天満宮に参詣。その後、田代へ赴く。 春、筑陰が佐伯藩に仕官するため日田を去る。 夏の初め、羽倉代官から召されて、「孝経」を講義する。傍らで代官の子永吉（のちの羽倉簡堂）がこれを聴く。 六月、元服。 八月、父に従い豊前に遊び、猿渡の田口氏の家に泊まる。一ヵ月ほど滞在。その間、宇佐八幡宮に参詣。田口氏の案内で初めて海を見る。道中、山国谷（耶馬渓）や羅漢寺を観る。 九月一三日、法蘭が死去。猿渡から帰宅した後、弔問に行く。
寛政 七	乙卯	一七九五	一四	四月朔日、佐伯遊学のため日田を出発。同月八日、佐伯城下に到着。筑陰のもとで、藩校四教堂の生徒らと学ぶ。 暁嵐の滝を訪ねる。舟中で初めて江豚（イルカ）をみる。

寛政 八	丙辰	一七九六	一五	八月、佐伯城下を辞し帰郷。 九月、四極の紹介で藤左仲に会い、亀井塾への入門の気持ちが高まる。 四月、妹ナチが生まれる。 八月、左仲の案内で、亀井家を訪ねるも、南冥蟄居のため会えず。昭陽に束脩を渡す。姪の浜の昭陽弟大年や博多の南冥弟曇栄を訪ねる。途中秋月にて原古処と会う。 冬、伯父月化の「発句集」の序文を昭陽に請うため、再び福岡へ行く。南冥にも序文案の添削をしてもらい、日田に帰る。その序文は長福寺法幢の名とする。 三松（寛右衛門）家から養子縁組の話があったが、父が断る。
寛政 九	丁巳	一七九七	一六	正月、左仲と筑前に赴く。内山玄斐の養子の名を借り、「内山玄簡」と名乗り、亀井昭陽への入門が認められる。二〇人ほどの塾生と学ぶ。 五月、福岡を出発し、吉井に寄った後、日田に帰省（滞在一日）。その後、再び吉井を経由して福岡に行く。 休日に箱崎や姪の浜の海岸を散歩したり、愛宕山に登ったりして自然を楽しむ。 冬、風邪を引き、高熱を発して寝込む。 亀井塾で年を越す。
寛政 一〇	戊午	一七九八	一七	正月、日田に帰省。 二月、再遊を計画中、甘棠館・亀井家の焼失を聞き、急いで福岡へ戻る。二〇日ばかり後片付けを手伝い、日田にもどる。 夏頃、昭陽が姪の浜に開設した甘古堂を訪ね、そこに寄宿し従学する。

				昭陽の命で、甘木に開業した医者大荘（南冥の二男）を訪ねる。 亀井塾で、年を越す。 この年、弟伸平（三右衛門）が生まれる。
寛政一一	己未	一七九九	一八	他国で二回目の正月を迎える（亀井塾在塾）。 二月、日田に帰省。 五月、衛藤牛四郎、館林清記の二名を亀井塾に連れていき、学ばせる。淡窓は二〇日余りで帰郷。帰路、博多の祇園会を見る。 帰郷すると疫病が流行。従姉イサが感染し死去。 九月上旬、亀井塾に再度入塾する。 一二月上旬、病起こり、塾を去って日田に戻る（在塾期間は実質二年足らず）。
寛政一二	庚申	一八〇〇	一九	魚町北家の楼上の東偏に住む。元旦の試筆で無病息災を祈願する漢詩をつくる。 一、二月、病気が極めて重く、伯母やアリが看病する（三大厄の最初）。 病が癒えた後、伯父の言に従い、秋風庵で療養する。 三月、日田に来訪した肥後の倉重湊の診察を受ける。 五月頃、病床を離れる（以後、数年にわたり療養生活を送る）。 七月、秋風庵から北家の楼上にもどる。 冬の初め、羽倉代官の招きにより、豪潮律師が大超寺に来て、数十日ほど滞在。その間、アリが豪潮の加持を受け、淡窓の疾病平癒を祈る。

享和　元	辛酉	一八〇一	二〇	この年の冬、弟の弥六（秋雄）が生まれる。 二月、甘木・秋月に遊ぶ。甘木では亀井大壮を訪ね、去年の日田来訪（見舞い）の礼を述べる。そこにたまたま来ていた南冥に会う。秋月では、原古処を訪ねる。 帰郷後、日出より帆足萬里が来訪。 この頃、仏典の「楞厳経」を読み、仏教の尊さを知る。 また秋風庵にあった「老子国字解」を読み、老子の学を好むようになる。 この年、四極の門人数名に句読を教える。
享和　二	壬戌	一八〇二	二一	上京した水岸寺密如の弟子らに、「孟子」を講義。 八月、福岡に赴き、南冥の六〇歳の寿を賀す。 秋頃から羽倉代官の命で、月六回の「四書」の講義を行う。左門（羽倉簡堂）も同席。 一二月、体調を大いに崩し、諸生の往来や代官所への出入りを止め、保養につとめる（明年の春夏まで）。
享和　三	癸亥	一八〇三	二二	正月七日、豪潮に勧められて「発願文」をつくり、病気の回復を祈る。 五月末から六月初めまで麻疹に感染し、病床に臥す。 アリが淡窓の病を治すため、豪潮の勧めにより発願し、仏門に入る。 七月、アリが京都に赴き、官女風早局に仕え、名を秋子と改める。 八月、羽倉代官の招聘により来訪した肥後の村井椿寿に、診察を請う。

文化　元	甲子	一八〇四	二三	この頃、日田を訪れた亀井塾の学友鯵坂右京に教えを請い、眼科医を目指すも、右京が去ると次第に意欲が薄れる。 伯父月化を介して、対馬藩田代領から学問所の教授に招かれたが、辞退する。 冬、倉重湊に進路について相談する。日田で学問を教えることで生計を立てるよう忠告され、決意する。
文化　二	乙丑	一八〇五	二四	三月一六日、湊の助言により、豆田町長福寺学寮を借りて転居し、講義を開始。 六月、旅僧が学寮に留まるため、長福寺をひきはらい、魚町にもどる。南家の土蔵で教授。この頃、昭陽を訪ね、彦根藩主の招聘（四日市の町人渡辺十兵衛が斡旋）について相談する（アリの病逝により沙汰止みとなる）。 七月一七日、アリ、京都にて病死。 八月、豆田町一丁目大坂屋林左衛門の家を借り転居し、成章舎と名付ける。このときから自分のことを「先生」と呼ばせる（湊の助言に従う）。また、初めて月旦評を作成する（四級制・一五人） 秋冬、羽倉代官に同行して大山や宇佐宮を訪ねる。
文化　三	丙寅	一八〇六	二五	この年、初め実家に居り、春初めから五月まで成章舎で教授。のち南家の土蔵で教授。 九月、伯父月化と共に五馬村に遊ぶ。 秋、筑陰が長崎の帰路、魚町に一泊し、一二年ぶりに会う。 晩秋、伯父月化と共に吉井に行く。途中加々鶴の新道をみる（羽倉代官より、加々鶴碑文の銘文を命じられたため）

文化 四	丁卯	一八〇七	二六	五月一七日、弟謙吉（旭荘）が生まれる。 六月上旬、豆田東偏裏町に塾舎を築き、桂林園と名づける。魚町から桂林園に往来し、業を講じる。この頃、初めて入門簿を作る。 一一月上旬、病癘（伝染病）に感染し、一二月中旬まで病床に伏す（三大厄の一つ）。
文化 五	戊辰	一八〇八	二七	二月頃まで病床に臥し、三月になって講義を再開。 この頃来訪した箕浦東伯に、菅茶山の評を頼む。
文化 六	己巳	一八〇九	二八	五月、眼病治療のため、筑前須恵に赴く。桂林園の講義は、都講の僧大龍に託す。 途上、太宰府を参詣し、福岡に至る。亀井父子、娘小琴に会う。小琴に詩を贈る。 博多で松永宗助、雲華上人、浦上春琴らに会う。 田原氏の治療を受けるため須恵に滞在中に、草場佩川の妻弟の西平治と会う。その一七年後に平治の弟在三郎が来たとき、佩川との関係を初めて知る。 帰路、下須恵の眼科医高場正節の診察を受ける。春口の眼科医安元氏にも診てもらい、帰宅。 夏、豆田町の合原善兵衛娘ナナとの婚約が決まるが、ナナが痘瘡を患い、式を延期する。 この年から羽倉簡堂が代官をつとめる。
文化 七	庚午	一八一〇	二九	春、代官の簡堂が江戸へ戻る。祝原村まで見送る。 簡堂の側室が出産するため、南家に迎える。淡窓夫妻は北家に移る。 五月、塾生の数が初めて三〇人を超える。うち二四人は一向宗の僧。月旦評記載者は六〇人に及ぶ。

				九月二日、ナナと結婚。 九月、英彦山を参詣、病気平癒を祈願。 九～一〇月、三河口郡代より息子二人の教育を託される。以後数年間、代官所に通う。 秋冬、倉重湊が死去。 冬、松下筑陰が死去。
文化　八	辛未	一八一一	三〇	この年、南家に住み、桂林園・代官所を往来。 春、久兵衛が代官所の命で、朝鮮通信使を応接する幕吏に随行し、対馬に赴く（秋頃まで滞在）。 この年、最初の弟子である館林伊織が玖珠麻生家（麻生春畦）の養子となる。 この年、藤左仲が京師にて死去。
文化　九	壬申	一八一二	三一	春、家政を伝えるため、父桃秋が久兵衛に北家を譲る。南家に母と祖母が移る。淡窓夫婦は北家楼上に転居し、そこから桂林園・代官所に通う。 二月二二日、母ユイが死去。 春夏、母を失った悲しみのあまり、肩や背が凝り、諫山安民を招いて灸をしたところ、眩暈がして、心臓の下がきりきりと痛んだ。 冬、久兵衛が館林文之進の娘リョウと結婚する。
文化一〇	癸酉	一八一三	三二	三月二日、長福寺法幢が死去。 八月二三日、「日記」を書き始める。

				一一月一四日、「史記」の輪講（奪席会）を行う。 一一月一七日、妹ナチが玖珠郡右田村の麻生伊織に嫁ぐ。 閏一一月二二日、淡窓夫婦は北家楼上から南家の北軒西偏に移る。
文化一一	甲戌	一八一四	三三	三月三日、日出の帆足萬里から自作の詩二篇が贈られ、昭陽の書を所望される。 三月一九日、亀井南冥（三月二日死去）の葬儀に出席するため福岡に向けて出発。 五月一五日、人を教える二策を定める。一つは、客席を準備して広く門生を受け入れる方法。もう一つは、選集をそなえ、詩文の学問を始めること。 六月、秋月より原古処が来訪。 七月八日、頓宮四極が死去。 一一月一七日、過失があった塾生七名を退塾にする。
文化一二	乙亥	一八一五	三四	正月二日、克己復礼の意を伝える詩一首を賦する。また試筆で、勤学・力行・養生を誓う詩を賦す。 一〇月七日、隈の田中町、川原町で大火、照蓮寺が焼失する。 一二月二八日、父桃秋が隠居を許され、弟久兵衛が廣瀬家第六世として家政を執る。
文化一三	丙子	一八一六	三五	三月四日、中島子玉が入門。 四月二七日、眼疾平癒祈願のため「五事ノ工夫ノ条目」を立てる。 七月九日、古田豪作が死去（塾生最初の死）。子玉が碑文をつくり、大超寺におさめる。

文化一四	丁丑	一八一七	三六	正月七日、堀田村秋風庵の隣地の工事が始まる（一七日、桂林園の移築を開始。二八日、棟上げ式）。 二月二三日、堀田村に咸宜園を新築し、転居する。 八月二四日、書斎の遠思楼が完成。 一〇月二五日、塩谷大四郎正義代官が着任。
文政　元	戊寅	一八一八	三七	八月一五日、初めて塩谷代官を訪ねる。久兵衛も同行。伯父・父の寵遇を謝する。 一一月八日、頼山陽が館林清記に導かれ日田に来遊。隈町に前後数十日滞在する間に数度面会。
文政　二	己卯	一八一九	三八	正月二日、伯父・父に随行して、代官所に新年の挨拶に赴く。 三月三日、実家を訪ね、府内老侯から廣瀬家へ下賜された松鶴画賛をみる。 四月九日、尾張の篆刻師松元黄鵞が来訪し、淡窓のために印（名印＝廣瀬建、字印＝子基）を刻む。しばらくは、もとの廣瀬簡・廉卿の印を使っていたが、数年後からこの新印を使用し始めた。 五月二三日、淡窓は森荊田宅に赴き、田能村竹田に会う。 七月五日、子玉が亀井塾で学ぶため、福岡へ旅立つ。 九月五日、在塾生が三七人となり、桂林園時代の規模にならぶ。 九月二二日、伯父と父の強い勧めにより、塩谷代官より用人格に任命され、学校の設立に尽力するよう期待される。佐伯遊学以来の上下を着用し、代官所を訪ね、塩谷代官に謁見する。

				一一月一四～一八日、病気の父に代わり、代官所の当直をつとめる。
文政 三	庚辰	一八二〇	三九	正月元旦～五日、代官所で、用人の職務をこなす。 二月八日、子玉、筑前より戻り、都講に任ぜられる。 二月二六日、月旦評ではじめて一〇〇名を超える（一〇三名）。 四月四日、代官の命により、塾生（内塾生・外来生）七一名を連れて、代官所に赴き、代官に謁見。塾生が代官に謁見するのはこれが最初。 四月二二日、西塾に起居する門下生五二名のうち一二名を、秋風庵の楼（二階）に住まわせる（塾生が増え、西塾だけで収容できないため）。 六月一七日、祇園会のとき、喪中に服さなかった塾生のことで、責任をとって閉居する。塩谷代官から手紙をもらい、反省する。 九月二三日、秋月藩儒の原古処が娘采蘋らを連れて来訪（一〇月六日も）。 一〇月一〇日、塩谷代官が、近村巡見の帰路、咸宜園に立ち寄る。
文政 四	辛巳	一八二一	四〇	三月五日、咸宜園東塾（のちの講堂）が完成。 六月二日、塩谷が代官から西国筋郡代に昇進し、加増となったことが伝わる。 八月二三日、「礼謁の式」を定め、毎日、東塾で行うようにする。 一〇月三〇日、子玉、長崎より帰塾。一〇日余滞塾後、一一月一一日に大帰。在塾は前後六年。門下生のなかで最も才能的にすぐれた人物。
文政 五	壬午	一八二二	四一	正月三〇日、伯父月化が死去。伯父の遺命により、父が秋風庵に移居する。 二月二五日、鶴崎の毛利空桑が来見（亀井塾入門のため、紹介状を請う）。

				二月二八日、隈町で大火（三分の二が焼ける）。 六月八日、痔疾がひどくなり、岡研介の手術を受ける。 九月二〇日、塾生間の争いが激しくなる。三名の塾生（普教・見龍・首令）を退学処分にする。 九月二四日、伯母月化夫人が死去。
文政　六	癸未	一八二三	四二	二月一三日、旭荘を義嗣とし、郡代の許可を得る。 三月五日、塾生が増えたため、北隣を借り、北塾と称する。 五月一一日、父に同道し、上堰及び小ケ瀬を訪ね、新溝を見る。 九月一九日、旭荘が昭陽に学ぶため福岡に赴く。同塾へ再学する岡研介も同行。このとき、昭陽の著書「傷逝録」について詠んだ旭荘の詩を、昭陽が賞嘆。これにより、旭荘の才子の名が世間に知れるようになる。
文政　七	甲申	一八二四	四三	春、風邪が大流行。休講が一〇〇余日に及ぶ。 三月一九日、「自新録」を脱稿する。 四月一八日、父が旭荘を連れて高田に遊ぶ。五月二三日に帰宅。 四月一九日、「自新録」の続編が完成する。 閏八月三日、郡代の内命により、三本松にて相撲を観戦する。閏八月五日も見る。 九月二〇日、美濃の梁川星巌が、妻を連れて来訪。
文政　八	乙酉	一八二五	四四	正月二二日、体調を崩し二月二〇日頃まで寝込む。諫山安民の治療をうける。福岡の旭荘に帰郷するよう、人を遣わして連絡する。

				二月二四日、旭荘が亀井塾より帰郷。 二月二五日、田能村竹田が来訪（四月七日、八月一八日も） 四月五日、「敬天説」を脱稿（後、改稿して「約言」と称した）。 夏より塾生のなかに脚気腫を病む者が多く、三人が亡くなる。八月四日、三人のために追善の供養を大超寺にて催す。 一二月、筑後の権藤直の手術を受ける（三大厄の一つ）。
文政九	丙戌	一八二六	四五	病床で正月を迎える。 三月、病状が一旦回復し、書斎（西家の東南の隅の小斎）の経営を思い立ち、「淡窓」と号す。菅茶山に請うた扁額をこの書斎に掲げ、書斎名とする。 四月、完全に病床を離れ、「淡窓」に移る。 夏、久兵衛が、塩谷郡代から新田開発に従事するよう命じられる。淡窓は弟三右衛門と共に、久兵衛に辞退を勧めたが聞き入れられず。 初冬、権藤直を招き、再び手術を受ける。
文政一〇	丁亥	一八二七	四六	病床にて春を迎える。 春、井上直次郎が、郷里の子弟の開塾の可否を問いに、筑後から来訪。開塾を勧める。その後、塾は恒遠、重富とならぶ勢いをなす。 四月、旭荘が讃岐金毘羅へ参詣。次いで菅茶山の塾に数ヵ月滞在。途中、備中・備前で遊ぶ。 九月、旭荘、山陽より帰郷し、茶山の詩（七絶二首）をもたらす。

文政一一	戊子	一八二八	四七	五月二日、「約言」を脱稿。「約言」を世間に発表すべきかについて筮を立てたが、否と出たのでやめる。 八月九日、大風により、多数の死傷者が出る（八月二四日も）。のち塩谷郡代から、中国や日本の災害の事例を史書から抜粋するよう命じられる。郡代はそれを幕府の勘定所へ提出。 九月二八日、旭荘が豊後高田に赴き、新田開発に携わる久兵衛を訪問。 一一月一四日、「約言」を帆足萬里に送る。
文政一二	己丑	一八二九	四八	元旦、「約言」を聖像におさめる。 四月八日、豊前滞在中の郡代を訪ね、田代行きの許可をもとめるため、父に従い、日田を出発。四月一五日、浮殿を訪ね、二四日まで講義を行う。四月三〇日に帰宅。 五月一〇日、肥前の対馬藩田代領からの招聘に応じて同地へ赴き、東明館で教授する（五月一五日～六月一四日）。六月二一日に帰郷。 七月九日、新月旦制を作り、九等とする。
天保　元	庚寅	一八三〇	四九	閏三月五日、塾政を旭荘に譲ることが内定する。 四月二七日、門人らが旭荘を先生として招きたいと請い、認められ、宴が開かれる。この後から、旭荘は「若先生」と呼ばれるようになる。 五月一六日、新築の工事が始まる。上を「醒斎」、下を「夜雨寮」と称する。秋頃に竣工。 八月一九日、昭陽より「約言」の序および約言問答数則が贈られる。 八月、家族立ち会いのもとで、旭荘に「申聞書」を渡す。

				一二月七日、淡窓、「伝家録」を書き上げ、旭荘に渡す。
天保　二	辛卯	一八三一	五〇	四月一三日、釈智白・智白二人の尼僧が入学。 四月二八日、「官府の難」が起きる。月旦評など塾政について塩谷郡代の介入による。五月四日に許されるまで閉門する。 五月九日、規約を破った龍甫ら六名の位次を半級下げる。 五月二一日、外塾（寄宿舎）を甲乙丙の三舎に分け、規則を設け、さらに舎監を置く。 一二月朔日、「約言或問」が完成。
天保　三	壬辰	一八三二	五一	四月二二日、父の命により、伯父月化の「秋風庵遺稿」を校訂し、上坂する三石衛門に出版の件を託す。 一一月九日、旭荘が筑後吉木の神職合原安芸守の娘マツと結婚する。 一二月四日、新棟「招隠洞」が完成。
天保　四	癸巳	一八三三	五二	正月二九日、月旦評につき「官府の難」が起きる（以後、数回続く）。 五月一一日、郡代の意向により、再び淡窓が塾政を執る。 九月二三日から一一月末まで病床に伏す。この大病により、『遠思楼詩鈔』の編纂を思い立つ。 一二月三日、塾政を再び旭荘に任せる。
天保　五	甲午	一八三四	五三	春、倹約を勧める説諭文を作る（金銭に苦渋する塾生が多く、これを戒めるため）。 五月二九日、郡代が塾式規約を強制。

年号	干支	西暦	年齢	事項
				六月二二日、郡代が門人僧真道の追放を命令。 七月二一日、淡窓、郡代の圧力干渉に対し、塾生に小結社を作らせ、団結させる。 一〇月五日、父桃秋が死去。喪中の間、久兵衛・三右衛門・旭荘らと相談して、「廣瀬家譜」を作る。
天保　六	乙未	一八三五	五四	正月二八日、旭荘西遊（七月迄）のため、淡窓が塾政を執る。 三月二六日、郡代、僧来真を安芸より招き、都講の任命を強制する。 七月一二日、塾政を旭荘に返す。 八月二日、「再新録」を脱稿（「万善簿」の開始）。 八月二〇日、塩谷郡代が幕命にて東上する。 九月二五日、田能村竹田の死去を伝え聞く。
天保　七	丙申	一八三六	五五	四月朔日、旭荘東遊（四月二二日～）により、淡窓が再び塾政を執る。 五月一七日、亀井昭陽が死去。門人を派遣し弔問させる。 九月二九日、旭荘の子孝之助（林外）が生まれる。 一一月一〇日、「丙申改正規約」「告諭文」を門人に示す。 一二月、「析玄」を起稿。
天保　八	丁酉	一八三七	五六	二月、眼疾がひどくなる。 二月二九日、大坂で起きた大塩平八郎の乱のことを聞く。 九月二二日、旭荘が東遊より帰省し、『遠思楼詩鈔』初編三〇部を持ちかえる。

				九月二七日、新代官の寺西蔵太の着任を甘木で出迎える。
天保 九	戊戌	一八三八	五七	二月一七日、旭荘が再び東遊。 五月一四日、淡窓の漢詩が採録された『天保三十六家絶句』が大坂から届く。 六月六日、「宜園百家詩」二編を編纂。 一〇月一六日、「析玄」を脱稿。
天保 一〇	己亥	一八三九	五八	二月三日、矢野範治（青邨）が都講となる。 三月二六日、月旦評の階級を一〇階級に改める（これが永制となる）。 四月二〇日、『遠思楼詩鈔』版元の大坂の書林、河内屋茂兵衛（河茂）が来訪。 四月二九日、旭荘の妻及び林外が大坂へ発つ。淡窓妻も同行し、京摂を遊覧する。 五月一七日、六字の箴言を作る。
天保 一一	庚子	一八四〇	五九	六月二六日、久兵衛が府内に赴く。久兵衛はこの年より明治三年の間、府内藩の財政改革等に従事する。 八月二八日、「迂言」を脱稿。 九月二一日、月旦評に「消権の法」を立てる。
天保 一二	辛丑	一八四一	六〇	五月一七日、塾生のために「免役銭の法」を立てる。 七月九日、旭荘が大坂からもどり、『宜園百家詩』の新刻二〇〇余部をもたらす。 八月二日～九月五日、大坂にもどる旭荘を下関まで見送る。 一一月七日、「義府」を脱稿。

天保一三	壬寅	一八四二	六一	三月、昭陽七回忌のため福岡へ行く。 九月八日～一一月二六日、大村で出張講義を行う（途中の一一月一日～六日、初めて長崎を訪ねる）。
天保一四	癸卯	一八四三	六二	一二月一七日、幕府より永世苗字帯刀を許される（代官を通じて知らされる）。 七月一二日、林外母子が大坂より帰宅。 一一月二七日、「改正規約」を提示する。
弘化元	甲辰	一八四四	六三	六月、青邨を淡窓の養子とする。 九月七日～二七日、府内で出張講義を行う。
弘化二	乙巳	一八四五	六四	正月一九日、幕府の臣籍に入る。 二月、『析玄』の出版許可が幕府より得られる。 三月三日～四月一九日、大村で出張講義を行う。途中、長崎を再遊し、出島の唐蘭両館等を見る。
弘化三	丙午	一八四六	六五	五月八日～六月三日、府内藩校で講義。 七月二九日、『遠思楼詩鈔』二編が成る。 一二月一八日、「苓陽語録」二巻が成る。
弘化四	丁未	一八四七	六六	二月一八日、「夜雨寮筆記」が成る。 五月八日、新塾が竣工し、塾生を移居させる。

嘉永元	戊申	一八四八	六七	八月二一日、「遠思楼詩鈔」続編を脱稿し、大坂の旭荘に送る（河茂に出版を託すため）。 正月二九日、「万善簿」一万善を完了。 五月、新代官の池田岩之丞が日田に着任。
嘉永二	己酉	一八四九	六八	正月二二日、青邨を旭荘の弟とする。 四月四日、『遠思楼詩鈔』二編が出版される。 五月一一日、新遠思楼落成の祝宴を行う。 一〇月二八日、「三新録」を草する決心をする。
嘉永三	庚戌	一八五〇	六九	三月二七日、林外が月旦評で九級に昇進。 六月七日、「懐旧楼筆記」五六巻二八冊の表装が完成。 八月九日、妹ナチが死去。 一一月一〇日、「義府」の再考が完成する。
嘉永四	辛亥	一八五一	七〇	正月二八日、林外を府内に遊学させる。 六月二五日、精心摂養、陰善を行うことを誓う。 八月一二日、旭荘が大坂から府内を訪ね、林外を連れて日田にもどる。 九月一八日、旭荘を弟に復し、林外を子とする。 一二月四日、消権簿を作り、課程録と併用する。
嘉永五	壬子	一八五二	七一	六月一九日、『義府』が出版され、一〇〇部が送られてくる。

				七月二五日、林外が月旦評で舎長準都講となる。
嘉永　六	癸丑	一八五三	七二	六月八日、「養生規約」を立て、塾生に示す。 七月六日、『宜園百家詩』続編の編纂が終わり、大坂へ送る。 七月二四日、塾生帰郷後の規約を作る。 八月一七日、「辺防策（論語三言解）」を草し、久兵衛を介して府内藩主に差し出す。
安政　元	甲寅	一八五四	七三	正月四日、「論語三言解」が完成する（府内藩主のもとめによる）。 正月二二日、池田代官に従い田代へ赴き、勘定奉行川路聖謨と会う。 五月一二日、眼疾がひどくなり、この日から眼鏡を用いる。 五月一六日、「再新録」の著述から二〇年が経ち、精進の念が衰えたので、三新の志を立てる。 閏七月四日、蔵書を検し、簿冊を作り、貸出の管理を厳密にする。 八月五日、外塾を検査し、甲乙丙丁の各舎に長を置く。 八月二九日、『宜園百家詩』第二編・第三編の刊本が、大坂より届く。
安政　二	乙卯	一八五五	七四	正月一二日、弟三右衛門が死去。 三月一六日、塾政を青邨へ譲るも、教授は引き続き行う。 六月一九日、外塾生で不法を働く者がいたため、規約を改正する。 九月二二日、足を踏み外し、楼梯より落ちて腰を痛める。 一一月二一日、「淡窓小品」二冊を脱稿。これを旭荘に送り出版を図る。

年号	干支	西暦	年齢	事項
安政　三	丙辰	一八五六	七五	一二月四日、『迂言』が大坂で出版され、六〇部送られてくる。 「淡窓小品」が完成。 二月二一日、この日を最後に自筆の日記が途絶える（七月二一日〜九月五日は林外が代筆）。 三月二七日、旭荘が塾生に「改称令」を発し、淡窓を「老先生」、青邨を「先生」、林外を「若先生」と呼ぶように言い渡す。 九月、林外に謄写させた「老子摘解」が完成。これを大坂に送り、旭荘と河茂に出版を依頼する。 一〇月、旭荘に絶筆としての手紙を送り、『遠思楼詩鈔』の改訂箇所（数条）があるので、河茂に命じて変更するよう伝える。 一一月一日、淡窓没す。中城村下道の南で葬儀、長生園に埋葬。

主要参考文献

高野江鼎湖著・刊『儒侠亀井南冥』（一九一三年）
広瀬貞治編・刊『秋風庵月化集』（一九二六年）
日田郡教育会編・刊『廣瀬家一門の光彩』（一九三四年）
中島市三郎『増補訂正　教聖広瀬淡窓の研究』（第一出版協会、一九三五年）
草野富吉編『廣瀬淡窓先生咸宜園写真帖』（淡窓図書館、一九三六年）
長寿吉校訂『淡窓詩話・約言或問』（岩波文庫、一九四〇年）
中島市三郎『咸宜園と日本文化』（第一出版協会、一九四二年）
森春樹『蓬生談』上・中・下（日田市教育委員会、一九五八～六〇年）
井上柿巷『日田俳壇の変遷』上・下（日田市教育委員会、一九六三・六五年）
井上忠校訂「南柯一夢」（『九州文化史研究所紀要』一〇・一一・一四、一九六三～六九年）
廣瀬八賢顕彰会編・刊『教聖廣瀬淡窓と廣瀬八賢』（一九六五年）
緒方無元編『淡窓遺墨撰集』（廣瀬淡窓遺墨刊行会、一九六六年）

中村幸彦校注『近世文学論集（日本古典文学大系94）』（岩波書店、一九六六年）
大久保勇市『広瀬淡窓の人間性研究』（フタバ書店、一九六九年）
日田郡教育会編『増補　淡窓全集』全三巻（思文閣、一九七一年復刻）
大久保勇市『広瀬淡窓・万善簿の原点』（啓文社、一九七一年）
古川哲史『広瀬淡窓』（思文閣、一九七二年）
中村幸彦・岡田武彦編『近世後期儒家集（日本思想大系47）』（岩波書店、一九七二年）
中島市三郎『咸宜園教育発達史』（中島国夫、一九七三年）
大阪府立中之島図書館編『大坂本屋仲間記録』（清文堂、一九七五～九三年）
奈良本辰也校注『近世政道論（日本思想大系38）』（岩波書店、一九七六年）
野口喜久雄「日田商人廣瀬家の経営」（『天領日田の研究』吉川弘文館、一九七六年）
工藤豊彦『広瀬淡窓・広瀬旭荘（叢書日本の思想家）』（明徳出版社、一九七八年）
『亀井南冥・昭陽全集』（葦書房、一九七八年～八〇年）
大久保正尾『広瀬淡窓夜話』（廣瀬先賢顕彰会、一九八〇年）
『廣瀬旭荘全集』（思文閣出版、一九八二年～　）
『季刊日本思想史（特集　広瀬淡窓の思想）』一九（ぺりかん社、一九八三年）
富士川英郎解題『詞華集日本漢詩　絶句集』第八巻（汲古書院、一九八三年）

日田市教育委員会編・刊『日田の先哲』（一九八四年）
富士川英郎解題『詞華集日本漢詩　吟社詩集』第一一巻（汲古書院、一九八四年）
甲斐素純「広瀬淡窓の府内紀行」（『大分県地方史』一二〇号、一九八五年）
井上義巳『人物叢書　広瀬淡窓』（吉川弘文館、一九八七年）
富士川英郎解題『詩集日本漢詩11』（汲古書院、一九八七年）
国立史料館編『大塩平八郎一件書留』（東京大学出版会、一九八七年）
大分市史編さん委員会編『大分市史　中』（大分市、一九八七年）
日田市編・刊『日田市史』（一九九〇年）
岡村繁注『広瀬淡窓・広瀬旭荘（江戸詩人選集9）』（岩波書店、一九九一年）
佐藤晃洋「近世後期日田における文人の交遊」（『大分県地方史』一四一号、一九九一年）
大分県教育庁文化課編『大分県先哲叢書　田能村竹田資料集　書簡篇』（大分県教育委員会、一九九二年）
恒遠俊輔『幕末の私塾・蔵春園』（葦書房、一九九二年）
田中加代『広瀬淡窓の研究』（ぺりかん社、一九九三年）
井上源吾『広瀬淡窓評伝』（葦書房、一九九三年）
井上源吾『廣瀬淡窓の詩』一〜四（葦書房、一九九五〜九六年）

八木清治「亀井南冥廃黜事件考」（『武蔵大学人文学会雑誌』二九号、一九九七年）
井上源吾『若き日の広瀬淡窓』（葦書房、一九九八年）
井上源吾編訳注『廣瀬淡窓日記』四巻（葦書房（一）、弦書房（二～四）、一九九八・二〇〇五年）
大内初夫『天領日田の誹諧と俳人たち』（日田市、一九九八年）
狭間久『広瀬淡窓の世界』（大分合同新聞社、一九九九年）
大野雅之「広瀬旭荘と咸宜園―離郷決意の萌芽をさぐる―」（『先哲史料館研究紀要』第四号、一九九九年）
向野康江訳注『現代語訳淡窓詩話』（葦書房、二〇〇一年）
深町浩一郎『広瀬淡窓（西日本人物誌）』（西日本新聞社、二〇〇二年）
佐藤晃洋「豊後国直入郡幕領の庄屋」（『九州史学』一三三号、二〇〇二年）
鴛海量容先生と涵養舎記録保存会編・刊『鴛海量容先生と私塾涵養舎』（二〇〇四年）
林田慎之助『広瀬淡窓』（研文出版、二〇〇五年）
久米忠臣『代官塩谷大四郎』（宮園昌之、二〇〇六年）
日野捷義『廣瀬淡窓咸宜園入門簿第3版ＤＶＤ』（日野兄弟会、二〇〇六年）
川邉雄大・町泉寿郎「松本白華と玉川吟舎の人々」（『日本漢文学研究』二、二〇〇七年）
海原徹『広瀬淡窓と咸宜園』（ミネルヴァ書房、二〇〇八年）

『鳥栖市誌』第三巻（鳥栖市教育委員会、二〇〇八年）
久米忠臣『代官塩谷大四郎　資料篇』（宮園昌之、二〇一〇年）
大野雅之「『淡窓先生手書克己篇』にみる廣瀬淡窓の苦悩―末弟旭荘のこと―」（『先哲史料館研究紀要』第一五号、二〇一〇年）
鈴木理恵『近世近代移行期の地域文化人』（塙書房、二〇一二年）
大分県立先哲史料館編『大分県先哲叢書　廣瀬淡窓資料集　書簡集成』（大分県教育委員会、二〇一二年）
日田市教育庁文化財保護課編『廣瀬淡窓の生家』（日田市教育委員会、二〇一二年）
前田勉『江戸の読書会』（平凡社、二〇一二年）
咸宜園教育研究センター編『研究紀要』第二号（日田市教育委員会、二〇一三年）
日田市教育庁世界遺産推進室編『廣瀬淡窓と咸宜園』（日田市教育委員会、二〇一三年）
別府大学文化財研究所編『廣瀬淡窓と咸宜園　資料編』（別府大学文化財研究所・日田市教育委員会、二〇一三年）
廣瀬貞雄編・刊『国史跡「廣瀬淡窓旧宅及び墓」ガイドブック』（二〇一三年）
咸宜園教育研究センター編・刊『九州の私塾と教育〜咸宜園とその周辺〜』（二〇一三年）

髙橋昌彦（たかはし・まさひこ）

昭和35年、山形県生まれ。九州大学大学院文学研究科博士後期課程中退、修士（文学）。日本近世文学専攻。現在福岡大学人文学部教授。業績に『柳川の漢詩文集』（柳川市）・「寛政期の豊後日田漢詩壇」（『雅俗』８号）など。

※本書は、平成26年3月31日に大分県先哲叢書として大分県より発行された書籍の新装版である。

廣瀬淡窓《ひろせたんそう》

2016（平成28）年1月31日発行

定価：本体2,500円（税別）

編著者　髙橋昌彦
発行者　田中　大
発行所　株式会社　思文閣出版
〒605-0089　京都市東山区元町355
電話 075-751-1781（代表）

装　幀　クリエイティブ・コンセプト
印　刷　株式会社エポックアート

ISBN978-4-7842-1817-2 C1023